Reise ins NICHTS

© J. Kamphausen
Verlag & Distribution GmbH
Postfach 101849, D-33518 Bielefeld
Fon 0521/ 67179, Fax 0521/ 68771
Lektorat:
Hans-Jürgen Zander

Typografie und Satz:
Wilfried Klei
Umschlag-Gestaltung:
Wilfried Klei
Druck & Verarbeitung:
Westermann Druck Zwickau

Die Deutsche Bibliothek – CIP-Einheitsaufnahme

Troll, Pyar:
Reise ins Nichts : Geschichte eines Erwachens / Pyar Troll.
3. Aufl. - Bielefeld : Kamphausen, 2001

ISBN 3-933496-46-2

Alle Rechte der Verbreitung, auch durch Funk, Fernsehen und
sonstige Kommunikationsmittel, fotomechanische oder vertonte Wiedergabe
sowie des auszugsweisen Nachdrucks vorbehalten.

Pyar Troll

Reise ins NICHTS

Geschichte eines Erwachens

In tiefer wortloser Dankbarkeit
an Osho und Samarpan,
an die Stille, das Leben,
die unendliche überfließende Leere,
DAS.

Vorwort von Samarpan Golden **9**

Intro **10**

1. Gebrauchsanweisung **16**

2. Kindheit **24**

3. Hereinbrechen des Nichts – Sturz in die Leere **31**

4. Liebe und Krieg **44**

5. Heilen **50**

6. Osho – Bhagwan **59**

7. Hahnemann und Dheeraj **73**

8. Mein geheimer Garten **80**

9. Frieden mit meinem Vater und weitere Abenteuer **87**

10. Begegnung mit Samarpan **92**

11. Der Tag bricht an – ein erster Moment der Wahrheit **97**

12. Hingabe an DAS **106**

13. Tanz der Dämonen **115**

14. Feuer **136**

15. Tiefere Hingabe – bedingungslose Offenheit **142**

16. Zweifel **160**

17. Das Ende der Illusion **172**

18. Zuhause – Frieden **174**

19. Die Reise geht weiter **182**

20. Grundlos glücklich **191**

21. Dialog mit dem Selbst **214**

22. Der Prozess des Schreibens **224**

Glossar **234**

Bibliographie **237**

Vorwort

Für mich gibt es nichts Interessanteres und Aufregenderes als die Geschichte des Erwachens. Ich habe noch keine Geschichte über jemandes Reise zur Wahrheit gelesen, an der ich mich nicht vollkommen erfreut hätte. Die Geschichte des Erwachens ist deine Geschichte und meine Geschichte. Sie beginnt als persönliche Geschichte und endet als die Geschichte keiner Person.

Tatsächlich ist es das Ende einer Geschichte, die vor langer Zeit begann. Es ist die Geschichte von Adam und Eva, unseren Vorfahren, es ist die Geschichte der Menschheit. Sie beginnt mit einer falschen Identifikation und endet in der korrekten Identifizierung mit dem, wer man wirklich ist (und immer war, selbst während der Missidentifikation).

Mit dem Ende dieser Geschichte endet das Leiden, endet die Ursache aller Kriege und endet die Unmenschlichkeit des Menschen gegenüber dem Menschen. Das ist kein kleines Geschehen. Es ist monumental! Es ist revolutionär. Es ist der Anbruch des neuen Zeitalters, den wir in dieser einfachen Geschichte des Erwachens einer Person sehen.

SAMARPAN GOLDEN

Intro

„Der Fluss und seine Wellen sind eine Flut;
was ist der Unterschied zwischen dem Fluss und seinen Wellen?
Wenn eine Welle sich erhebt, ist sie das Wasser,
und wenn sie fällt,
ist sie wieder das gleiche Wasser.
So sagen Sie mir, mein Herr,
wo ist der Unterschied?
Nur, weil sie Welle genannt wird,
soll ich sie nicht mehr als Wasser betrachten?"

KABIR

Erleuchtung – Erwachen – Selbstrealisation sind Begriffe, die viel missbraucht und noch mehr missverstanden werden. Viele von uns streben danach (eigentlich streben wir alle danach, wenn auch oft verdeckt, versteckt unter dem Streben nach Glück und Zufriedenheit, die wir dann versuchen in Beziehung und in Dingen zu finden), und wir stellen uns dabei etwas oder noch öfter jemanden oder auch eine bestimmte Erfahrung wie Glückseligkeit und Ekstase vor. Dann messen wir Erleuchtung an dieser Vorstellung unseres eigenen Geistes, die natürlicherweise mit bestimmten Erwartungen an diese Erleuchtung und der Erwartung von bestimmten Eigenschaften und Nichteigenschaften des „Erleuchteten" verknüpft ist. Einige Beispiele, die ich aus eigener Erfahrung gut kenne, sind: „Ein Mensch, der erleuchtet ist, ist ständig freundlich und nett. Er erlebt keine schlechten und unangenehmen Gefühle, ist Vegetarier und Nichtraucher, ganz bestimmt trinkt er nie Alkohol, ganz bestimmt erlebt er keine Angst." „Wenn ich erleuchtet wäre, befände ich mich in einem ständigen Zustand von Ekstase und es gäbe keine Probleme mehr." „Ein Erleuchteter hat keine Gedanken." Ich habe das über Jahre mit Osho, mit Buddha, mit Jesus getan. Die Wahrheit ist:

Erleuchtung, das Hereinbrechen der Wahrheit, das Hereinbrechen der Unendlichkeit in die Endlichkeit, das Erkennen dessen, der man immer war, ist für jedes Individuum verschieden – es gibt keine zwei gleichen Buddhas. Ich hatte zahlreiche Vorstellungen von Erleuchtung, und alle waren falsch. Wenn du mich jetzt fragen würdest: „Was ist denn das: Erleuchtung?", müsste ich antworten – „ich habe keine Ahnung, ich habe keine Vorstellung, keine Idee mehr davon." Sicher ist, sie ist, und sicher ist, sie hat absolut nichts mit irgendeiner Erfahrung zu tun.

Immer noch gibt es zu wenige Menschen, die über ihre Reise, ihren Weckruf, ihren Prozess des Erwachens berichten. Es ist gut und hilfreich, Gefährten auf dieser Reise zu haben. Ich hatte über lange Jahre einen geliebten Meister, Osho, dessen Essenz und Wahrheit ich erst jetzt so richtig verstehen kann, jedoch erst vor ca. eineinhalb Jahren begegnete ich zwei Gefährten, die mir schlagartig klar machen konnten, was schon lange geschehen war, aber nicht verstanden werden konnte und daher als Fehler interpretiert wurde, als falsche Abzweigung auf dem spirituellen Weg. Der eine von ihnen ist Samarpan, mein Meister und Freund, der mit einem Streich und wenigen Worten hunderttausend Vorstellungen köpfte. Er half mir auch in der Folge immer zur rechten Zeit in seinem Satsang durch Bestätigung und sanftes Berichtigen, durch Aufrütteln und Beruhigen weiter, vor allem aber durch ständiges Sprechen der Wahrheit, durch Sein in Stille und durch die immer wieder in unendlicher Geduld wiederholte Aufforderung, das anzunehmen, mich dem hinzugeben was ist, und dabei still und unbewegt zu bleiben. Die zweite Gefährtin – nicht weniger wichtig, obwohl ich sie nur über ihr Buch „Kollision mit der Unendlichkeit" kennenlernte – ist Suzanne Segal, in deren Beschreibung ich so viel Ähnlichkeit zu dem fand, was mir widerfuhr, so viel Ähnlichkeit – natürlich nicht Gleichheit – in der Erfahrung und soviel Ähnlichkeit in jahrelangem Missverständnis, dass bei der ersten Lektüre Ströme von Tränen über mein Gesicht liefen, Tränen der Erleichterung und Tränen des Wiedererkennens, Tränen auch der jahrelangen Frustration und Angst, des jahrelangen Schmerzes. Dank Euch beiden Nicht-Personen von dieser Nicht-

Person! Nun, da die dunkle Nacht der Seele der freudigen Erkenntnis, dem stillen Frieden, dem Gewahrsein der Unendlichkeit, die ich bin, der Verwirklichung des Selbst gewichen ist, besteht ein natürlicher Drang zu teilen, mitzuteilen, zu berichten. Und wieder sind es diese beiden Gefährten, die mich hierin bestärken – Samarpan, indem er mir sagte, ich solle schreiben, solle ein Buch schreiben, in dem ich über die Wahrheit und darüber berichte, wie sie sich in diesem Lebensstrom offenbarte und offenbart. Suzanne Segal ihrerseits in ihrem Buch, in dem ich heute zum ersten Mal seit über einem Jahr wieder las und gleich zu Beginn folgenden Satz fand: „Als Menschen aus dem Westen, auf der Suche nach spiritueller Transformation, müssen wir uns gegenseitig unterstützen, indem wir über unsere Erlebnisse berichten. Da sich unsere spirituellen Erfahrungen von denen der Menschen im Osten unterscheiden, wäre es hilfreich, unsere Berichte über die Transformation zu sammeln...." Okay, hier ist er also, der Bericht.

Zuvor jedoch noch einige Anmerkungen, die zum Verständnis wichtig sind:

● Alles was ich schreibe steigt aus eigener Erfahrung auf, kommt aus erster Hand. Es ist keine Abhandlung, keine philosophische Erörterung von Ideen. Es ist keine Wiedergabe von irgendetwas Gelesenem oder Gehörtem, sondern der Versuch zu teilen und mitzuteilen, zu berichten von dem was ist, zu berichten von Wegen und Umwegen, die diese Person unterwegs nahm. Nicht zuletzt ist es auch der Versuch, von der dunklen Nacht der Seele, von dem Schrecken und der Angst, von der Öde und Grauheit zu berichten, die immer wieder geschahen, seit ich vor vielen Jahren erstmals und dann immer wieder mein Ich verlor und in die Leere fiel, nicht erkennend was geschah, weshalb mein Verstand kämpfte, ablehnte, in Panik und Schmerz tobte, nach etwas anderem suchte und immer wieder die Ich-Vorstellung aufbaute. Vor allem aber ist da ein Bedürfnis zu singen – von der Wahrheit, der Stille, DEM was allein wirklich ist und in DEM alles erscheint, ist ein Drang da von DEM zu sprechen, was man nicht sprechen kann. Es ist der Bericht dieser Reise im Bewusstsein, und es ist auch die Geschichte dieses individuellen Lebensflusses – sehr persönlich und intim – , der schließlich ganz natürlich und ohne eigenes Zutun in den Ozean des Bewusstseins mündete. Es ist die Geschichte einer Welle, die sich schließlich erinnerte, dass sie schon immer der Ozean war. Und die Reise geht weiter, auch wenn da kein Reisender, kein Handelnder mehr ist. Es gibt keinen Endpunkt dieser Reise, dieses Erkennens. Kein Ziel, nichts zu erreichen, nichts zu wollen oder nicht zu wollen.

- Jetzt, da kein Kampf, kein Suchen mehr ist, geschieht Verstehen, obwohl ich immer noch nichts weiß. Ich kann ES nicht halten oder behalten oder festhalten und daher weiß ich ES nicht. ES ist eine ständige, immer jetzt, immer wieder stattfindende und sich ständig vertiefende und erweiternde Offenbarung und Enthüllung. Ein Staunen und Wundern, das kein Ende hat. Es ist nicht möglich, es zu analysieren oder zu erinnern. Es ist nicht möglich, es auf ein Regal zu stellen oder im Tresor einzusperren. Es ist immer gefährlich und niemals sicher. Da ist kein Empfinden von „Ich habe ES".

- Was ich erzählen kann, ist die Geschichte um das Erwachen. Aber bitte erinnere dich, das ist nur die Geschichte – eine von Billionen möglicher Geschichten um Erwachen, und deine Geschichte ist auch eine davon. Die Geschichte ist bloß eine Geschichte, so wie sie dieser Form geschehen ist. Sie ist nicht wirklich die Wahrheit, aber vielleicht kann sie etwas anrühren, in Schwingung und zur Resonanz in deinem Herz bringen, kann schwingen in der Essenz und der Wahrheit eines anderen Wesens – und das ist dann wahr.

- Das Beste und Schönste wäre, wenn auch du nicht versuchen würdest, dich an die Worte zu erinnern oder sie intellektuell zu verstehen. Ich würde es lieben, wenn diese kleinen Worte und diese kleine Geschichte deiner Schwester-

Welle einfach in dich hinein und durch dich hindurchgingen, dann vergessen würden, ohne eine Spur, die man erinnern könnte, aber vielleicht eine Resonanz in deinem Herzen erzeugend, einen Geschmack von Wahrheit und Frieden und dem Ozean des Bewusstseins, der derselbe ist in mir und in dir. Wenn das passiert, dann bewahre deine Aufmerksamkeit auf diesem Frieden, dieser Stille, diesem Ozean, dieser unendlichen Weite, die du bist, die ich bin, die alles ist, was ist und war und sein wird – in der Zeit, vor der Zeit und nach der Zeit. Und sage „Ja" zu jeder Erfahrung, die der Welle geschieht.

● Diese Realisation der Wahrheit, des Selbst, dieses Ruhen in der Stille, dieser Tod des separaten Ich ändert die Welle nicht. Sie ist immer noch eine sehr gewöhnliche Welle mit allen möglichen welligen Unarten und lustigen Kräuselungen. Sie ist sogar noch gewöhnlicher geworden, weil in dieser Welle kein Bewusstsein individueller Wellen-Persönlichkeit mehr ist, kein Bewusstsein von „ich bin diese Welle". Sie ist nichts geworden, nichts als der Ozean – nichts Spezielles mehr. Keine Trennung – nichts Spezielles. Deshalb muss auch nichts mehr geändert werden an der Welle oder dem was ihr geschieht.

● Und übrigens gibt es sowieso keinen Unterschied zwischen den Wellen. Vielfalt ja – welch wunderschöne Vielfalt, aber es gibt keine guten und schlechten Wellen, keine Welle, die es verdienen oder nicht verdienen würde, der Ozean zu sein. Wir sind sowieso alle der Ozean! Aber es gibt Wellen, die denken, sie seien nur eine Welle, eine ganz bestimmte Welle, eine besonders gute oder besonders schlechte Welle oder eine Welle, die gerne eine andere Welle wäre, oder eine Welle, die noch nie vom Ozean gehört hat, oder eine Welle, die wohl vom Ozean gehört hat, aber denkt, sie könne nicht der Ozean sein, da sie dies oder das noch tun müsse, um der Ozean zu werden, oder dies oder das getan hat, was dem entgegenstünde, oder eine Welle, die denkt, sie sei eine separate Welle, während jene erleuchtete, auserwählte, gesegnete Welle dort drüben, die so schön leuchtet – ja diese Welle dort, die sei sicherlich der Ozean. Nun, diese Welle, deine Schwester-Welle und viele andere Wellen leben einfach in dem Bewusstsein und der Gewissheit, der Ozean zu sein, nichts zu sein, keine Person zu sein, sie leben in der Präsenz – das ist alles. Was für eine Freiheit!

- Zitate, Texte, die ich gelegentlich an den Anfang eines Kapitels stelle, sind solche, die in meinem Herzen geschwungen haben, die mich über viele Jahre berührt und begleitet haben, viele davon, ohne dass ich sie wirklich verstehen konnte. Und dennoch, die Resonanz, die sie erzeugten, hat mich immer wieder berührt, hat immer wieder das Feuer genährt.

- Und zuletzt eine Bemerkung zur Wortwahl. Um zu berichten, müssen die Wörter „ich", „mir", und „mein" verwendet werden, das erfordert die Sprache. Es wäre schlecht lesbar und lächerlich, wenn da immer „diese Form", oder „dieser Körperverstand" stünde. Wenn „ich" also ich schreibe, dann erinnere „dich" bitte, dass dieses ich nicht auf eine Person hinweist, denn „ich" als separate Person existiere nicht mehr und habe genau genommen nie existiert. Deshalb kann ich auch nicht sagen: „Ich bin erleuchtet", aber genauso wenig „Ich bin nicht erleuchtet".

- Worte wie DAS, ES, Gott, Stille, das Göttliche, Leere, Raum, Ozean des Bewusstseins, Selbst werden verwendet. All diese Worte deuten auf DAS hin, was nicht aussprechbar ist und dennoch tausend Namen hat.

1. Gebrauchsanweisung

„Wer steht frühmorgens auf, um den Anfang des Lichts zu entdecken?
Wer findet Uns hier kreisend und wirbelnd wie Atome?
Wer kommt durstig zu einem Brunnen und sieht den Mond darin
gespiegelt?
Wer wie Jakob, blind vor Kummer und Alter, riecht das Hemd seines
verlorenen Sohnes und kann wieder sehen?
Wer lässt den Eimer herab und zieht einen geflohenen Propheten herauf?
Oder geht wie Moses, um nach Feuer zu suchen, und findet,
was inmitten des Sonnenaufgangs brennt?

Jesus schlüpft in ein Haus, um den Feinden zu entkommen, und
öffnet die Tür zu einer anderen Welt.
Salomon schlitzt einen Fisch auf, und da ist ein goldener Ring.
Omar stürmt herein, um den Propheten zu töten, und verlässt das
Haus gesegnet.
Jage ein Reh und lande überall!
Eine Auster öffnet ihr Maul, um einen Tropfen zu trinken – jetzt ist
da eine Perle.
Ein Vagabund wandert in leeren Ruinen. Plötzlich ist er reich.

Aber sei nicht zufrieden mit Geschichten, wie sich die Dinge
für andere entwickelten.
Entfalte deinen eigenen Mythos, ohne komplizierte Erklärungen,
so dass jeder den Satz versteht: Wir haben dich geöffnet.

Mache dich auf, nach Shams zu wandern. Deine Beine werden
schwer und müde werden. Dann kommt ein Moment, in dem du
fühlst, dass die Schwingen, die dir gewachsen sind, dich erheben."

JELALUDDIN RUMI

Bitte erinnere dich, dies ist die Geschichte, wie sie dieser Person widerfuhr – vergleiche sie nicht mit deiner! Jede Geschichte ist die richtige! Jede Geschichte jedes Wesens mündet schließlich in Erwachen, auch deine! Die Vielfalt der Geschichten, die Vielfalt der Individualitäten, auch die Vielfalt der Individualitäten, in denen sich Erleuchtung zeigt (eine Freundin sagte mir kürzlich: „Pyar wird immer pyariger"), diese Vielfalt, die im Ozean des Bewusstseins erscheint, der wir alle sind, ist einfach nur wunderschön. Sie bringt mich zum Staunen und zum Lachen – wie schade, dass man Lachen nicht schreiben kann, ich lache so viel und würde es dich gerne hören lassen. Jede Geschichte erscheint in DEM und jedes Wesen ist seinem Wesen nach DAS. Jede Welle wird sich erinnern... „und wann?", fragst du nun. Spielt das wirklich eine Rolle? – eigentlich nicht, denn auch Zeit gibt es nicht! Und wenn es geschieht, wird es immer jetzt sein!

Notwendig ist, die Sehnsucht auszurichten, die Wahrheit selbst, die Freiheit selbst zu wollen und nicht ihre Ersatzstoffe. Diese Ersatzstoffe wie Geld, Macht, Ruhm, Beziehung, wie Gutsein, selbst ein Schwelgen in ekstatischen und himmlischen Zuständen können ja nicht wirklich und vor allem nicht dauerhaft befriedigen. Jetzt im Schreiben fällt mir Jesus ein, der sagte: „Sammelt euch aber Schätze im Himmel, wo weder Motten sie fressen und Diebe sie nicht stehlen. Denn wo euer Schatz ist, da ist auch euer Herz." Auch dies ist ein Satz, den ich erst jetzt verstehe. Erst jetzt verstehe ich, dass nichts, gar nichts gegen Geld, Beziehungen, und die schönen Dinge des Lebens einzuwenden ist. All dies sind Dinge, die genossen werden wollen, wenn sie vorhanden sind, man muss sie nicht wegwerfen, man soll sie nicht wegwerfen. Nicht diese Dinge hindern. Was hindert ist, wenn wir unser Herz daran hängen, unsere Sehnsucht danach ausrichten und darüber unsere eigentliche Sehnsucht vergessen.

Aber tausche nicht die Wahrheit für eine irgendgeartete Erfahrung ein und lehne sie nicht wegen einer irgendgearteten Erfahrung ab! Gib dich nicht zufrieden mit einer *Vorstellung* von Wahrheit und Freiheit, gib dich nicht mit dem Land der Glückseligen zufrieden. Und gib dich auch nicht mit mentalem Verstehen zufrieden, denn was man intellektuell verstehen kann, kann zwar sehr weit gehen – es kann genau bis an die Grenze der Transzendenz führen, kann uns sogar an diese Grenze treiben, kann uns bis an den Rand des Erkennens von Unendlichkeit leiten, aber dann muss sich das mentale Denken selbst ad absurdum führen, es muss erkennen, dass die eigentliche Realisation über Logik hinausgeht. Nun muss der Verstand seine Unfähigkeit weiterzugehen einsehen und sich der Erkenntnis der Wahrheit, die weit hinausgeht über alles Denkbare, beugen, er muss demütig werden und kann dann wissend, dass er nichts weiß, wissend, dass er nicht verstehen kann, im Dienst der Wahrheit stehen. Das macht dem Verstand übrigens viel Spaß!

Die Persönlichkeit, das Ego, das separate, scheindefinierte Ich („ich bin gut oder schlecht, ich bin der oder der, hier bin ich – dort ist die Welt, ich bin der Körper, ich bin die Seele, ich denke also bin ich, ich bin ich und du bist du") muss an diesem Punkt sterben, um dann als Individualität, aber jetzt ohne ein Bewusstsein einer getrennten Person, eines Ego wieder aufzuerstehen.

Diese beiden, die Verbeugung des Verstandes und der Tod des separaten Ich müssen gemeinsam geschehen, denn wenn der Verstand erkennt, dass er nicht wissen kann, das Ego, das Ich aber bestehen bleibt, so bleibt die Illusion von Trennung, bleiben die Welt und der Traum, der Schlaf geht weiter. Wenn das Ego stirbt, aber keine Erkenntnis einsetzt, der Verstand in Ablehnung verharrt, folgen Verwirrung und Angst und die Tendenz des Geistes, sich wieder mit einer Ich-Vorstellung zu identifizieren. In beiden Fällen bleibt ein Schleier. Nötig ist die 100%ige Bereitschaft, beides geschehen zu lassen, ist bedingungslose Hingabe, vollkommene Ausrichtung auf DAS, auf die Stille, egal was passiert.

Wahrheit zu hören oder zu lesen oder im Zusammensein mit einem erwachten Wesen zu erleben ist hilfreich, aber nicht ausreichend. Es bleibt Stückwerk, allein schon deshalb, weil Wahrheit in Wirklichkeit nicht sprechbar, nicht denkbar, nicht ausdrückbar, nicht vermittelbar ist. Niemand kann sie dir schenken oder geben. Alles kann nur auf sie hinweisen, hindeuten. *Du* musst sie wollen, mehr als alles andere, mehr als Glück.

Zu wissen oder gehört zu haben von der Auferstehung hilft im Moment des Sterbens nicht. Zu hören von Ekstase oder Freude eines Erwachten hilft nicht in diesem Moment. Es ist ein Anreiz, um an die Grenze zu gehen, aber im Moment des Todes der Persönlichkeit, des Ich, ist dieser Tod echt und du weißt nicht, was geschehen wird. Du weißt nicht, ob jemals Glück und Freude erfahren werden, du weißt nicht, ob Auferstehung geschieht. Du weißt nichts mehr und du bist ganz allein.

Nachahmen und Vergleichen sind von Schaden. Es gibt keine zwei gleiche Buddhas – wie wunderbar! – und auch keine zwei gleiche Geschichten des Erwachens. Es bist immer genau du und genau deine Geschichte ist die richtige. Genau jetzt, genau hier, genauso wie du bist – mit allen Schwächen und Stärken deiner Persönlichkeit. Nichts kann Erwachen verhindern, nichts ist vorher zu erledigen oder zu ändern. Aber du bist frei, aufzuwachen oder noch ein wenig zu schlafen – auch das ist okay! Vielleicht hast du ja gerade einen wunderschönen Traum... und dann bist du einfach ein Buddha, der träumt...

Der Preis ist nicht hoch, es kostet einfach nur alles andere. Der Preis, der zu entrichten ist, ist die Aufgabe der *ganzen* Illusion von Welt, von ich, von mein, von gut und schlecht, von Wollen und Nicht-wollen. Die Währung heißt Hingabe, heißt Akzeptanz, heißt „Dein Wille geschehe, in Deine Hände befehle ich meinen Geist", heißt Ja, es ist okay wie es ist, wie auch immer es ist, wie auch immer es sein mag – ich bin zufrieden, in Frieden. Der Gewinn ist unermessliches, übervolles, von Liebe überfließendes Nichts, Nichts – nicht getrennt von Allem.

Ich möchte dir meine Erfahrung mitteilen:

Das einzige, was meinem Aufwachen lange Jahre im Wege stand, waren Ideen, waren Vorstellungen. Es war nicht das Rauchen, das mich hinderte, nicht Alkohol, nicht Erfolg, nicht einmal Wissen und Intelligenz, nicht eine so oder so geartete Vergangenheit, nicht diese oder jene schlechte Eigenschaft, und es waren auch nicht die guten Eigenschaften, die mich aufwachen ließen. Was hinderte, waren nur meine Vorstellungen – die Vorstellung, Rauchen würde dem entgegenstehen, die Vorstellung, Erleuchtung müsste irgendwie aussehen wie bei Osho oder Jesus oder Buddha, die Vorstellung, Erleuchtung würde bedeuten, mit einem Schlag alles zu verstehen, die Vorstellung, man sei dann irgendwo angekommen, die Vorstellung, keine weitere Entwicklung, kein weiteres Lernen würde dann mehr geschehen, die Vorstellung, Erleuchtung würde bedeuten, dann keine Gefühle, vor allem keine unangenehmen mehr zu erfahren, die Vorstellung, ich sei nicht gut genug, die Vorstellung, ich müsste die Wahrheit, die Freiheit verdienen, die Vorstellung, Selbstrealisation sei zwangsläufig mit ständiger Erfahrung von Glückseligkeit und Ekstase verbunden, die Vorstellung, da wäre noch so viel schlechtes Karma abzuarbeiten und so weiter und so weiter. Und vor allem hinderte der Glaubenssatz, dass das was ist nicht in Ordnung und daher abzulehnen sei und etwas anderes erreicht werden müsse, was dann ersehnt wurde. Und unter und vor all dem die Vorstellung eines Ich, einer Person, die ich sei – das Ego. Das war das Hindernis – unsere Vorstellung. Es ist noch nicht einmal der Verstand selbst. Ich kann ihn nicht als Feind ansehen – und auch das hat mich lange verwirrt: „der böse, böse mind“. Der Verstand ist ein wunderbares göttliches Werkzeug, göttlich wie alles. Der Verstand steht genauso wenig im Gegensatz zu DEM wie eine Fliege oder eine Blume, er ist auch in DEM.

Es sind nur unsere Vorstellungen, die uns immer wieder binden, aus denen immer wieder Wünsche und Ziele und Abneigungen auftauchen, und aus diesen erwächst die Illusion von Ich und Welt, und da mache ich keinen Unterschied zwischen so genannten richtigen und so genannten falschen Vorstellungen, Konzepten und Ideen. Jede Vorstellung ist per se unreal. Keine Vorstellung kann im Jetzt existieren, alle weisen auf die Zukunft oder blicken in die Vergangenheit oder führen sogar direkt von der Vergangenheit in die Zukunft, die Gegenwart vollständig umgehend. Hier, genau jetzt, schau genau hin: Kann sich da irgendeine Idee halten?

Ist es nicht so, dass unsere Vorstellungen uns ständig auf Trab halten, uns hindern hier zu sein, still zu sein? Da müssen wir noch hin, das müssen wir noch erreichen, dies noch verändern, jenes besitzen, unsere Beziehungen klären, unsere Persönlichkeit noch verbessern, mehr meditieren sollten wir, Liebe müssen wir bekommen, die Vergangenheit aufarbeiten, glücklich müssen wir sein, jenes müssen wir noch abschaffen und dann... da gibt's kein Ende! Wir können ewig so weitermachen, oder wir können innehalten und *alle* Vorstellungen, *alle* Ideen, *alle* Wünsche und Ablehnungen über Bord werfen und sehen, ob es dann noch etwas zu tun gibt.

Was Aufwachen letztlich geschehen ließ, war Gnade und nicht mein Verdienst, nicht „der Lohn meiner Arbeit". Du fragst nun: „Was ist Gnade?" Gnade ist überall. Gnade ist wie der Atem Gottes. Nur haben wir vor die Gnade Stellwände gestellt, haben uns mit Ideen umgeben, uns in unserer kleinen Welt mit ihren klaren Strukturen von richtig und falsch eingerichtet. Wir haben uns mit Zielen und Wünschen möbliert. Da war kein Platz mehr für die Gnade, kein Platz mehr für den Atem Gottes. Alles was wir tun können, ist Platz zu schaffen, und dennoch ist es dann Gnade, die geschieht. Wenn die Stellwände weggeräumt sind, muss nur noch der verschwinden, der sie weggeräumt hat. Und dann ist der Weg frei für die Gnade, dann ist nur noch Gnade da, und plötzlich siehst du, dass nie etwas anderes da war. Dann ist die Tür offen für Gott, für Wahrheit, für Freiheit. Die Gnade ist es dann, die wirkt, die erkennen lässt, denn du bist nicht mehr da. In den Armen des Geliebten liegst du aufgelöst und bist nicht mehr da. Wenn jemand sagen würde, er hätte ES erreicht, wenn jemand prahlen würde, er hätte ES durch seine Anstrengung verdient, so müsste ich ihn fragen: „Wer, wer hat ES erreicht? Wer, wer hat ES verdient? Ist denn da irgendjemand, der verdienen, der sich mühen könnte? Und falls da vielleicht mal einer war, ist denn der jetzt noch da, bist du noch da, ist der noch da, der sich da mühte? Und wenn nein, was hatte der dann von den Mühen, was war sein Gewinn? Und wenn ja, was hast du dann erreicht?" So muss es also Gnade sein, die da geschieht. Den letzten Schritt tut Gott allein, denn du bist nicht mehr da.

Nähre das Feuer deiner Sehnsucht, vergrößere deinen Wunsch nach Freiheit, bis nichts anderes mehr übrig ist. Und sag ja, sag ja zu allem was geschieht, sei es angenehm oder unangenehm!

Du musst dich nicht verändern, sag auch Ja zu dir – du bist genauso gewollt wie du bist! Du bist ein Ausdruck des Göttlichen wie du bist – mit allen deinen Ecken und Kanten! Sag ja zu dir, denn du bist ein Ausdruck der Göttlichkeit – was für eine Blasphemie wäre es, dich nicht anzunehmen! Ich kann nichts anderes als Göttlichkeit in dir sehen. „Du kennst mich ja gar nicht!", sagst du jetzt. Doch, ich kenne dich, denn du bist dasselbe Selbst, welches ich bin, und ich sehe Buddha in jedem Wesen. Warum sollte ich Ihn ausgerechnet in dir nicht sehen können?

Nur, was du verlieren wirst, ist jede Besonderheit, jedes Attribut – die schlechten und die guten Attribute, die lieb gewordenen und die lang gehassten. Du wirst niemand sein, Nichts sein und du wirst Alles sein – nein, du bist Nichts, du bist pures Sein, pures BIN, schon immer gewesen. Du hast es nur vergessen bei all den Dingen, die zu tun, zu erreichen, zu verändern waren, bei all den Vorstellungen von Gut und Böse, von Wollen und Nicht-Wollen. Du bist pures BIN, Göttlichkeit tanzend, sich ausdrückend in einer bestimmten individuellen Form, in allen Formen, in jedem Universum. Du bist BIN, sich jeden Augenblick natürlich entfaltend in unendlicher Vielfalt der Formen und Phänomene und sich gleichzeitig jeden Augenblick zurück in den Ozean des reinen, unberührten, unbewegten Bewusstseins, der alles ist was ist, auflösend.

Und sage die Wahrheit, so wie sie für dich ist. Verleugne nicht, was für dich in deiner Erfahrung dem Sein in der Stille, dem Frieden im Wege steht. Gib nicht vor, täusche nichts vor, sage die Wahrheit zu dir, gestehe sie dir ein, und dann akzeptiere es und schau, was bleibt.

Ich will dich nichts lehren, im Gegenteil, ich will dich der Lehren berauben. Ich sage dir keine Methode, sondern möchte dir alle Methoden nehmen. Ich entwerfe kein System, ich will dir auch alle Systeme wegnehmen. Bitte, bitte glaube mir nichts, denn auch Glauben will ich dir entreißen. Denn du musst am Ende selbst sehen, du musst selbst entdecken! Also, schau, schau selbst was übrig bleibt. Schau, was da ohne Lehre, ohne System, ohne Methode, ohne Zukunft, ohne Vergangenheit ist – schau, schau genau hin, genau jetzt!

Lass dich nicht täuschen und nicht betäuben, nicht einlullen. Die Wahrheit ist ganz anders, als du dir jemals vorgestellt hast. Sie ist auch ganz anders als sie dir irgendjemand mit Worten vermitteln könnte!

Ich werde dir auch von dieser Person, von ihren Kanten und Ecken, ihren „Trips" berichten, einfach nur um dir zu sagen, dass all diese Kanten und Ecken und „Trips" das Erwachen nicht verhindern können. Und um dich noch mehr zu ent-täuschen, sage ich dir gleich, dass diese Kanten und Ecken der Person und die Trips des Verstandes, die Gefühle der Seele auch mit dem Erwachen nicht aufhörten. Einiges änderte sich wohl, ganz langsam und ohne dass ich es ändern wollte. Aber diese Person ist nach wie vor weit entfernt von jeglicher Perfektion (Gott sei Dank, sonst hätte ich ja nichts mehr zu lachen!). Dieser Körper raucht nach wie vor, trinkt nach wie vor gern Wein und isst Fleisch, die Schulter schmerzt, der Verstand produziert gelegentlich abstruse Gedanken, Emotionen tauchen auf und verschwinden wieder. Nur – ich bin im Frieden, bin unbewegt und still bei alledem, bin Nichts, bin niemand, BIN und sonst nichts. Und all die Phänomene von Körper, Seele und Geist, die in aller ihnen eigenen Individualität geschehen, trüben nicht die Freude, stören nicht die Stille und den Frieden, die immer gegenwärtig sind – das ist der Unterschied.

Und wenn du jetzt immer noch weiterlesen willst, hier ist er also endlich, der Bericht über diese Reise:

2. Kindheit

„Stell dir das Leben vor, als ob du einen reißenden Fluss
überquerst. Du springst von Stein zu Stein, bis du am anderen
Ufer ankommst. Die Steine sind die Freuden, der reißende
Fluss die Widrigkeiten und Schmerzen. Spring einfach von
Stein zu Stein.“

MEINE MUTTER

Ein Streik kennzeichnete den Beginn dieses Lebens. Ich wurde
sechs Wochen zu früh geboren und verweigerte jegliche Nah-
rungsaufnahme, so dass ich mittels Magensonde ernährt werden
musste, was eine ziemlich unangenehme Erfahrung war – zumindest empfand ich das so, als ich mich viel später daran erinnerte. Meine Eltern hatten mich lange ersehnt und gewünscht, ich
war das erste Kind, eine Tochter, und ich blieb das einzige Kind
meiner Eltern. Meine frühe Kindheit war unspektakulär, zumindest für mich, denn es war ja die einzige Kindheit, die ich kannte. Mein Vater war ein Physiker, der sich gerade selbständig
machte. Er war von Forscherdrang beseelt. Meine Mutter war
Chemikerin, konnte jedoch seit dem Krieg nicht mehr arbeiten.
Wir lebten in einem umgebauten Stall, in dem mein Vater auch
seine Forschungsstation betrieb. Windräder, leise surrende Geräte und der Geruch von Ozon gehören zu meinen frühesten
Erinnerungen. Wenn ich heute in eine Forschungsstation komme wie erst kürzlich in ein astronomisches Observatorium, in
der derselbe typische Geruch und das selbe Geräusch wahrzunehmen sind, bekomme ich heimatliche Gefühle. Meine Eltern
liebten mich wie sie nur konnten. Wohl aufgrund ihrer Erlebnisse im Konzentrationslager war meine Mutter jedoch über-
ängstlich, sehr müde und von ständigen Skrupeln geplagt. Das
bedeutete für mich, dass ich, bis ich zur Schule kam, keine Freunde hatte, andere Kinder kaum kannte, da ich keine Gelegenheit

hatte, unser Zuhause zu verlassen und auch sonst wenig menschlichen Kontakt erfuhr. Meine Eltern waren auch geschwisterlos, die Großeltern lebten in einer Großstadt 100 km entfernt. Mein Vater arbeitete viel, meine Mutter spielte so gut wie nie mit mir und beschäftigte sich auch sonst nicht viel mit mir. Sie konnte es einfach nicht. In meiner frühen Kindheit übernahm mein Vater die Mutterrolle zu weiten Teilen mit. Er machte mir Frühstück – und auch da gehört der Geruch seines Rasierwassers in Verbindung mit dem von Kakao zu den wunderschönen heimeligen Erinnerungen, genau wie die Erinnerung an gemeinsames Pilzesuchen mit ihm und vieles andere. Meine Mutter war immer sehr um meine Gesundheit besorgt und hielt viel frische Luft für notwendig. Daher verbrachte ich einen großen Teil meiner ersten zwei bis drei Jahre in einem Gitterbettchen, später in einem Laufstall vor unserer Haustür. Im Allgemeinen war ich recht glücklich so wie es war. Ich empfand keinen Mangel, mir war auch nicht langweilig. Ich kann mich allerdings erinnern, dass ich einmal mit etwa drei Jahren sehr verzweifelt und schmerzerfüllt in meinem Zimmer stand, das durch einige Stufen und – zu meiner Sicherheit – durch ein Gitter von der Wohnküche getrennt war, in der sich meine Mutter im Allgemeinen aufhielt, voller Sehnsucht, zu ihr zu gelangen, und vollkommen hilflos und unfähig, das Ziel meiner Sehnsucht zu erreichen. So war ich ein geliebtes Kind und dennoch isoliert. Meistens jedoch war ich sehr fröhlich und zufrieden, habe viel gesungen und gelacht, mir meine eigenen Spiele ausgedacht und sie alleine gespielt, ohne mich dabei einsam zu fühlen. Gerne habe ich auch stundenlang einfach nur geschaut oder mich in der Welt meiner Phantasie mit meinen Freunden vergnügt, gespielt und unterhalten, die für mich so wirklich und nah waren wie Freunde nur sein können. Meine Mutter war für mich wunderschön, liebevoll und doch fern wie eine Göttin, mein Vater war stark und groß und warm, der König meines Herzens, und dennoch fremd.

Mit etwa drei Jahren hatte ich ein einschneidendes Erlebnis, das erstmals und nachhaltigst meinen Glauben an die Realität der Welt, wie wir sie sehen und sie uns gegenseitig mitteilen, erschütterte. Mein Vater stand mit mir am Fenster – er hielt mich hoch, da in diesem umgebauten Stall die Fenster sehr hoch lagen. Wir schauten zusammen hinaus. In einiger Entfernung war ein braunes, vierbeiniges Tier zu sehen. Ich sagte, „Dackel", und mein Vater korrigierte mich, „Nein, das ist eine Kuh". Das war ein Schock für mich, denn ich konnte sprechen und wusste genau, was ein Dackel und was eine Kuh ist. Wie hätte ich noch an die Realität der Dinge glauben können, wenn dasselbe Ding von mir als Dackel und von meinem Vater als Kuh gesehen wurde. Ich war bis ins Tiefste schockiert, ich verstand meine kleine Welt nicht mehr. Diese Unsicherheit bezüglich der Welt um mich herum hat mich seither nie mehr verlassen. Mein Vater und meine Mutter schienen sich jedoch so sicher zu sein. Da gab es nichts zu bezweifeln. Also erkannte ich, dass mein Vater mächtig war und ich zumindest so tun musste, als sei alles klar und eine Kuh schlicht eine Kuh. Ich wusste, ich musste vorsichtig sein und lernte mich zu fügen, obwohl ich von da an nie mehr ganz an die Realität dieser Welt als eine feste, bestimmte, definierte, solide Realität glauben konnte. Seither hat mich die Frage: „Was ist real und was ist nicht real?", die Frage „Was ist Wahrheit?" nicht mehr losgelassen.

Erst später, als ich in die Schule kam und begann, mein Leben mit dem „normalen" Familienleben anderer Kinder zu vergleichen, stellte sich Leiden an der Situation ein. Ich fing an, mir auch eine „normale" Mutter zu wünschen, eine Mutter, die auch mal einen Kuchen bäckt (meine Mutter hatte zeitlebens Angst, ein Backrohr zu benutzen), die mit mir spielt oder auf den Spielplatz geht, eine Mutter, die nicht bei der kleinsten Entscheidung zaudert, ein Zuhause, in dem auch mal ein Kinderfest stattfindet, schwimmen gehen, ans Meer fahren, ein Picknick. Alle diese Dinge wünschte ich mir und fing an zu leiden, weil ich sie nicht hatte. Der Schock des Vergleichs meines Lebens mit dem anderer Kinder war gewaltig. Erst jetzt sah ich, in welcher Enklave und Klausur ich gelebt hatte. Ich war glücklich gewesen so wie es war, aber jetzt im Vergleich war ich nachträglich noch unglücklich. Auch konnte ich selbst zunächst nur schwer Kontakt zu anderen Kindern aufnehmen und blieb in den ersten Schuljahren ein Außenseiter. Ich hatte nicht gelernt mit Kindern zu sprechen, mit Kindern zu spielen. Die Dinge, über die sie sprachen (z.B. Fernsehen, Freunde, bestimmte Spiele, Sport) kannte ich nicht, und meine Welt kannten sie nicht. Das wurde natürlich auch dadurch nicht besser, dass ich immer die Beste in der Schule war, ohne mich dafür anstrengen zu müssen. Während der Volksschulzeit war ich sehr wütend auf meine Mutter und ließ sie das auch deutlich spüren, da ich annahm, sie wolle einfach nicht normal sein, sie enthielte mir etwas vor, was mir zustünde, und sie sei schuld, dass ich keine Freunde hätte. Ich stellte dann fest, dass meine Mutter mir Geschichten vorlas, sich viel mehr um mich kümmerte und mich in den Arm nahm, wenn ich krank war. Das ist wahrscheinlich der Grund dafür, dass ich während der Volksschulzeit jeden Monat eine Grippe mit hohem Fieber bekam. Ich genoss es. Ich muss gestehen, ich genoss es auch, dass meine Mutter sich dann Sorgen machte, als ob ich sie damit bestrafen könnte. Und natürlich nahm ich mir als kleines Mädchen vor, ich würde alles anders machen als meine Mutter. Ich würde bestimmt eine perfekte Hausfrau werden. Über die Geschichte meiner Mutter erfuhr ich erst kurz bevor sie starb – sie konnte nie darüber reden und wollte anscheinend auch nicht, dass mein Vater mir davon erzählte.

So entwickelte ich mich in diesen ersten Schuljahren zu einem zornigen, widerspenstigen, schrecklich gescheiten und frechen Mädchen und verlor den Kontakt zu der wundersamen inneren Welt meiner frühen Kindheit. In meinen starken, warmen Vater war ich aber immer noch verliebt.

Als ich etwa zehn Jahre alt war, begann eine neue Beziehung zu meiner Mutter. Jetzt konnten wir anders miteinander sprechen, wir waren gerne zusammen. Ich wurde langsam fähig, ihre Liebe wahrzunehmen, ihre Großzügigkeit, Klugheit und bedingungslose Wahrheitsliebe. Meine Mutter sagte mir später, dass sie so froh gewesen sei, als ich endlich etwas älter geworden war und sie, wie sie sich ausdrückte, „normal mit mir sprechen konnte". Das habe sie sich immer gewünscht und ihr sei es selber schmerzlich gewesen, dass sie mit mir als kleinem Kind schwer umgehen konnte. Trotzdem hätte ich immer noch gerne selbst gebackenen Kuchen gehabt. Immer noch wünschte ich mir die

Erfüllung meiner Kinderträume! Ich wurde aber wieder fröhlich und auch umgänglicher, ich genoss das Leben. Ich genoss es auch, endlich ins Gymnasium gehen zu dürfen. Ich liebte es zu lernen, ich wollte alles wissen, alles. Ich begann in diesem Leben Wurzeln zu schlagen, ich hatte jetzt Freundinnen und genoss das. Wir unternahmen jetzt auch erstmals Reisen, und meine Oma, die zu uns in unser neues Haus gezogen war, hatte einen Fernseher, ich genoss es. Es war eine wunderschöne, aufregende, unbeschwerte Kinderzeit.

Gleichzeitig regte sich auch wieder meine alte Frage: Was ist wahr? Was ist real und was nicht real? In den ersten Schuljahren war diese Frage in den Hintergrund meines großen Zorns getreten. Als wir die Geschichte von Jesus lasen, seinen Dialog mit Pilatus, war ich tief berührt. Pilatus fragte: „Was ist Wahrheit?" und Jesus antwortete ihm nicht! Er fragte die Frage meines Lebens, und Jesus antwortete nicht. Warum, warum antwortete er nicht? So brannte die Frage wieder in mir. In dieser Zeit fing ich an zu beten oder auf eine Art zu meditieren. Jede Nacht wachte ich auf, setzte mich auf mein Bett und betete. Ich weiß kein anderes Wort dafür, ich weiß nicht, was ich da genau tat und woher dieser Impuls kam. Es waren nicht die Gebete, die ich gelernt hatte, meist geschah es wortlos oder ich stellte einfach stundenlang meine Frage „Was ist Wahrheit, was ist Wahrheit, was ist Wahrheit?" und wartete stundenlang auf Antwort. Manchmal saß ich einfach nur still da, ohne Frage, ohne Worte, ohne Antwort. Das tat ich natürlich heimlich. Es war mir peinlich. Ich sprach mit meinen Eltern nicht darüber und erst recht nicht mit meinen Freundinnen. Ich genoss ja das Leben und wollte nicht wieder die Außenseiterin sein – auch dachte ich, dass das sowieso keinen interessieren würde.

Meine Erziehung war sehr katholisch, zu jeder Mahlzeit wurde gebetet. Sonntags gingen wir in die Kirche. Ich mochte die Zeremonien, mochte besonders die Gebete und Gesänge der Mönche in einer nahegelegenen Abtei, die wir regelmäßig besuchten. Ich fühlte mich aufgehoben und zu Hause in diesem Glauben, und dennoch, meine Frage wurde mir von ihm nicht beantwortet. Ein Jahr bevor meine Mutter starb – ich war 14 –

wurde ich gefirmt. Ich hegte große Erwartungen an dieses Ereignis. Ich erwartete etwas Erleuchtendes, etwas Wichtiges musste passieren. Der Heilige Geist würde mir die Antwort auf meine Frage offenbaren – aber es geschah gar nichts... Ich war schrecklich enttäuscht und frustriert. Ich fühlte mich von der Kirche betrogen und kehrte ihr sofort den Rücken zu. Meine nächtlichen Gebete setzte ich jedoch fort. Jetzt fing ich an zu lesen, lesen, lesen. Ich las alles, dessen ich habhaft werden konnte, über Philosophie und verschiedene Religionen von den Griechen zu den Chinesen, von der Bhagavadgita zu Sartre, von Heidegger zu Lao-tzu, von Augustinus zu Descartes.

Als ich etwa zwölf Jahre alt war, wurde meine Mutter sehr krank; sie hatte Krebs. In den drei Jahren ihrer Krankheit wurde sie schwächer und schwächer, wurde immer wieder operiert und bestrahlt und chemotherapiert. Zwischendurch gab es Zeiten, in denen sie wieder strahlte, fast gesund war, wir nochmals Reisen unternehmen konnten und zusammen glücklich waren. Immer wieder schöpfte sie und schöpften wir Hoffnung, dass die Krankheit besiegt sei, und immer wieder brach sie aus. In den letzten Monaten war meine Mutter zu Hause, sie litt unter schrecklichen Schmerzen. Ich war in dieser Zeit viel bei ihr und wir führten viele Gespräche. Sie munterte mich mit einem Spruch auf, der lange ihr Leitspruch gewesen war und sie wohl auch durch viele Schwierigkeiten getragen hatte, dem Spruch, den ich an den Anfang dieses Kapitels gesetzt habe. Sie selbst drohte aber jetzt in den Strudeln des Flusses zu ertrinken. Sie konnte keinen Stein und auch kein Ufer mehr sehen. Sie verschwieg mir aber auch nicht ihre Angst. Meine Mutter war über alles wahrheitsliebend und ich bin ihr so dankbar dafür. Sie sagte mir auch einmal ziemlich gegen Ende: „Weißt du, mein Fehler war zu glauben, dass mir, nachdem ich im Konzentrationslager war, nichts Schlimmeres mehr widerfahren könne. Ich habe geglaubt, dass ich alles Schlimme, das einem Menschen widerfahren kann, hinter mir hätte. Das war meine Vorstellung von Gerechtigkeit. Ich glaubte, dass alles gut werden würde. Das war falsch, und aufgrund dieser falschen Annahme bin ich jetzt so verzweifelt." Einmal sagte sie auch: „Ich verstehe nicht, Jesus litt nur drei Tage und ich muss so lange leiden. Ich kann nicht verstehen, warum das so ist, ich kann nicht mehr verstehen und nicht akzeptieren, dass ich so sehr leide, ich kann nicht verstehen, dass ich jetzt schon sterben soll, ich kann nicht verstehen, dass ich dich nicht aufwachsen sehen darf, ich kann nicht verstehen, dass Gott so etwas tut." Ich liebte sie so sehr, ich spürte ihre Verzweiflung und konnte nichts für sie tun, nur da sein. Selbst jetzt kann ich nicht verhindern, dass mir Tränen kommen, während ich dies schreibe, es sind einfach Tränen des Schmerzes, der empfunden wird, wenn ich an diese übergroße Verzweiflung denke, die sie durchlitt.

An einem kalten, wunderschönen Februarmorgen, kurz vor meinem 15. Geburtstag, starb meine wunderschöne Mutter. Es war ein schwerer Tod, ein Tod voller Kampf und in Angst. Sie konnte sich bis zum Schluss nicht gehen lassen. Ich war dabei, starr vor Schreck, starr in meiner Hilflosigkeit, sah zu und konnte nichts tun.

Auch mein Vater war dabei – auch er starr vor Schreck und hilflos.

3. Hereinbrechen des Nichts – Sturz in die Leere

„Oh Sohn edler Familie,... was man den grundlegenden
Glanz des ersten Bardo nennt, wird dir erscheinen. Dies ist die
Dharmata, offen und leer wie der Raum, glänzende Leere,
reiner nackter Geist ohne Mittelpunkt oder Umfang.
Erkenne sodann und verweile in diesem Zustand ...

Oh Sohn edler Familie, höre! Nun strahlt der reine Glanz
der Dharmata vor dir; erkenne ihn! Oh Sohn edler Familie.
In diesem Augenblick ist dein Geisteszustand dem Wesen nach
reine Leere und hat keine besondere Eigenart, weder Substanz,
noch eine Eigenschaft wie Farbe, sondern ist reine Leere;
das ist Dharmata...

Dieser dein Geist ist untrennbar Glanz und Leere in der Form
einer Überfülle von Licht, er kennt nicht Geburt noch Tod.
Dies zu erkennen ist das einzig Nötige. Erkennst du dieses reine
Wesen deines Geistes als den Buddha, so ist das Schauen
deines Geistes das Ruhen im Buddha-Geist...

Wesentlich ist, mit Gewissheit zu erkennen, dass alles was
erscheint, wie erschreckend es auch sein mag, deine eigene
Projektion ist. ... also fürchte dich nicht und lasse dich nicht
beirren.“

BARDO THÖDOL, Das Totenbuch der Tibeter

Die ersten Tage nach dem Tod meiner Mutter vergingen, ohne
dass ich es bemerkte, immer noch in Starre – zu starr war ich
selbst für Tränen und Trauer. Was mich erstarren ließ, war nicht

allein die Tatsache, dass meine Mutter gestorben war, dass sie nun nicht mehr hier war. Es war in erster Linie die Art ihres Todes, ihr schrecklicher Kampf, ihre schreckliche Angst und genauso mein eigener schrecklicher Schmerz und meine unendliche Hilflosigkeit in Gegenwart ihres Todes. Auch hatte sie in ihren letzten Gesprächen mit mir das sichere Haus, das sie, so wie jede Mutter es tut, für mich zu bauen versucht hatte, selbst wieder niedergerissen und mich in tiefster innerer Unsicherheit zurückgelassen. Durch ihr Eingeständnis, sich so tief getäuscht zu haben, war nun, nachdem die Sicherheit, Definiertheit und Festigkeit der materiellen Welt für mich sowieso schon lange zweifelhaft war, auch die Sicherheit einer inneren Welt zerstört. Es gab nichts mehr, worauf man sich hätte verlassen können, außen nicht und innen nicht. Nicht in der Welt der Dinge und nicht in der Welt der Ideen, der Welt der Moral, der Welt des Glaubens, der Welt der Intelligenz und der Empfindung. Hatte meine Mutter doch mit aller ihr eigenen Intelligenz und Sensibilität an das Gute im Menschen geglaubt, hatte sie an eine ausgleichende Gerechtigkeit geglaubt, war sie sich sicher gewesen bzw. hatte sich sicher gewähnt, dass ihr nichts Schreckliches mehr in diesem Leben widerfahren würde, dass sie nun glücklich sein werde, hatte tief geglaubt an den Sinn, den ihr ihr christlicher Glaube gab, nur um schlussendlich feststellen zu müssen, dass sie sich getäuscht, bitter getäuscht hatte, dass ihre Vorstellungen nicht wahr waren, um dann enttäuscht in Verzweiflung zu versinken, in Schmerz und Panik. Ich sah, dass es nichts gab, woran man sich halten oder festhalten könnte.

Meinen starken Vater erlebte ich in dieser Situation zum ersten Male schwach und hilflos. Ich war nicht in der Lage, ihn zu trösten, und er sah nur meine Starre und vermisste meine Tränen, wie er mir später vorwarf.

Kurze Zeit später wurde ich sehr krank und lag mit einer fieberhaften Herzentzündung einige Wochen im Bett. Danach schien ich mich ganz gut zu erholen, wandte mich wieder dem Leben zu, ging in die Schule und versuchte vor allem für meinen Vater stark zu sein.

Ab April oder Mai begannen jedoch regelmäßige Panikattacken mich zu quälen. Jeden Nachmittag, wenn ich allein zu Hause war, fing die Angst an und steigerte sich, so dass ich nur noch auf dem Bett liegen konnte. Sie steigerte sich zu Todesangst, ich rang nach Luft und verfiel in Agonie. Diese Zustände dauerten täglich etwa eine Stunde und gingen dann von selbst wieder vorüber. Ich suchte unseren Arzt auf und erzählte ihm davon. Er meinte, es sei der Schock und verschrieb mir Tranquilizer, die ich auch brav einnahm, die jedoch absolut nichts bewirkten. Auch mit meinem Vater redete ich darüber, er registrierte aber gar nicht wirklich, was ich sagte und meinte, ich solle mich nicht so wichtig nehmen. Also gab ich auf, darüber zu sprechen und ließ diese Zustände über mich ergehen, da ich ja bereits aus Erfahrung wusste, dass sie immer wieder vorübergingen. Nach außen lebte ich ganz normal, hatte Freundinnen, war gut in der Schule, erledigte den Haushalt für mich und meinen Vater, aber für eine Stunde jeden Nachmittag glaubte ich zu sterben, erlebte Todesängste, die sich im Lauf der Zeit immer mehr steigerten. Erstaunlicherweise war ich nicht depressiv, konnte lachen und mich freuen, war interessiert an allem und liebte das Leben, bis gegen vier Uhr die Angst mich wieder überfiel, mich in ihren Würgegriff nahm und beutelte, um mich eine Stunde später unvermittelt wieder loszulassen, und ich war wieder im Leben – fröhlich, tüchtig, lebenslustig. In dieser Zeit war ich umgeben von Menschen und dennoch absolut allein, wie ich es nie zuvor gewesen war.

Im Oktober war der Höhepunkt der Angst erreicht. Eines Nachmittags fühlte es sich an, als ob ich durch pechschwarze Dunkelheit rannte, verfolgt von allem und jedem, was einer Seele nur Schrecken einjagen kann, als sich plötzlich ein Abgrund vor mir auftat. Der Grund, auf dem ich lief, war plötzlich zu Ende und vor mir gähnende Leere. Der Schrecken steigerte sich ins Unermessliche, als ich zaudernd und innerlich bebend am Rand des grundlosen, bodenlosen Abgrunds stand mit einem Gefühl, als ob der heiße Atem aller Dämonen bereits im Nacken zu spüren sei. Da sagte mir ein innerer Impuls, der sich wie eine laut rufende Stimme äußerte: „jump!" (die Stimme rief englisch, ich weiß nicht warum). Also sprang ich – eigentlich hatte ich ja sowieso keine Wahl. All dies geschah in meinem Inneren. Ich muss daraufhin ohnmächtig geworden sein. Einige Stunden später kamen die Sinne wieder.

Die Todesangst war verschwunden, aber alles andere auch. Insbesondere war ich verschwunden, meine Identität, das, was ich immer als Ich empfunden und bezeichnet hatte, war plötzlich nicht mehr da. Und mit dem Verschwinden des Ich war die Möglichkeit des Bezugnehmens auf die „Welt" verschwunden. Da war kein Ich, keine Person mehr und rundum in allem, was ich sah, Leere. Ich sah die Dinge, ich hörte die Klänge und dennoch war alles entleert, substanzlos. Dies löste die Erfahrung von Öde und Grauheit und eine neue, andersartige Erfahrung von Schrecken aus: Unendlichkeit, wüste, weite Unendlichkeit, erbarmungslose Leere. Es stellte sich als eine Erfahrung von untot dar, wie lebendig und doch tot. Später nannte ich es einen Zombie-Zustand und Limbo. Mit dem Verschwinden des inneren Bezugspunktes „ich" war auch das Gefühl der Verbundenheit zu anderen Menschen und Dingen verschwunden. Da war kein Ich, das hätte verbunden sein können, das hätte Bezug nehmen können oder auf das hätte Bezug genommen werden können. Da waren keine Grenzen mehr. Es gab keinen Bezugspunkt in dieser Unendlichkeit, es gab kein Ende und auch keine Mitte. Es war, als wäre ich gestorben. Der Körper war da, der Verstand war da, aber ich war nicht da. Niemand war da, der Körper und Verstand besaß. Und selbst Verstand und Körper, obwohl einwandfrei funktionierend, waren nicht wirklich greifbar, nicht fest, nicht wirklich wirklich. Da war die Erfahrung von Leere, von Öde, von Schrecken, die Erfahrung von Verbindungslosigkeit, aber kein Erfahrender. Alle Funktionen des Körpers und des Verstandes sowie alle Emotionen arbeiteten völlig normal. Ich aß, ich schlief, ich lernte, ich redete mit anderen Menschen, es gab Gefühle von Freude, von Trauer, von Ärger, alles ganz normal – und dennoch ich-los und ohne Verbindung. Es war grauenvoll.

Der Verstand reagierte auf diesen Zustand mit Entsetzen und tiefer Verwirrung. Wie war das möglich, dass ich nicht da war, aber Körper und Verstand funktionierten? Wie konnte das sein, dass ich nicht da war, nicht mehr existierte, und dennoch Gefühle erfahren wurden? Wer erfuhr die Gefühle? Wer dachte die Gedanken? Wo war ich geblieben? Schließlich schienen die Menschen um mich herum keine solchen Probleme zu haben, sie schienen nach wie vor eine Identität zu besitzen. Da musste ein schrecklicher Fehler passiert sein! Wenn der Verstand suchte und nach demjenigen ausschaute, der denkt, nach demjenigen, der „ich" sagen könnte, nach demjenigen, der dies oder das täte, fand er nur gähnende, Schrecken einflößende, unendliche Leere, fand er Nichts. Der Verstand sorgte sich, und so suchte ich erneut unseren Arzt auf, der mir wiederum und diesmal stärkere Tranquilizer verschrieb. Da die Tabletten auch jetzt absolut nichts an der Leere und Ichlosigkeit ändern konnten, gab ich es nach kurzer Zeit auf, sie zu nehmen. Mit meinem Vater habe ich nicht gesprochen. Nach einigen sehr unangenehmen Wochen in diesem Zustand war mein Ich, mein Ego, meine Identität plötzlich wieder da. Ich war wieder existent als Ich – verschieden und separat vom Rest der Welt, es gab wieder Grenzen! Was für eine Erleichterung! Ich war sehr dankbar dafür.

Inzwischen war es wieder Winter geworden und ich fühlte mich wie von langer Krankheit genesen. Ich wollte vergessen, was geschehen war. Ich wollte ganz normal sein, wollte leben. Nun ordnete ich das, was geschehen war, als eine Episode ein, als eine Panne sozusagen, die durch das schreckliche Erlebnis des Todes meiner Mutter verursacht worden war. „Ist ja kein Wunder..." So hatte es mir ja auch unser Arzt erklärt. Aber immer noch bohrte meine Frage in mir und brannte jetzt noch mehr als zuvor: „Was ist Wahrheit?". Zu ihr gesellte sich nun: „Was ist der Tod und was ist das Leben und wer bin ich?" Also las ich weiter. Ich hatte auch in der Zeit der Ängste und in der Zeit der Leere weiterhin meine philosophischen Studien betrieben. Besonders angesprochen fühlte ich mich in diesem Jahr von Camus und Sartre, auch von Dostojewski und Tolstoi. Ich war fasziniert von diesen großen Gestalten, die mit Gott rangen.

Meine nächtlichen Meditationen wurden im Laufe dieses Jahres von frühmorgendlichen Spaziergängen abgelöst, die ich oft mit meiner besten Freundin unternahm. Wir trafen uns gegen vier Uhr und machten vor und während des Sonnenaufgangs ausgedehnte Wanderungen. Meist redeten wir nicht viel dabei. Gegen sechs Uhr war ich wieder zu Hause und brav in meinem Bett, wenn mein Vater mich um halb sieben weckte. Mit dieser Freundin verbrachte ich bereits seit zwei Jahren auch sonst viele Stunden – wir lasen gemeinsam und schwiegen gemeinsam – wir diskutierten und philosophierten. Wir stellten dieselben Fragen und erhielten beide keine Antwort. Sie gehört zu den wenigen Menschen, denen ich von der Leere erzählte, von diesem Schrecken erregenden Zustand der Ichlosigkeit. Natürlich konnte sie mir da nicht weiterhelfen, sie meinte noch nicht einmal, dass das aufhören müsste, aber sie war da, stellte darüber keine Theorie auf und nahm es so wie's war.

Mir wurde mehr und mehr klar, dass ich in all den Schriften und Büchern meine Fragen nicht beantwortet finden würde. Dieselben Fragen wurden gestellt und Antworten gegeben. In manchen konnte ich sozusagen Wahrheit riechen (z.B. Laotzu und Plato), und dennoch konnte es mich nie zufrieden stellen. Es löschte das Feuer nicht, es stillte die Sehnsucht nicht. Es glich toter Nahrung, nicht lebendig, nicht wirklich, vielleicht wahr, aber nicht als solches für mich erfahrbar. Ich konnte keinem noch so weisen oder gar erleuchteten Menschen einfach glauben – das kann ich bis heute nicht. Ich wollte echtes, lebendiges, inneres, eigenes Wissen. Meine unbändige Sehnsucht nach Wahrheit konnte einfach nicht durch intellektuelles Wissen oder durch gesprochene oder geschriebene Worte befriedigt werden. Und das blieb auch in den nächsten 22 Jahren so. Ich versuchte es immer wieder, aber nichts konnte den Durst stillen. Ich war in meiner Suche nach Wahrheit nie zufrieden zu stellen mit etwas, das irgendjemand sagte oder schrieb oder mit dem, was ich selbst intellektuell wissen konnte.

In der Schule wurde ich immer rebellischer. Ich stritt und diskutierte mit den Lehrern. Skeptisch war ich ja schon immer gewesen, nun wurde ich zynisch und rebellisch und war stolz darauf. Ich besuchte eine von Nonnen geführte katholische

Mädchenschule. Am liebsten diskutierte ich mit unseren Religionslehrern, deren Erklärungen mir so platt und flach erschienen. Ich trieb sie zur Verzweiflung. Immer häufiger schwänzte ich Schulstunden. Viel Zeit verbrachte ich mit meiner Freundin in einem nahegelegenen Cafehaus, wo wir uns unseren eigenen Studien hingaben, lasen, rauchten, diskutierten und auch tranken. Die Lehrer hatten keine Handhabe gegen mich, da ich nach wie vor nur beste Noten erzielte. Hausaufgaben habe ich selten gemacht. Meinen Vater, von dessen Kummer sie wussten, wollten sie nicht behelligen.

Aber immer wieder überfiel mich die Leere, überfiel mich das Nichts. Immer wieder verlor ich mein Ich. Dann war für Stunden, Tage oder Wochen der Bezugspunkt der persönlichen Identität nicht mehr zu finden, herrschte gähnende Leere dort, wo ich einmal gewesen war. Dies wurde von verschiedensten Ereignissen ausgelöst. Es konnte sein, dass das Licht in einer bestimmten Weise auf die Berge fiel, es konnte sein, dass ich einen Satz las, der nach Wahrheit roch, es konnte Musik sein, die ich hörte. Dann geschah eine Explosion und ich empfand gleichzeitig tiefsten Schrecken und ein Gefühl des Vernichtetwerdens, und die dünne Schicht von Ich, die mein Verstand wieder aufgebaut hatte, verdampfte von einer Sekunde auf die andere, und da war es wieder – NICHTS – Leere. Ich suchte das Nichts nicht, ich wollte das Nichts nicht, ich fürchtete es, ich erkannte das Nichts nicht, ich bekämpfte das Nichts und wäre nie auf die Idee gekommen, dass das die Antwort auf meine Frage, dass das die Erfüllung meiner Sehnsucht sein könnte. Zu grauenvoll war die damit verbundene Erfahrung, zu sehr lehnte ich sie ab. Und dennoch, ich konnte all dem nicht entrinnen. Immer wieder wurde ich vernichtet und immer wieder baute mein Verstand eine Vorstellung von Ich auf. Und immer wieder war ich froh, wenn das geschehen war, wenn ich wieder existent war. Was ich aber nie lassen konnte, zumindest nicht für lange, war meine Frage, meine Suche. Ich fühlte mich wie ein Gralsritter auf der Suche nach dem Gral. Ich war Atheistin und doch auf der Suche nach Gott. Glauben konnte ich jedoch nicht. Ich war rebellisch und aufmüpfig, ich kämpfte gegen Establishment und Moral. Ich schrieb Artikel für die Schülerzeitung, die die Zensur nie passierten. Ich protestierte gegen alles, wogegen man irgendwie protestieren konnte. Ich war Schülersprecherin und bei meinen Kameradinnen sehr beliebt. Ich ließ mir die Haare wachsen und hörte die Musik der 70er Jahre – ein Graus für meinen Vater und andere Erwachsene in unserer konservativen, kleinen Stadt. Ich träumte von Woodstock und wäre gern ein Hippie gewesen. Es war eine wilde, gute Zeit – wenn da nur nicht immer das Nichts, die Leere und meine erneute Vernichtung gelauert hätten, gleich hinter der nächsten Ecke, unberechenbar, unbekämpfbar, unbezweifelbar, Protest zwecklos, stärker als ich, stärker als mein Intellekt, stärker als mein Zynismus. Ja, das war vielleicht das schreckeinflößendste: das Nichts war nicht bezweifelbar und auch die Auslöschung des Ich nicht. Ich, der ich alles bezweifelte, konnte das Nichts nicht bezweifeln. Ich konnte versuchen, es immer wieder zu vergessen (was nie gelang), ich konnte versuchen, mich abzulenken, aber das Nichts war jedesmal stärker. In den Jahren zuvor hatte ich vieles geprüft und als nichtreal verworfen – und nun war da Nichts und ich konnte es nicht verwerfen – es war hart, unbezweifelbar. Ausgerechnet Nichts? Der Verstand konnte nicht einsehen, dass ausgerechnet Nichts nicht anzuzweifeln war. Hier schlug ich mich blutig, mein Verstand rannte gegen diese Barriere an, die er nicht überwinden konnte, gegen diese Grenze, die er nicht überschreiten konnte. Dieser Verstand, der so brillant war, dieser höchst logisch arbeitende, klar denkende, skeptische Verstand rannte dagegen an, geriet in Panik ob der Nicht-Verstehbarkeit und dennoch Unbezweifelbarkeit des Hereinbrechens des unendlichen Nichts. Der Verstand war nicht bereit, DAS als wahr zu akzeptieren, und so ging der Kampf weiter und ich kämpfte hart. Die Suche ging weiter und ich suchte überall, es musste doch etwas anderes geben...

Nachdem diese Zustände immer wiederkehrten, ich aber in keiner Weise depressiv oder traurig war, sondern im Gegenteil das Leben genoss, kam ich irgendwann zu dem Schluss, dass dies keine Krankheit oder Neurose war, sondern doch irgendetwas mit meiner Frage zu tun haben müsste. Trotz aller Skepsis und aller Ablehnung der katholischen Kirche gegenüber machte ich einen weiteren Versuch, mich einem Menschen anzuvertrauen. Diesmal wandte ich mich an einen Priester. Ich dachte, vielleicht würde er sich mit so etwas auskennen. Schließlich sind das doch Fachleute für Seelenleben und für Transzendenz... Leider war ich nicht an einen Menschen geraten, der verstehen konnte, was ich zu erzählen versuchte. Der einzige Rat, den er mir geben konnte, war, an Jesus zu glauben, der würde mich retten. Wen retten?? Das war ja genau das Problem, dass ich nicht da war! Und Glauben war noch nie meine Stärke gewesen, und so konnte ich seinen Rat nicht umsetzen. Ja, Glauben, das schien für die meisten Leute in meiner Umgebung ein Rettungsanker zu sein, glauben an das, was man nicht weiß. Ich konnte das nicht. Ich wollte wissen. Ich wollte erkennen. Ich meine damit nicht intellektuelles Wissen, denn ich hatte bereits erkannt, dass auch das eine Art Glaube ist. Durch die viele Lektüre, die mir nur wenig auf meiner Suche weiterhelfen konnte, hatte ich erfahren, dass selbst wenn etwas wahr ist und ich es lese, es aber nicht in eigenem Erleben nachvollziehen, sondern nur intellektuell verstehen und abspeichern kann, das nichts anderes als hohler Glaube ist, verbrämt von Pseudowissen, und nicht zufrieden stellt.

Wonach ich mich zu dieser Zeit sehnte, war ein Mensch, der aus eigener Erfahrung wusste, was mir geschehen war, ein Mensch, der mich leiten könnte, ein Mensch dazu, der nicht erschrecken würde – weder wenn ich ihm von der Leere berichtete noch wenn ich mit ihm kämpfte. Wonach ich mich sehnte, war ein Meister.

Woran ich mich aus dieser Zeit zwischen meinem 16. Und 18. Lebensjahr auch noch erinnere, ist ein Experiment. In der Schule hatten wir die Funktion des Nervensystems studiert. Uns wurde gesagt, dass jede Empfindung, sei es Sehen, Hören, Schmecken, Riechen und auch der Tastsinn sowie das Schmerzempfinden von Rezeptoren aufgenommen und dann in den Nervenbahnen in Form von positiven oder negativen elektrischen Impulsen weitergeleitet wird, um schließlich im Zentralnervensystem wieder aus dieser dualen Form zu einem Bild zusammengesetzt zu werden, einer Empfindung. Das schockierte mich. Denn wenn das stimmte, dann waren alle Empfindungen des Körpers tatsächlich nur Ja-Nein-Impulse, die von elektrischen Leitungen transportiert wurden, und das konnte nichts mit mir zu tun haben. Da ich ja schwer glauben kann, experimentierte ich. Ich löste einen Schmerzreiz aus und versuchte zu beobachten, wie dieser Reiz weitergeleitet wurde, stellte mir vor, wie er in einzelne elektrische Impulse zerlegt und dann in der großen Schaltzentrale in meinem Kopf wieder zusammengesetzt wurde. Und tatsächlich, der Schmerz war da, aber er hatte nichts mit mir zu tun, es waren wirklich nur diese fortgeleiteten +/- Impulse, die durch den Körper flitzten. Und natürlich, rumms, da war es wieder – Nichts. Wieder war ich verschwunden. Dieses Experiment wiederholte ich mehrmals, trotz aller Furcht. Es war einfach zu verblüffend. Ich versuchte auch andere Körperempfindungen auf diese Art zu analysieren, ich schluckte einen Löffel Salz und beobachtete, wie der Magen sich umstülpte, ich versuchte es mit Durst und mit Hunger und auch mit angenehmen Empfindungen – immer mit demselben Ergebnis. Jedes Mal, wenn ich mich auf die eigentliche Empfindung, die in den Nerven fließende Information, konzentrierte, war zunächst die Verbindung zwischen mir und der Empfindung weg, und dann war ich nicht mehr da – Nichts, Unendlichkeit. Nach diesen Experimenten war auch meinem Verstand klar, dass ich nicht der Körper sein konnte, war klar, dass auch die Welt der körperlichen Empfindungen und Wahrnehmungen nicht das war, was sie schien. Aber wer war ich dann?

Im Laufe der Zeit wurde die Furcht vor diesem Zustand der Leere und Ichlosigkeit etwas weniger, schließlich war ich ja bisher immer wieder existent geworden. Der Schrecken der Vernichtung und die Erfahrung von Grauheit, von Leere blieben jedoch all die Jahre qualitativ unverändert, so wie ich sie oben beschrieben habe, jedes Mal, wenn die Leere hereinbrach. Nie hatte ich in dieser Zeit eine Erfahrung von Glückseligkeit oder gar Ekstase. Und Verwirrung blieb und das Feuer brannte.

Heute sehe ich rückblickend, dass die Verwirrung und der Kampf entstanden, weil ich die Erfahrung von Öde und Grauheit, das Empfinden von Angst und Vernichtung mit der Leere selbst verwechselte, diese Erfahrung mit dem Nichts verknüpfte und diese Erfahrung nicht wollte, sie rigoros ablehnte, bzw. der Verstand die Leere ablehnte und darauf beharrte, dass da ein definiertes, abgegrenztes Ich existieren müsse. Er war nicht bereit, sich dem zu beugen was offensichtlich war, obwohl es unbezweifelbar war. Nichts war da, unzweifelhaft. Der Geist weigerte sich jedoch dorthin zu blicken, sich dem hinzugeben und richtete sich auf die Erfahrung, die er selbst produzierte und dann einordnete, be- und verurteilte. Er setzte das Nichts, das er zuvor selbst mit einer bestimmten Erfahrung verknüpft hatte, mit dieser Erfahrung gleich und be- und verurteilte das Nichts dann genauso wie die Erfahrung von Öde und Leere und Schreck, lehnte es ab und produzierte dann wieder und wieder die Vorstellung eines getrennten Ich. In diesem Jahr las ich auch erstmals und in den folgenden Jahren noch viele Male das Totenbuch der Tibeter, als ob ich ahnte, dass ich dort Verständnis finden könnte, war jedoch bereits in der Be- und Verurteilung dessen, was immer wieder mit atomarer und existentieller Gewalt hereinbrach, so festgefahren, dass mein Geist nicht verstand, nicht erkannte und erst recht nicht „in diesem Zustand verweilte". Vor allem erkannte ich nicht, dass „alles was erscheint", also auch die Öde, die Grauheit, „deine eigene Projektion ist", sondern setzte es dem unbezweifelbaren Nichts gleich. Ergo konnte das nicht die Wahrheit, konnte das nicht Gott sein... ein endloser Kreis... eine endlose Verweigerung... ein endloses Missverständnis.

Mehr als 22 Jahre hielt ich an dieser Vorstellung meines Geistes fest, ohne auch nur zu erkennen, dass es eine Vorstellung meines Geistes war. Mehr als 22 Jahre brach die Wahrheit immer wieder herein. Mehr als 22 Jahre verfiel ich immer wieder in Furcht und Schrecken vor dem Nichts. Mehr als 22 Jahre suchte ich nach etwas anderem, das meiner kleinen, biederen Vorstellung von Wahrheit, von Erleuchtung, von Gott gerecht werden würde – welch grenzenlose Überheblichkeit,

Arroganz und Dummheit! Da war Nichts, Unendlichkeit, hart und unbezwingbar, das Erste und Einzige, was ich in diesem Leben nicht bezweifeln, nicht als unreal aussortieren, nicht abschütteln konnte. Und dennoch maß ich ES an meiner Erfahrung, an der Projektion meines Verstandes und erkannte ES nicht, bekämpfte ES, verwarf ES. Doch die Frage und Suche und Sehnsucht nach Wahrheit brannten immer weiter. Und die Wahrheit brach immer wieder herein. Gott ist von unendlicher Geduld!

Ich erkenne aber auch, dass alles richtig war, die Zeit war nicht zu lang, der Kampf nicht zu hart, die Angst, der Schmerz waren nicht zu groß, auch wenn es oft so schien – alles, alles musste und muss genau so sein wie es ist. Die Arroganz und Ignoranz meines Geistes zu erleben und immer und immer wieder den Schmerz und die Angst der Vernichtung zu erleiden waren nötig, um demütig zu werden – ich weiß, mein Geist weiß, dass ich ES nicht erreicht habe. ES hat mich erreicht, hat mich überwältigt, aus purer Gnade – trotz meiner Sturheit, trotz mir, nicht wegen mir, trotz meiner Anstrengung, nicht wegen meiner Anstrengung. Ich habe ES ganz sicher nicht. Ich weiß jetzt, ich kann es nicht tun, ich weiß jetzt, dass ich ES nicht wissen, nicht verstehen, nicht erdenken kann. Mehr als 22 Jahre später, vor mehr als einem Jahr, habe ich mit Schrecken, Grauheit und Öde Frieden geschlossen, habe nichts mehr gesucht, habe nicht mehr gekämpft. Und siehe da – NICHTS fließt über, fließt über in Liebe, Lachen und Freude. Siehe da – Unendlichkeit, NICHTS ist übervoll. Siehe da, ich bin tatsächlich Nichts, niemand. Und nichts fehlt da. Jetzt bin ich still und im Frieden, da ist keine Suche mehr, kein Kämpfen und keine Sehnsucht. Ich habe mit Angst und Schmerz Frieden geschlossen, und was auch immer sonst an Erfahrungen im Ozean des Bewusstseins auftauchen mag. Ich bin bereit und willens, alles, jede Erfahrung anzunehmen und zu fühlen und bin still.

Wie sollte da kein Mitgefühl mit dem Schmerz und der Angst sein, die ich einfach in der Begegnung mit Menschen und Wesen fühle, mit dem Leiden, das aus der Überheblichkeit des Geistes entsteht, der denkt, er könne kontrollieren, „es machen", dem Schmerz und der Angst, die so sehr meine Angst und mein Schmerz waren, wissend, dass ich nicht helfen, nur dasein kann, fühlend, was zu fühlen ist und mich immer wieder und immer neu dem was ist hinzugeben. NICHTS fließt über in Mitgefühl und Liebe, aber kein Bedauern geschieht, denn es sind immer Buddhas, die ich sehe und es bin immer ich selbst.

Wie könnte ich nicht die Sehnsucht fühlen, die in jedem Herzen brennt und die so sehr meine Sehnsucht war, die Sehnsucht nach Frieden, Freiheit und Wahrheit, die sich in der Suche nach Gott und Erleuchtung äußert, aber auch in der Suche nach Glück und Zufriedenheit, die sich dann in dem Versuch verstrickt Umstände zu schaffen, die Glück und Zufriedenheit garantieren sollen, um dann wieder in Schmerz und Angst zu fallen, wenn die Vorstellungen sich nicht bewahrheiten, wenn Glück zerbricht. Und wie könnte ich irgendetwas oder irgendjemanden beurteilen oder verurteilen? Wie könnte ich nicht verstehen?

4. Liebe und Krieg

Ein Jahr nach dem ersten Sturz in die Leere begann ein neues Drama – das große Drama der Liebe und des Krieges. Es gestaltete sich in den nächsten Jahren sehr kompliziert, verwickelt, schmerzvoll, aber auch wild und schön, verliebt und romantisch.

In dem bereits erwähnten Caféhaus, das ich schuleschwänzenderweise oft aufsuchte, war auch ein junger Mann, der ein nahegelegenes anderes Gymnasium besuchte, ebenfalls schuleschwänzenderweise oft zu Gast. Noch einige andere verwandte Seelen trafen sich dort, und nun waren es nicht mehr nur meine Freundin und ich, sondern eine ganze kleine Runde von philosophierenden, existentialistisch angehauchten, rauchenden, zeitweise ziemlich schwermütigen, dann aber auch wieder ausgelassenen und vor allem immer neugierigen Teenagern. Zwei erste abenteuerliche aber unernste, tändelnde, spielerische Beziehungen hatte ich bereits hinter mir. Hier bahnte sich nun während dreier herbstlicher Monate etwas Tieferes an. Zum ersten Mal fand ich ein männliches Wesen genauso unsicher wie ich es war und vor allem genauso suchend. Es war ein langsames, vorsichtiges Kennenlernen, ein behutsames Vorwärtstasten in endlosen Gesprächen, in schweigendem Zusammensein – lange Zeit ohne körperliche Berührung –, bei Fahrten mit seinem Auto. Ja, er hatte schon ein Auto und war von vielen Mädchen begehrt, denn er war langhaarig und galt als wild. Eigentlich glitt ich so langsam in das Verliebtsein hinein, dass ich gar nicht merkte, was da geschah. Es war ganz anders als bei den vorhergehenden, explosiven, plötzlichen, wie ein Blitz hereinbrechenden und ekstatischen Verliebtheiten. Schließlich nach drei Monaten an einem Abend, als der erste Schnee fiel, und wir wie so oft auf irgendeinem Parkplatz in unserer kleinen Stadt in seinem Auto saßen, kam es zum ersten Kuss - gar nicht wild, auch hier tastend und vorsichtig, zärtlich und wie längst vertraut.

Das ist jetzt mehr als 20 Jahre her und wir sind immer noch ein Paar. Einige Male hätten wir uns fast getrennt. Es gab Zeiten der Krise, des Streites und Zeiten der Eifersucht, aber wir haben uns immer wieder neu verliebt und sind gemeinsam in immer tiefere Tiefen der Liebe und des Vertrauens gesunken. Ich hatte 1000 Männer in diesem Mann. Unsere Beziehung war nie langweilig, nie routiniert, nie selbstverständlich. Sie war und ist immer wieder neu, immer wieder aufregend und gleichzeitig immer tiefer und vertrauter. Wir gingen viele Wege gemeinsam und blieben doch freie Wesen. Was für ein Segen - auch das habe ich mir nicht verdient, es ist einfach so. Manchmal fragen uns andere Menschen, wie wir das machen – wir wissen es nicht. Eigentlich sind wir in vielem verschieden. An gemeinsamen Hobbys haben wir nur Reisen und gutes Essen. Ansonsten liebt er z.B. Musik und ich den Garten. Auf unserer gemeinsamen Suche sind wir oft verschiedene Wege gegangen, haben uns aber immer wieder an den wesentlichen Kreuzungen getroffen und dann auch viele Wege gemeinsam zurückgelegt. Wir haben Freude aneinander, wir tanzen mal enger, mal weiter zusammen. Wir sind nicht immer und überall zusammen, manchmal sind wir tagelang im selben Haus und treffen uns nur gelegentlich. Manchmal verbringen wir Stunden und Tage, auch Wochen gemeinsam, manchmal ist einer von uns verreist, wie es sich gerade ergibt. Wir sprechen miteinander und verstehen uns schweigend. Wir sind treu zueinander, lieben und respektieren uns wie wir sind und wollen uns nicht gegenseitig ändern. Wir lieben uns, fühlen uns aber nicht abhängig von irgendetwas, das der eine hätte und der andere bräuchte. Nein wirklich, er braucht nichts von mir und ich brauche nichts von ihm. Das alles hat sich von selbst im Laufe der Zeit so entwickelt, es ist wunderschön und ich kann nur dankbar sein für dieses Geschenk.

Soweit, so gut. Nun zum Krieg:

Seit dem Tod meiner Mutter hatten mein Vater und ich in den praktischen Dingen des Lebens sehr eng zusammengelebt und gut zusammengearbeitet. Ich organisierte mit Hilfe einer

Putzfrau den Haushalt, ich begleitete ihn auf seinen Dienstreisen. In gewisser Weise fühlte ich mich für ihn verantwortlich. Natürlich konnte ich diesem Gefühl nie gerecht werden. Auch war es so, dass sich dies immer nur auf die äußeren Dinge des Lebens bezog. Innerlich entfremdeten wir uns mehr und mehr. Bereits zu der Zeit, als ich der Kirche den Rücken zuwandte und natürlich auch nicht mehr mit zur Messe ging, hatten wir häufig Streit. Je mehr ich während der pubertären Entwicklung eigene Gedanken und Ansichten entwickelte, desto weniger konnten wir miteinander kommunizieren, bzw. desto mehr spielte sich unsere Kommunikation im Streit ab. Von den Dingen, die in meinem Inneren vor sich gingen, konnte ich ihm nicht erzählen. Ich muss für ihn eine Plage gewesen sein, und sicherlich litt er unter unserer gegenseitigen Verständnislosigkeit. Meine missratene Entwicklung – so sah es nun mal für ihn aus - führte er auf das Fehlen einer Mutter zurück.

Im November, am Geburtstag meiner Mutter (im selben Herbst, als sich die Liebe in meinem Leben anbahnte), bat mich mein Vater, ein Glas Wein mit ihm zu trinken, er müsse mit mir reden. An diesem Abend eröffnete er mir, dass er in Kürze wieder heiraten würde. Die Frau, mit der er sich verlobt hatte, war meine Firmpatin. Sie war für einige Zeit in ein Kloster eingetreten und ungefähr zwei Monate vor diesem Abend wieder in ‚die Welt' zurückgekehrt. Mit meiner entsetzten und schockierten Reaktion hatte mein Vater sicher nicht gerechnet. Auf meine Frage, wie das denn so schnell ginge, da sie doch erst seit kurzer Zeit wieder im Lande wäre, antwortete er, dies sei eine Fügung und Eingebung des Heiligen Geistes. Dies konnte ich nun ganz und gar nicht akzeptieren, rannte aus dem Haus und heulte mich erst einmal aus. Ich war tief verletzt, nicht weil mein Vater eine neue Frau gefunden hatte, das fand ich wunderschön, sondern weil er es mir ausgerechnet am Geburtstag meiner Mutter gesagt hatte und auch, weil ich seiner Geschichte nicht glaubte. (Jetzt kann ich das gegenseitige Missverständnis richtig beurteilen: offensichtlich wollte er mir eine zweite Mutter schenken...). Nach der Hochzeit begann das Drama. Meine Stiefmutter zog in unser Haus ein und begann, so sah es zumindest aus meiner Perspektive aus, sofort alles in Besitz zu nehmen, was meiner Mutter gehört hatte. Sie trug ihren Schmuck und ihre Mäntel, nicht aus Not – Geld war genügend da. Einige Wochen sah ich dem zu, dann konnte ich den Schmerz nicht mehr ertragen und wollte mit meinem Vater sprechen. Das war jedoch nicht so einfach. Um alleine mit ihm sprechen zu können, musste ich einen Termin vereinbaren. Nun gut, das Gespräch fand statt und ich schilderte ihm meinen Schmerz und erklärte ihm, dass ich es nicht ertragen könne, wenn meine Stiefmutter die intimsten und persönlichsten Dinge meiner Mutter trug. Zunächst reagierte er verständnisvoll und versprach mit ihr zu reden. Am nächsten Morgen jedoch, als ich zum Frühstück kam, erwartete mich eine Lawine von Vorwürfen und Beschuldigungen, ich wolle die Ehe meiner Eltern zerstören, und wenn ich nochmals irgendetwas in dieser Richtung sagte, würden sie mich hinauswerfen und dann könne ich gleich zu meinem Geliebten ziehen. Diesen Geliebten wiederum hatten sie nie gesehen, mein Vater hatte sich geweigert, ihn kennenzulernen und lehnte ihn rundweg ab. Seine Bedingung für Frieden war, dass ich meinen Freund verlassen und eingestehen müsse, dass ich im Unrecht wäre. Also hatten wir nun die Situation, dass mein Vater meinen Geliebten ablehnte und ich seine Frau. Dazu kam, dass ich keine Katholikin war. Ich glaubte an nichts und machte daraus keinen Hehl, während sie beide tiefkatholisch waren – Krieg. Die Versuche meiner Stiefmutter, für mich eine neue Mutter zu sein, lehnte ich ab – oft in sehr gehässiger Weise. Wir kämpften und wüteten, schrieen und tobten und hatten Phasen eisigen Schweigens. Eigentlich war es eine unerträgliche Situation, aber keiner von uns war in der Lage, sie irgendwie zu verbessern. So dauerte dieser Krieg mehr als zwei Jahre, bis kurz vor meinem Abitur meine Stiefmutter ankündigte, dass entweder ich oder sie gehen müsse und mein Vater mich bald darauf hinauswarf, mir großzügigerweise erlaubend, dass ich noch bis zum Abitur bleiben dürfe. Dies wollte ich wiederum nicht und zog sofort aus. Mein Freund und ich fanden 40 km entfernt eine kleine Wohnung in einem Bauernhaus und hausten dort fast ohne Möbel. Täglich trampte ich in die Schule, eine Busverbindung gab es nicht. Ich weiß zwar nicht wie, aber trotz allem machte ich das beste Abitur des Landkreises und ein Reporter rief bei meinem Vater an, um Auskünfte über mich einzuholen – er erhielt die Antwort: „Ich habe keine Tochter." Die Abiturfeier besuchte mein Vater nicht, statt dessen erhielt ich einen Brief voller neuer Vorwürfe, Vorwürfe darüber, dass ich so intelligent sei und so verdorben, so maßlos und arrogant. Nun war ich endgültig die verlorene Tochter.

Inzwischen hatte ich durch Zufall erfahren, dass laut Gerichtsbeschluss, von dem ich nichts gewusst hatte, genau die persönlichen Dinge meiner Mutter, deren Benutzung durch meine Stiefmutter mich so verletzt hatte, mir gehörten. Ich traf mich daher im Sommer nochmals mit meinem Vater und er musste mir diese Dinge aushändigen. Gleichzeitig fragte ich ihn, wie er es mit dem Unterhalt für mein bevorstehendes Studium halten wolle und hörte zur Antwort, ich solle mich an seinen Anwalt wenden. Da ich ihm nun auch in solchen Dingen nicht mehr traute, ging auch ich zu einem Anwalt. Und natürlich, wenn zwei Anwälte zusammen kommen, gibt es einen Prozess. Also prozessierte ich über ein Jahr in zwei Instanzen gegen meinem Vater. Jetzt war die beiderseitige Verletzung so groß, dass kein weiterer persönlicher Kontakt mehr möglich war, und wir hörten in den nächsten 15 Jahren nichts mehr voneinander. Einige Male schrieb ich an ihn, erhielt die Briefe jedoch immer ungeöffnet zurück. Einmal, nach ungefähr fünf Jahren, gab es eine kurze Phase der Annäherung zu meiner Stiefmutter, die Frieden schaffen wollte, aber auch dieser gutgemeinte Versuch endete wieder im Streit. Die Bedingung meines Vaters war nach wie vor, dass ich eingestehen sollte, alles falsch gemacht zu haben, was für mich bedeutet hätte, meinen Mann zu verraten. Das konnte ich nicht. Dieser Krieg war wie jeder Krieg sehr schmerzhaft, sehr verletzend und sehr zerstörerisch. Ich als Tochter war grausam zu meinem Vater, und er war grausam zu mir. Beide waren wir unfähig zu vergeben. Es hat viele Jahre gedauert, bis die Wunden vernarbten. Schließlich war er für mich gar nicht mehr da, das Gefühl war am Ende, als ob er gestorben sei. Was während dieser 15 Jahre davon blieb, waren Schuldgefühle, Trauer um eine verlorene Liebe und ein schaler Nachgeschmack.

5. Heilen

„Der Arzt Rieux: ‚Aber ich habe nicht mehr Stolz als notwendig ist, glauben Sie mir. Ich weiß weder was meiner wartet, noch was nach all dem kommen wird. Im Augenblick gibt es Kranke, die geheilt werden müssen. Nachher werden Sie nachdenken und ich auch. Aber dringlich ist nur, dass sie geheilt werden. Ich verteidige sie so gut ich kann, das ist alles....Nur habe ich mich immer noch nicht daran gewöhnt, sterben zu sehen. Mehr weiß ich nicht....da die Weltordnung durch den Tod bestimmt wird, ist es vielleicht besser für Gott, wenn man nicht an ihn glaubt und dafür mit aller Kraft gegen den Tod ankämpft, ohne die Augen zum Himmel zu erheben, wo er schweigt.‘ ‚Ja´, stimmte Tarrou zu, ‚ich verstehe. Nur werden Ihre Siege immer vorläufig bleiben, das ist alles.‘ Rieux's Gesicht schien sich zu verdüstern. ‚Immer, ich weiß. Das ist kein Grund, den Kampf aufzugeben.‘"

Ein Gespräch aus „Die Pest" von ALBERT CAMUS

„Ich tappe im Dunkeln und versuche dennoch klar zu sehen. Ich habe schon lange aufgehört, das originell zu finden."

ALBERT CAMUS, Die Pest

Ungefähr seit meinem neunten oder zehnten Lebensjahr antwortete ich jedem, der mich fragte, was ich einmal werden wolle, „Ich werde Arzt". Vorher wollte ich Mönch werden, als ich aber erfuhr, dass ich – da weiblich – eine Nonne werden würde, gab ich diesen Plan auf – mit Nonnen konnte ich nichts anfangen. Warum ich Ärztin werden wollte, konnte ich nicht sagen. Es war einfach klar. Nach dem Tod meiner Mutter hatte ich dann natürlich eine Motivation für diesen Ruf, der bereits lange bestand. Nun wollte ich Krankheit und Tod bekämpfen, aber ich wollte auch wissen, was der Tod eigentlich ist. Ich wollte etwas herausfinden über den Tod und das Leben. Ich wollte wissen und erfahren, was da geschieht. Mich faszinierte und interessierte alles, was Grenzen sprengt, über Grenzen hinausgeht. Ich war überhaupt immer grenzenlos beziehungsweise respektlos gegenüber Grenzen. Grenzen jeglicher Art, eigene Grenzen, mir gesetzte Grenzen, Grenzen des Geistes, Grenzen der Erfahrung lösten bei mir immer den Drang aus, sie zu überwinden und nie den Impuls anzuhalten oder umzukehren. Und der Tod ist so eine Grenze. Also wollte ich ihn kennenlernen, was man ja in einem Leben normalerweise nur einmal kann, ihn aber auch bekämpfen.

Die Zensuren meines Abiturs waren ausreichend für ein Medizinstudium – alle Wege standen offen. Da ich aber von Natur aus nicht nur neugierig, sondern auch dickköpfig, trotzig und stur bin, weigerte ich mich nach dem Abitur zunächst, diesem offensichtlichen Weg zu folgen. Er war zu offensichtlich. Ich wollte wissen, was passiert, wenn ich etwas ganz anderes tun würde und nicht diesem Ruf, der mir vollkommen klar war, folgte. Ich wollte wissen, ob man sich gegen Offensichtliches stellen kann. Also begann ich ein Ingenieurstudium. Es war tödlich langweilig. Die Stadt, in die wir zu diesem Zweck gezogen waren, war schrecklich. Wir hatten kein Geld und daher nicht mal ein Telefon und konnten deshalb auch kaum Kontakte knüpfen. In dem Hochhaus am Rande der Stadt, in dem wir ein Zimmer bezogen hatten, passierten Vergewaltigungen und Brände. Ein Alptraum... Sehr schnell sahen wir ein, dass all dies keine gute Idee gewesen war. Jetzt war ich bereit, ein Medizinstudium zu beginnen und bekam einen Studienplatz in München. Nur konnten wir leider zunächst nicht dorthin, weil wir nicht mehr genug Geld hatten, um unseren Mietvertrag abzulösen und umzuziehen. Also arbeiteten wir beide zunächst einige Monate in einer Fabrik, bis wir das Geld beisammen hatten. Das war das letzte Mal, dass ich mich gegen Offensichtliches zu stellen und meinem eigenen Weg auszuweichen versuchte.

Die Studienzeit war eine helle, wunderschöne Episode. Es gab soviel zu lernen, zu erfahren. Wir wohnten – fast wie in guter Familientradition – in einer umgebauten und aufgestockten Garage neben einem wunderschönen Apfelgarten. All die Zusammenhänge des menschlichen Körpers zu lernen war faszinierend für mich. Wir genossen unsere Liebe und unser Zusammensein. Für uns war es in dieser Zeit sehr wichtig, ein offenes Haus zu haben. Jeder sollte jederzeit zu uns kommen können. Bei uns war nie abgesperrt. Jeden Tag kamen unangemeldet irgendwelche Leute, Freunde, Bekannte und manchmal auch Fremde, und es war immer genug zu essen da für alle. Es gab Musik und Gespräche, Ausgelassenheit und Fröhlichkeit. Wir lebten ein wenig unseren Hippie-Traum. „Nous sommes du soleil" war eines unserer Lieblingszitate. Ich genoss die Menschen und Begegnungen, stellte aber auch fest, dass ich eigentlich sehr schüchtern war, und das bin ich immer noch. Als Kind hatte ich nicht gelernt, einfach Kontakte zu knüpfen und auch meine Eltern hatten so gut wie keine Freunde gehabt. Bis heute fällt es mir sehr schwer, Smalltalk zu betreiben, mir fällt einfach nichts ein, worüber ich reden sollte, könnte.

Da wir sehr wenig Geld hatten, arbeitete ich nebenher. Einer meiner ersten Studentenjobs war „Mädchen für alles" bei einem Chirurgen, der Männer mit Haarausfall behandelte. Ich war zuständig für Werbung, Büro, Putzen, Assistenz bei den Operationen – einfach für alles. Dieser Chirurg war ein sehr eigenartiger Mensch und mir anfangs fast unheimlich. Im Denken war er mir eindeutig überlegen. Er hatte eine geheimnisvolle, aber etwas finstere, sehr intensive Ausstrahlung und seine Leidenschaft war, was er die Geheimwissenschaft nannte. Ständig und mit großer Eindringlichkeit erzählte er mir von Tempelrittern und Rosenkreuzern, von Freimaurern und Verschwörungen, von Magiern und Alchemisten. Dadurch tat sich für mich ein ganz neues Feld auf, ein neuer Zugang zu meinen Fragen. In den vergangenen drei Jahren war die Frage und Suche nach der Wahrheit in den Hintergrund getreten – zu sehr war ich beschäftigt gewesen mit Krieg, Liebe und Leben. Er lehrte mich alte Texte aus einer anderen Sichtweise zu lesen, hinter die Worte zu blicken. Jetzt war die Suche, die Sehnsucht, das Feuer wieder da. Ich arbeitete nur ein knappes Jahr für ihn, denn ich putzte nicht gut genug – das war noch nie meine Stärke, denn natürlich war ich keine gute Hausfrau geworden, wie ich es mir als kleines Mädchen vorgenommen hatte. Kurz nachdem er mir gekündigt hatte, trafen wir uns noch einmal auf einem Fest. Spät in dieser Nacht nahm er mich zur Seite, blickte mir tief in die Augen und schrie mich an: „Kennst du Jahwe?" Augenblicklich war da wieder die unendliche Leere, das NICHTS, und ich war nicht mehr da – zum ersten Mal seit einigen Jahren. Mein Körper zitterte und ich hörte mich zu meinem eigenen Erstaunen sagen: „Ja, ich kenne ES". Das war das letzte Mal, dass ich diesen Menschen sah. Wenig später wurde er unter geheimnisvollen Umständen erschossen, man fand nie heraus von wem oder warum.

Dieser Mann hatte mich wieder auf die Fährte gesetzt. Die Zustände von NICHTS häuften sich wieder, sie kamen für Stunden, teilweise für Tage, unverändert – Nichts – Nichts – erschreckende Leere – kein Ich, keine Identität – und unverändert auch die Ablehnung dieser Erfahrung. Meine Lektüre bezog ich jetzt aus esoterischen Buchläden und fand hier auch erstmals Bücher von Bhagwan. Das erste Werk von ihm, das ich las, waren Diskurse über Texte des Neuen Testamentes. Ich war begeistert – ja, so konnte ich Jesus verstehen. Diese erste Begegnung mit Bhagwan war jedoch rein intellektuell und sollte es noch über Jahre bleiben. Und noch eines seiner Bücher las ich zu dieser Zeit, ein Buch über Kabirs Texte. In Kabir selbst verliebte ich mich sofort, seine Sprache ließ mein Herz erklingen. Seine Worte habe ich all die Jahre wieder und immer wieder gelesen, und immer wieder erzeugten sie Resonanz, trieben Tränen in meine Augen. Ich roch die Wahrheit in diesen Worten, auch wenn ich sie nicht wirklich verstehen konnte. Auf intellektueller Ebene verstand ich wohl, aber *wirklich* verstehen oder erkennen konnte ich sie nicht.

Ich experimentierte mit Pendeln und Ruten, mit Pyramiden und Karten, ich verfolgte Kraftlinien in unserer Gegend und entdeckte Orte der Kraft. Ich beschäftigte mich mit Astrologie und Alchemie. Ich erforschte die feineren Zusammenhänge des Lebens und der Welt, die energetischen Schwingungen und feinstoffliche Ebenen. Ich errechnete die Frequenzen von Sternen und verglich sie mit denen von Tönen und Farben. All das war faszinierend, schön und interessant, oft auch nützlich, und es machte Spaß. Der Beantwortung meiner Frage nach Wahrheit – nach absoluter Wahrheit – brachte es mich allerdings auch nicht näher. Viele der esoterischen Bücher, die ich in den folgenden Jahren las und auch viele der dort propagierten Methoden und Techniken waren mir allerdings zu abgehoben, auch zu ungenau, zu blabla. Sie entsprachen nicht meinem pragmatischen Naturell. Ich konnte zum Beispiel nicht viel mit Engelwesen und positivem Denken, mit schweren Düften und säuselnder Musik, mit Channeling und dem Herannahen des Goldenen Zeitalters, des New Age anfangen. Vieles davon schien mir „Opium für das Volk" zu sein (ein Zitat – war es Marx oder Lenin? –, das sich eigentlich auf Religion bezog). Ja, vieles kam mir vor, als wolle es lediglich betäuben, den Schmerz, die Angst betäuben und ein unechtes Gefühl, einen Traum von „alles ist ja so schön und gut oder es wird schön und gut, wenn du nur dies oder das tust, schlafe nur süße" erzeugen, während Angst und Schmerz in Wirklichkeit dieselben blieben. Zu sehr schien mir vieles, was da verbreitet wurde, nur auf eine Pseudoharmonie und ein Pseudoglück aus zu sein – zu wenig roch ich in vielen dieser Esoterik- und New-Age-Bücher den Geruch der Wahrheit. Ich glaubte nicht an die Tragfähigkeit dieser Lehren. Betäubt und beruhigt werden wollte ich ganz und gar nicht. Manches schien mir auch reine Geschäftemacherei. Bei allem was ich selbst erlebte und erfuhr, bin ich immer pragmatisch und praktisch und erdverbunden geblieben. Ich liebe es, Dinge anzufassen, in der Erde zu graben und mit beiden Beinen auf ihr zu stehen. Und nie habe ich irgend etwas blind geglaubt – immer habe ich selbst ausprobiert und experimentiert, und immer habe ich nachgefragt, hinterfragt.

Nach dem Studium begann ich in einem kleinen Kreiskrankenhaus als Stationsärztin zu arbeiten. Jetzt konnte ich also endlich gegen Krankheit und Tod kämpfen. Voller Begeisterung ging ich ans Werk. Ich war ein guter Kämpfer. Ich gewann manche Schlacht, aber ich verlor jeden Krieg und ich blutete jedes Mal im Herzen, doch ich kämpfte weiter. Ich liebte die Nacht- und Wochenenddienste, ich liebte die Aufregung und das Chaos. In diesen Dienstzeiten war damals nur ein Arzt für die ganze Klinik anwesend und für alles zuständig, sowohl auf den Stationen als auch in der Ambulanz und der Intensivstation, und das in 24-Stunden-Schichten. Man wusste nie was geschehen würde, es konnte ruhig sein, oft schlief ich sogar, es konnten aber auch drei Notfälle auf einmal eingeliefert werden und ich musste sofort und ganz plötzlich hochkonzentriert arbeiten. Ich liebte diese Herausforderung. Je schwieriger die Situation, je größer das Chaos um mich, desto ruhiger im Inneren wurde ich. Ich nähte und schnitt, ich intubierte, infundierte und reanimierte, gipste und flickte. Ich lernte unglaublich viel und bekam Routine. Die normalen Stationstätigkeiten wurden allerdings sehr schnell frustrierend für mich, denn dabei musste ich erkennen, wie wenig wir trotz aller Anstrengung erreichen konnten. Zu oft kamen dieselben Patienten mit denselben Beschwerden, nur jedes Mal schlimmer, bis sie irgendwann nicht mehr kamen oder bei uns starben. Was mich jedoch am meisten frustrierte, war noch nicht einmal die Unzulänglichkeit unserer Heilkünste, sondern sehen zu müssen, dass unsere Patienten nicht nur oft nicht genasen, sondern auch innerlich keine Entwicklung erfuhren, seelisch-geistig nicht von diesem ganzen Geschehen profitierten. Schon bald spitzte sich dieses Dilemma für mich zu und ich musste mir überlegen, ob es innerhalb der Medizin eine Alternative für mich gab oder ob ich sie ganz aufgeben müsste. Ich wäre sofort bereit gewesen, alles hinzuwerfen und ganz von vorne anzufangen, wenn sich herausgestellt hätte, dass es keine sinnvollere Alternative gab. Ich war immer bereit, alles hinzuwerfen, wenn die Konsequenz aus einer Einsicht es erforderte. Zwei Alternativen stellten sich mir. Die eine war Psychotherapie. Dies kam aber nicht in Frage, da die Ausbildung zu teuer gewesen wäre, ich konnte mir das einfach nicht leisten. Die andere Alternative war die Homöopathie. Davon hatte ich schon von einer Freundin während des Studiums gehört, sie aber immer strikt abgelehnt. Ich war überzeugte Schulmedizinerin, bis mich das Leben vom Gegenteil überzeugte. Also begann ich neben der Arbeit in der Klinik eine Ausbildung in Homöopathie. Es war einfach wieder das Offensichtliche, keine echte Entscheidung, sondern einfach die Tür, die offensichtlich offen stand. Also ging ich durch diese Tür. So war es eigentlich immer. Ich traf nie wirklich Entscheidungen. Immer war ich bereit, alles zu verändern und ging Schritt für Schritt immer dahin, wo die Offensichtlichkeit war. Und wieder war es genau richtig. Ich bin froh, keine Psychotherapeutin zu sein. Therapeutische Gespräche finden dennoch und in freierer Weise statt. Und noch froher bin ich, dieses wunderbare Instrument der Homöopathie zur Verfügung zu haben.

Noch arbeitete ich aber einige Jahre an der Klinik. Und immer noch kämpfte ich gegen den Tod und immer noch wollte ich auch von ihm wissen. Oft war ich dabei, wenn ein Patient starb. Ich sah viele Tode. Ich sah viele Menschen friedlich gehen, einschlafen. Ich sah auch viele Menschen schrecklich kämpfen. Viele Menschen sah ich hoffen und viele leiden. Und immer war ich ganz da, ganz mit allen Fasern meines Wesens dabei. Ich sah nicht nur, ich nahm fühlend teil, denn nur so konnte ich zumindest ein wenig miterleben, was da geschah. Gleichzeitig schien dieses „fühlend ganz da sein" in einer vollkommen offenen und fühlenden Weise und Haltung auf irgendeine mir geheimnisvolle Weise für die Patienten tröstlich und hilfreich zu sein. Oft hatte ich das Gefühl, dass in solchen Grenzsituationen dieses ganz Dasein ohne Tun viel mehr Erleichterung für den Menschen bringt, als zu sprechen oder alles andere. Ich will hier nichts beschönigen. Diese Erfahrungen waren oft schrecklich und schmerzvoll für mich. Das konnte mich aber nicht abhalten, ich wollte das nicht vermeiden oder ausweichen, ich wollte wissen und erfahren. Dies war für mich wesentlich in meiner Art, die Wahrheit zu suchen. Ich wollte keinen süßen Traum, so schön er auch sein mochte. Ich wollte keine scheinbar heile Welt für mich, keine Beschönigung oder Beschwichtigung – ich wollte wissen, wie es wirklich ist und was wirklich ist. Und ich hatte die dumpfe Ahnung, dass genau hier in diesem Grenzbereich zwischen Tod und Leben mit allem seinem Schmerz ein Schlüssel verborgen lag.

Eines Nachmittags an einem Wochenende wurde ein kleiner ca. fünf Jahre alter Junge blutend mit schwersten Verletzungen nach einem Unfall eingeliefert. Schnell war klar, dass auch innere Verletzungen vorlagen und eine Operation unumgänglich war, um das Leben dieses Kindes zu retten. Also alarmierte ich Chirurgen und Anästhesisten, die Bereitschaftsdienst hatten, und wir kämpften mit allen zur Verfügung stehenden Mitteln, jedoch vergeblich. Das Kind war bereits zu schwach, um operiert zu werden. Dieses Kind lehrte mich den Tod. Es schaute mich bis fast zum Schluss an. Dieses Kind, das doch eigentlich noch das ganze Leben vor sich haben sollte, starb in solchem tiefen Frieden, starb lächelnd, ohne Kampf, ohne Trauer, selbstverständlich und in Würde. Dieses Kind lehrte mich den Tod. Ich sah, erfuhr und erfühlte, dass der Tod genauso okay ist wie das Leben. Ich fühlte, dass er nichts Schlimmes ist, dass er sogar schön sein kann – ich fühlte die Weite dieser Erfahrung. Ich war tief berührt. In Dankbarkeit verbeuge ich mich vor dem Lehrer, der dieser Junge war. Erstmals war eine meiner Fragen beantwortet worden, nicht mit Worten, sondern wahrhaftig, wirklich beantwortet.

Nun konnte ich nicht mehr lange in der Klinik weiterarbeiten, ich hatte erfahren, was ich erfahren wollte und konnte nicht mehr in der Art kämpfen, wie es dort angebracht und gefordert ist. Ich kündigte und suchte nach einer Möglichkeit, in einer Praxis auf andere Art zu heilen und Patienten auf andere und tiefere Art zu begegnen.

Und wie es so meine Art ist, bin ich nie mehr in dieses kleine Landkrankenhaus zurückgekehrt. Oft wurde mir ausgerichtet, ich möge doch auf Besuch kommen, dieser oder jener würde mich gerne wiedersehen, aber nie mehr bin ich in den vergangenen neun Jahren dorthin gefahren. Das ist auch so eine lustige Eigenartigkeit: Wenn ich einmal Abschied genommen habe, schaue ich mich nicht um und gehe auch nicht zurück.

Ich bin offenbar nicht nostalgisch und nicht romantisch. Das ist absolut unwesentlich und mir nur gerade aufgefallen, während ich dies schreibe.

6. Osho - Bhagwan

„Der Sucher verkörpert Unwissenheit; Gott ist höchstes Wissen, Weisheit. Der Sucher ist Dunkelheit, Gott ist das Licht und der Guru ist die Morgendämmerung."

OSHO, in „Ekstase, die vergessene Sprache"

Über die Jahre hatte ich einige Bücher von Osho – damals noch Bhagwan – gelesen und war immer wieder von ihnen berührt. Das waren Bücher, in denen ich Wahrheit schmeckte, Wahrheit roch. Auf die Idee, nach Indien zu fahren oder ein Osho-Center aufzusuchen oder Sannyasins kennenzulernen, kam ich gar nicht – dafür war die Zeit noch nicht reif. Ich wusste vom Hörensagen einiges von einer „Sannyasbewegung". Ich wusste, Sannyasins tragen rote Kleider und eine Holzkette, die man Mala nennt, mit dem Bild ihres Meisters um den Hals. Ich wusste, dass man die Frauen Ma und die Männer Swami nennt. Ich hatte auch gehört, dass das recht ausgelassene, fröhliche Leute waren, wild, unkonventionell, direkt und ihre Gefühle zeigend. Das alles zog mich an, aber anscheinend nicht genug, um jemanden von diesen Leuten kennenzulernen oder mich darum zu bemühen. Als ich dann irgendwann in den hiesigen Zeitungen von Oregon und Rajneeshpuram, der Stadt, die Osho dort mit seinen Anhängern baute, las und von den Vorgängen, die dort passieren sollten, von Gewalt, Gewehren und von Geld, dachte ich nur: „Aha, das ist also jetzt auch vorbei, schade eigentlich." Was ich da hörte und las, klang für mich sehr abschreckend. Einen direkten Einblick hatte ich jedoch nicht.

Eine der Freundinnen, die uns über Jahre regelmäßig in unserer umgebauten Garage besuchte und viel Zeit mit uns verbrachte, war ein junges Mädchen, das wir sehr liebgewannen. Als sie das erste Mal auftauchte, war sie ca. dreizehn Jahre alt. Sie war liebenswert, aufgeweckt und anhänglich. Da sie in den folgenden Jahren in ständigen Auseinandersetzungen mit ihren Eltern lebte, adoptierte sie uns sozusagen. Für mich war sie wie eine jüngere Schwester, knapp acht Jahre jünger als ich. Einige Jahre später im ersten oder zweiten Jahr meiner Kliniktätigkeit, unsere Freundin war inzwischen 20 Jahre alt, wurde ihre Magersucht unübersehbar. Nach vielen Gesprächen war sie bereit, eine Therapie zu beginnen. Nach ihrer zweiten Therapiestunde jedoch war sie plötzlich verschwunden. Sie war schon in den Jahren zuvor gerne gereist, und zunächst wunderten wir uns auch nicht weiter. Eines Tages kam eine Postkarte von ihr aus Indien, aus Poona. Sie schrieb, Bhagwan sei gerade wieder in Indien in Poona eingetroffen und sie sei dort im Ashram. Auch das war noch nicht so aufregend. Aber einige Wochen später kamen zwei Briefe von ihr, die mich alarmierten. Sie schrieb von Therapiegruppen, die sie mitmachte, und ihre Art zu schreiben war völlig verändert. Sie schrieb unzusammenhängend, irgendwie verwirrt, oft einzelne Worte, und auch die Schrift war verändert, irgendwie chaotisch und die Worte schienen auf und nieder zu hüpfen, ohne eine Linie auf dem Papier zu finden. Da mir von meiner Warte von außen betrachtet das, was einmal als Bewegung begonnen hatte, nun mit den Ereignissen in Oregon zu einer Sekte geworden zu sein schien, bekamen ich und auch mein Mann, denn wir hatten kürzlich geheiratet, Angst. Wir befürchteten, dass dort eine Art Gehirnwäsche geschähe, dass unsere Freundin in ihrem labilen Zustand, von dem wir ja wussten, all dem nicht gewachsen sei und malten uns bereits Schreckensbilder aus. Ich kontaktierte Sektenberatungsstellen der beiden großen Kirchen – denn Gründlichkeit gehört auch zu meiner Natur –, und sprach mit deren Experten. Wir berieten uns mit den Eltern unserer Freundin und beschlossen sehr schnell nach Poona zu fahren – das war irgendwann im Juni – und nach ihr zu sehen. Die Eltern unserer Freundin besorgten Tickets und Visa. Zwei Tage vor unserem geplanten Abflug kam jedoch eine Postkarte aus Thailand – jetzt wieder in normaler Sprache und Schrift – unserer Freundin schien es sehr gut zu gehen. Also stornierten wir die Reise.

Durch diese Ereignisse angeregt erwachte der alte Traum meines Mannes, nach Indien zu reisen. Schon als Junge hatte er von Indien geträumt. Im selben Jahr erlebten wir beide unsere erste wirklich große Beziehungskrise – ich weiß gar nicht mehr worum es da eigentlich ging – und hatten uns schlussendlich neu verliebt, waren tiefer beisammen als jemals zuvor. Da wir dies auch nach außen manifestieren wollten, hatten wir im Mai geheiratet. Nun beschlossen wir, noch im selben Jahr nach Indien zu reisen und seinen Traum wahr werden zu lassen, dies sollte unsere Hochzeitsreise sein.

Durch die vielen Nachtdienste hatte ich ein gutes Kontingent an Überstunden angesammelt, und so konnten wir im September für einige Wochen verreisen. Wir hatten diese Reise sehr genau vorbereitet. Unsere Route führte uns vom Süden in den Norden, von Madras bis zum Himalaja. Wir begannen in einer alten Tempelstadt am Meer. Die Tempel dort sind im weichen Gestein der Hügel als Höhlen angelegt. Da sie längst verlassen sind, konnten wir in Ruhe all die wunderbaren Skulpturen betrachten und die gesamte Mythologie des Hinduismus wie in einem Bilderbuch studieren und genießen. Die Herabkunft des Ganges war da zu sehen, Vishnu lag überlebensgroß in einer Höhle, ruhend, mit jedem Ausatmen die Welt erschaffend und mit jedem Einatmen die Welt wieder in sich aufnehmend. Shiva, Kali und immer wieder Ganesha, der rundbäuchige, elefantenköpfige, irgendwie gemütlich wirkende und von den Indern so heißgeliebte Gott der Weisheit und des Wohlstands, alle Gestalten dieser Mythologie, alle Ausdrucksformen des göttlichen Seins und der Welt waren dort versammelt. Unberührt von der Tatsache, dass die Menschen diese Stätten der Verehrung verlassen hatten, schienen sie zu tanzen. Und das satte Grün der Reisfelder, die Skarabäuskäfer im Sand, eine Kobra unter einem Felsen, die Hitze, die Menschen, die Tiere – ich war hingerissen von diesem Land. Bereits als wir in Bombay landeten, hatte ich das Gefühl einer Heimkehr gehabt. In der nächsten Stadt, Kanchipuram, einer der sieben heiligen Städte Indiens mit ihren riesigen Tempelkomplexen – meist Shiva-Tempel – erlebten wir unsere erste Puja. Wir machten einfach mit – in tiefem Respekt vor dem, was sich da in all den Zeremonien ausdrückte. Außer uns waren keine Europäer in der Stadt – es gab auch nur ein Hotel mit drei Zimmern und kaum jemand sprach Englisch. Autos gab es auch fast nicht, aber dafür viele Ochsenkarren und einen Tempelelefanten, der durch die Stadt ging und jeden segnete, indem er ihm seinen Rüssel auf den Kopf legte. Dann musste man natürlich bezahlen. In einem Tempel wurden wir quasi nochmals verheiratet, ohne dass wir darum gebeten hätten. Diese Tempel sind innen ziemlich dunkel und geheimnisvoll, mit vielen Nischen, Kerzen, Weihrauch und immer wieder Göttergestalten, die aus der Dämmerung im flackernden Licht auftauchen. In diesem Tempel kam ein Brahmane auf uns zu, winkte uns zu sich und führte uns in einen Schrein irgendwo in den Tiefen dieser riesigen Tempelanlage. Dort mussten wir ihm Texte nachsagen, die wir nicht verstanden, und schließlich legte er unsere Hände ineinander verschränkt zusammen, dann gab er uns Blumen und zeichnete rote und gelbe Striche auf unsere Stirn. Von dem roten und gelben Pulver gab er uns auch noch mit. Dann waren wir entlassen. Auch dieser Mann sprach kein Englisch. Als wir mit unseren bemalten Gesichtern in unser Hotel zurückkamen, strahlte der Besitzer und servierte uns ein Festmahl. Geheimnisvolles Indien! Ich erlebte dort so viel Echtheit, gerade wenn es sehr mysteriös war.

Auf unserer weiteren Reise hatten wir eingeplant, auch einige Tage in Poona zu sein, ich wollte den Ashram sehen. Wir flogen von Bombay nach Poona, nachdem wir die meisten Strekken vorher in Bussen zurückgelegt hatten. Auf dem Flughafen von Poona jedoch beschlossen wir nicht zu bleiben, stiegen in dasselbe Flugzeug, mit dem wir gekommen waren, wieder ein und flogen weiter nach Aurangabad. Wir hatten Bedenken, dass wir, einmal hier ausgestiegen, unsere Reise nicht fortsetzen, sondern die ganze Zeit im Ashram bleiben würden. Ich denke, diese Bedenken waren gerechtfertigt. Es war immer noch nicht soweit!

Dafür erlebten wir weitere Wunder, waren gebannt und sehr still in Gegenwart der riesigen Buddhastatuen in den Höhlen von Ajanta und Ellora. Allerdings mussten wir dort auch einige lebendige Käfer essen, da abends wegen des Monsuns der Strom ausgefallen war. Wir waren wieder einmal die einzigen Gäste in einem winzigen Hotel. Eine Kerze brannte auf dem Tisch und zog Massen von Käfern an, die unzweifelhaft auch auf unseren Tellern herumkrochen. Wenn wir jedoch einen Bissen zum Munde führten, konnten wir nicht mehr genau sehen, was wir da aßen, da es zu dunkel war. Die Gastgeber saßen um uns herum, um uns beim Essen zuzusehen. Sie wollten sehen, dass es uns schmeckte, schließlich hatten sie extra für uns gekocht. Also aßen wir.

In Pushkar, einem weiteren heiligen Ort, wo an einem kleinen See am Rande der Wüste von Rajasthan der einzige Tempel Brahmas steht, erlebten wir im Morgengrauen den Gesang von Hunderten heiliger Männer, die rund um den See sangen und trommelten. „Ram, Ram...". Ich saß auf unserer Terrasse – der erste rosa Schein am Horizont, dieser Gesang, der über dem Wasser schwebte wie nicht von dieser Welt... Ich dachte mir: „Dies sind die Plätze, die die Welt am Laufen halten, solange es diese Plätze, diese Gesänge gibt, wird die Welt nicht untergehen." Mit diesen heiligen Männern konnte man sprechen, aber nur bis Mittag, da sie ab dann begannen, Haschisch zu sich zu nehmen. Sie rauchten es nicht, sie tranken es in riesigen Mengen, aufgelöst in Wasser aus großen Eimern. Sie wollten damit Shiva ehren, der auf dem Berg Kailash sitzt und gern Haschisch zu sich nimmt. Im Lauf des Nachmittags wurden sie dann immer verrückter – sprechen konnte man dann mit niemandem mehr. Abends jedoch bei Sonnenuntergang sangen sie, trommelten sie wieder – ein ewiger Reigen. Eines Tages nahmen wir auch hier an einer Puja teil. Dies sollte sich für meinen Mann verhängnisvoll auswirken, denn Teil dieser Puja war es, von dem Wasser des heiligen Sees zu trinken. Dieser See ist jedoch nicht nur heilig, man benutzt ihn auch zum Waschen und Leichen werden an seinem Ufer verbrannt. Ich gab vor zu trinken, mein Mann in seiner Unschuld jedoch trank tatsächlich.

Einige Tage später, wir waren jetzt in Rishikesh am Oberlauf des Ganges, sah er bloß noch Nebel und bekam von einer Stunde auf die andere hohes Fieber. Wie sich später herausstellte, hatte er Typhus. Ich fütterte ihn mit Aspirin, was das Fieber nur wenig senkte, aber dazu führte, dass er Blut erbrach. Antibiotika konnte ich ihm nicht mehr geben, da er alles erbrach, und Infusionen hatte ich nicht dabei. Eine Klinik konnte ich nicht ausfindig machen. In dieser Nacht sah es so aus, als ob er sterben würde. Ich war verzweifelt und am Ende meines Lateins. Schließlich ließ ich mir eine Wanne voll kaltem Wasser bringen und legte ihn dort hinein. Das endlich konnte das Fieber senken. In Ermangelung anderer Möglichkeiten behandelte ich ihn in der Folge homöopathisch, ohne selbst so recht daran zu glauben, aber es wirkte. Er war noch eine Woche krank und schwach. Die meiste Zeit lag er im Bett. Nur einmal täglich scheuchte ich ihn hinaus, wir machten einen kurzen Spaziergang zum Ganges, tranken etwas Tee oder beobachteten das abendliche Treiben am Fluss, die kleinen Schiffchen aus Bananenblättern mit einer Kerze, Blumen und brennendem Weihrauch beladen, die in der Dämmerung den Fluss hinuntertrieben, die Saddhus, die ihre Rituale vollführten oder ihre orangefarbenen Kleider im Fluss wuschen. Nach einer Woche war mein Mann wieder soweit gekräftigt, dass wir unsere Reise beenden konnten, nicht ohne noch für einen Tag weiter hinauf in den Himalaja gefahren zu sein und einen Blick auf die Majestät dieser eisigen Riesen geworfen sowie die Gebetsfahnen der tibetischen Bevölkerung in einem kleinen Bergdorf wehen gesehen zu haben.

Jetzt waren wir also in Indien gewesen, Bhagwan jedoch hatten wir nicht gesehen. Immer noch spukten mir die Worte der Sektenbeauftragten im Kopf herum, ihre Warnungen vor dieser „Sekte", ihre Verurteilungen. Ich wollte es genauer wissen. Also liehen wir uns ein Video von einem Diskurs aus, den Bhagwan gehalten hatte. Das war das erste Mal, dass ich ihn sah. Immer noch waren wir in keinem Center gewesen, hatten nie irgendwelche Gruppen mitgemacht, wir kannten nicht einmal Sannyasins. Nein, das stimmt nicht ganz, einen Swami hatten wir in einer indischen Stadt getroffen. Ich sah das Video. Und etwas geschah, das so ähnlich war, als ob man sich verliebt. Ja, es ist wie ein Verlieben, und da war die sofortige Gewissheit, dass dies mein Meister war. Diesmal war der Kontakt nicht intellektuell. Auf einer anderen, viel tieferen Ebene war eine Öffnung geschehen. Wieder las ich seine Bücher, schaute nun auch seine Videos an und war in Liebe zu meinem Meister gefallen. Schon so lange hatte ich mir ja einen Meister gewünscht, doch die Zeit musste reif sein...

Ist es nicht erstaunlich, welche Wege das Leben nimmt? Da war eine Freundin, die ich vor einer eingebildeten Gefahr retten wollte. Da waren Priester, die mich vor einer Sekte warnten. Da war der Traum meines Mannes, Indien zu sehen. Wie hätte ich je ahnen oder mir vorstellen können, wohin all das führte? Und erst recht konnten diese Freundin, diese Priester es nicht ahnen. Tatsächlich, wir tun, was wir für richtig halten. Wir tun so, als würden wir entscheiden, als gingen wir auf ein Ziel zu – und in der Tat, wir gehen – aber dahin, wo das Leben will.

Meinem Mann schien es ähnlich zu ergehen – wir sprachen jedoch nicht darüber, eine große Scheu hatte uns befallen. Jetzt schien es uns beiden sehr eilig zu sein. Es war aber klar, dass wir erst in einem Jahr wieder nach Indien fahren konnten. Eines Tages kam mein Mann nach Hause und brachte zwei Anträge mit, die man nach Poona senden konnte, um Sannyas per Post zu nehmen. Von dieser Möglichkeit hatte ich gar nichts gewusst, und er hatte mir nicht gesagt, was er vorhatte. In mir rief es: „Ja, ja!" Und so füllten wir die Anträge aus und erhielten nach einigen Wochen per Post unsere Malas und neue Namen. Ich hieß nun Samarpan Pyar und mein Mann Prem Nirdoshi. Mein Mann war nur einmal im Center gewesen um die Anträge zu holen, und die Damen dort waren sehr erstaunt über seinen Wunsch, da sie ihn noch nie gesehen hatten. Ich kam zum erstenmal dorthin, als unsere Sannyas-Feier abgehalten wurde. Es war wunderschön, eine Sannyasin legte mir die Mala, die ich zuvor abgegeben hatte, um den Hals, es erklang schöne Musik und ich hatte ein Erlebnis der Art, wie ich es mir für meine Firmung vorgestellt hatte. Es war, als wenn sich etwas in mir auftäte und Geist in mich eindränge. Wir waren beide überglücklich.

Im nächsten Urlaub im folgenden Herbst fuhren wir nach Poona. Baghwan wurde jetzt Osho genannt. Dies war zu der Zeit,

als er nicht mehr sprach, jedoch jeden Abend in die Buddhahalle kam, um schweigend mit uns zu sein. Da kam dieser kör-
perlich kleine Mann in diese riesige Halle, die eigentlich keine
Halle war, sondern weißer Marmorboden, umgeben von Mos-
kitonetzen und gekrönt von einem riesigen Zeltdach. Er kam
herein und erfüllte den Raum. Seine Gegenwart war gleicher-
maßen gegenwärtig wie seine Stille still und überwältigend. Wir
saßen meist ganz hinten unter vielleicht 2000 Menschen, alle
weiß gekleidet – und natürlich – ich war wieder verschwunden.
Wieder war nur Leere da, immer wieder. Und auch weiterhin
lehnte mein Verstand dies ab. Gerne hätte ich Osho über diese
Zustände befragt, aber dazu war ich zu spät gekommen, er sprach
nicht mehr. Den Ashram erlebte ich als eine lockere, fröhliche
Ansammlung von Menschen. Zu dieser Zeit war es so, dass
Sannyasins keine roten Kleider mehr trugen. Nur im Ashram
sollten wir dunkelrote Roben tragen, und am Abend für die gemeinsame Meditation weiß. Diese Meditation wurde „White
Robe Brotherhood" genannt. Im Ashram wurden ungemein viele
Therapie- und Selbsterfahrungsgruppen angeboten. Es gab aber
auch Cafés, Restaurants und einen wunderschönen Garten mit
einem Schwanenteich. Insgesamt war der Ashram eine Oase
mitten in der lauten, stinkenden Stadt Poona mit ihren mehre-
ren Millionen Einwohnern. Wir machten bei einigen wenigen
Gruppen mit. Besonderen Gefallen fand ich jedoch nicht daran. Ich wollte lieber in dem schönen Garten spazieren gehen,
am Teich sitzen und gar nichts tun. Eine dieser Therapiegruppen
verließ ich während des Prozesses. Ich wollte einfach nicht mehr
schreien oder mich austoben. Ich wusste auch gar nicht, worüber ich hätte schreien sollen, da war einfach kein Schreien. Ich
wollte einfach nur in der Sonne sitzen. Die Therapeutin akzeptierte das. Überhaupt gab es keinerlei Zwänge, da war wirklich
ein Freiraum zu tun und zu lassen, wonach einem war. Alle die
Schreckensbilder von Zwang und Gehirnwäsche, die ich mir im
Zusammenhang mit unserer Freundin ausgemalt hatte, waren
nicht wahr. Am liebsten saß ich vormittags in der Buddhahalle.
Kaum Menschen waren dann anwesend, und es wurden alte
Diskurse von Osho gespielt, nicht auf Video, sondern vom Ton-

band. Zu dieser Zeit waren es Vorträge über Kabir – ja, wieder Kabir, den ich sowieso so sehr liebte. Ich saß dort, das Vormittagslicht fiel ungehindert durch die Moskitonetze, man hörte den Bambus rund um die Buddhahalle sich im Wind bewegen, und manchmal hörte man auch den Monsunregen auf die Pflanzen prasseln, die Vögel, die Pfauen und in der Ferne Lachen und Stimmen von Menschen und über allem und vor allem hörte ich Osho. Hier konnte ich ganz still sein, nur hören, nur trinken, nur da sein. Eine unglaubliche Weite erlebte ich in diesen Stunden, eine wunderschöne stille Freude. Ich betrank mich an Kabir und an Osho. Ich war restlos verliebt und sank tiefer in diese Liebe.

Wieder zurück in Deutschland gingen wir von da an ungefähr eineinhalb Jahre fast täglich in ein Osho-Center, zur Kundalini-Meditation, außer natürlich wenn ich Nachtdienst hatte. Dies ist eine Meditation, die mit sanftem Schütteln beginnt, dann folgt Tanzen und dann eine lange Periode der Stille. Ich liebte diese Meditation, und ich beeilte mich ganz fürchterlich in der Klinik, um rechtzeitig dort zu sein – schließlich musste ich auch noch mehr als eine Stunde vom Krankenhaus aus fahren. Und auch hier geschah es immer wieder – es ist fast schon langweilig es zu beschreiben, aber so war es nun mal – immer wieder war da nur noch NICHTS, war da Leere, war ich nicht mehr zu finden, keine Pyar mehr da, immer wieder Grauheit und Öde, unendlicher Raum ohne Grenzen, ohne Mitte und kein Ich. Und erstaunlich: nun hatte ich einen Meister, einen genialen Meister, der wirklich über alles gesprochen hat – und immer noch konnte ich nicht verstehen, immer noch war da nicht die Bereitschaft zu erkennen. Ich hörte die Worte, las die Worte, schmeckte die Wahrheit und dennoch, ich konnte nicht wirklich verstehen. Immer noch war da die Ablehnung dessen, was ich erfuhr.

Osho sprach viel von Glückseligkeit. Er sprach von Glückseligkeit, die mit Meditation und Erleuchtung verbunden sei. Die Filter meines Verstandes ließen nicht zu, dass auch anderes durchdrang. Ich erfuhr keine Glückseligkeit, ich erfuhr Öde, das

Gras war nicht grüner, es war grauer in diesen Zuständen der Leere. Also, so schloss ich nun, musste an meiner Meditation etwas falsch sein. Das konnte es nicht sein! Öde, Grauheit, graues Gras, das konnte ich nicht akzeptieren. Jedes Mal, wenn „ich" nach Stunden oder Tagen wieder existent war, war ich frustriert. Ich verstand nicht wirklich, was er sagte. Ich verstand wohl mental und konnte dem folgen, aber wirklich verstand ich nicht. Neue Missverständnisse entstanden. Osho sprach auch von Leere. Ich nahm jetzt nicht mehr an, dass diese Zustände von Leere und Ichlosigkeit eine Panne seien, aber da sie nicht mit einer Erfahrung von Glück verknüpft waren, ging ich davon aus, dass an meiner Meditation etwas nicht stimmte, dass ich wohl irgendwo falsch abgebogen sein müsste. Immer noch maß mein Verstand Leere an diesen bestimmten Erfahrungen, welche auftauchten, maß an ihnen auch Meditation und verglich sie mit vorhandenen Ideen und Vorstellungen und maß diesen Bedeutung und Wichtigkeit zu. Bestimmte Erfahrungen wurden erwartet, nämlich Seligkeit und Glück, andere abgelehnt, nämlich Öde und Grauheit und Schrecken. Was diesen Erwartungen und Vorstellungen nicht entsprach, wurde abgelehnt. Auf die Idee genauer hinzusehen, auf die Idee in die Leere selbst zu sehen anstatt auf die Erfahrung von Grauheit kam ich all die Jahre nicht! Auch wenn Osho davon sprach, nach innen zu gehen, verstand ich nicht ganz. Ja, ich ging mit meiner Aufmerksamkeit nach innen, begegnete da Gefühlen und Gedanken. Dass aber auch Gefühle und Gedanken nicht wirklich innen, sondern immer noch außen sind, das hatte ich nicht verstanden. Und wenn ich noch weiter ging, in die Gefühle hinein, dann war da wieder die Leere, deren Erfahrung ich immer noch ablehnte. So zog sich das in den nächsten zehn Jahren immer weiter. Immer wieder und immer wieder. Oft beschloss ich in diesen Jahren, mit Meditation ganz aufzuhören. Zu sehr war ich frustriert, immer wieder am gleichen Punkt anzukommen, anscheinend immer wieder den selben Fehler zu machen, aber nicht zu wissen welchen oder gar wie man es anders macht. Aber die Sehnsucht nach Wahrheit brannte weiter, und immer wieder „rief" es mich. Immer wieder konnte ich dem Impuls nicht widerstehen, mich hinzusetzen und still zu sein. Und immer wieder geschah Leere und Ich-losigkeit auch mitten in einer Tätigkeit, mitten im Alltag.

Erleuchtung und Erwachen waren Begriffe, die eigentlich erst in dieser Zeit in meinem Bewusstsein auftauchten. Meine Suche war eine Suche nach Wahrheit und so blieb es auch. An Erleuchtung hatte ich zuvor nie gedacht. Aber natürlich wollte ich jetzt gerne erleuchtet sein und begann auch danach zu suchen und zu verlangen. Aus dieser Suche und diesem Verlangen erwuchs jedoch zwangsläufig eine weitere Spaltung – hier ich, da das angestrebte Ziel. Oh, und wie weit entfernt war dieses Ziel! Es war so weit entfernt, es schien mir so unerreichbar, wenn ich auf Osho blickte. Natürlich sagte er, es ist hier, genau hier. Natürlich sagte er, es ist näher als nah, denn es ist dein eigenes Selbst, und dennoch...

So viele Missverständnisse, so viele Hürden aufgebaut von meinem eigenen Verstand! Einer der Gründe, warum Erleuchtung für mich eigentlich sowieso nicht in Frage kam, weswegen ich überzeugt war, dass mir dies ganz bestimmt nicht geschehen könne, war die Tatsache, dass ich viel gelernt und gelesen und in meinem Leben auch sehr viel nachgedacht hatte. Jedes Mal wenn Osho über den Verstand sprach, wenn er vor seiner Heimtücke warnte, wenn er davon sprach, dass gelerntes Wissen der Erkenntnis im Wege stehe, dann dachte ich, dachte mein Verstand: „Mist, ich bin intellektuell, ich weiß viel, also bin ich sowieso ausgeschlossen, nie werde ich das „Ziel" erreichen". Was mein Verstand dabei unter anderem geflissentlich übersah, war die Tatsache, dass Osho selbst nicht gerade ungebildet war, schließlich war er Professor der Philosophie gewesen, schließlich berichtete er selbst, dass er Unmengen von Büchern lese. Und was ich auch übersah, war die simple Tatsache, dass der Verstand tatsächlich nicht erleuchtet sein kann und auch die absolute Wahrheit nicht erkennen kann, dass ich aber nicht der Verstand *bin* – dass hier eine Identifikation mit dem Verstand geschah, dass hier genau der Punkt war, an dem ich ihm immer wieder Macht gab, an dem ich zuließ, dass er anhand seiner Vorstellungen und Muster über Wahrheit entschied. Ich erkannte nicht, dass genau dieses Vergleichen mit Vorstellungen und Mustern, auch mit gehörtem oder gelesenem Wissen, dass genau diese Form der Verstandestätigkeit der Realisation der Wahrheit im Wege steht. Ja, ich übersah, dass es genau das war, wovon Osho sprach, wenn er sagte, dass Wissen und Verstand im Wege stehen. Wenn ich das jetzt schreibe, muss ich lachen. Genau *das war* die Heimtücke des Verstandes, mir vorzugaukeln, hier läge ein unüberwindliches Hindernis. Genau das war eine der vielen Vorstellungen und Illusionen des Verstandes, die ich nicht als solche erkannte, sondern als tatsächlich, als Problem ansah – ja der Verstand liebt Probleme! Jetzt ist da nur noch Lachen...

Ein weiteres Missverständnis in diesen Jahren war meine Vorstellung, Erleuchtung würde bedeuten, den Rest des Lebens unberührt über den Wolken zu schweben, würde bedeuten, dass keine Emotionen mehr erfahren würden, dass keine Gedanken auftauchten, auch kein Engagement in der Welt mehr möglich sei, kein Berührtsein geschehe – dies war das Bild, das ich mir von einem Buddha machte. Ich vergaß dabei, dass Jesus die Händler aus dem Tempel trieb, vergaß Gethsemane und das Lachen der Buddhas, vergaß die Tränen der Buddhas. Ich übersah die Bereitschaft Oshos, sich mit den Mächtigen der Welt anzulegen. Die Filter meiner Vorstellungen ließen einfach nichts anderes herein. Und das, wovon ich mir selbst dieses graue Bild gemacht hatte, wollte ich eigentlich gar nicht wirklich erreichen. Diese Art Leben stellte ich mir sehr langweilig vor. Und tatsächlich, es wäre sehr langweilig! Jetzt ist da nur noch Lachen.... wirklich, das Leben war noch nie so aufregend, noch nie so lebendig, noch nie so schön und überfließend. Gefühle sind da, da ist Fühlen – viel direkter als je zuvor, auch wenn da keiner ist, der fühlt, oder besser *weil* da niemand mehr ist. Diese Person, an deren Notwendigkeit und Vorhandensein so lange festgehalten wurde, diese Person, dieses Ego, dieses Ich war es, das die Filter der Vorstellungen und die Wände der Wünsche und Abneigungen aufbaute, die dann die Sicht auf die Wirklichkeit dessen, was ist, versperrten und die Wahrnehmung und die Intelligenz vernebelten. Und auch das Fühlen erscheint mir jetzt rückblickend irgendwie taub gewesen zu sein. Denn wo ein Ich ist, eine getrennte Person, da sind Ziele und Wünsche, da gibt es immer irgend etwas, was anders sein sollte, damit dieses Ich zufrieden sein könnte, seien es weltliche Ziele oder spirituelle Wünsche. Diese Filter und Vorstellungen und Wünsche verhindern direktes Fühlen, direktes Sehen, vollkommen lebendiges Leben. Aber ohne Ego, ohne Ich gibt es kein Bedürfnis zu kontrollieren oder davonzulaufen, keine Vorstellungen, keine Wände, keine Filter. Und nun ist viel tieferes Fühlen möglich, Fühlen dessen was ist, genau jetzt, Fühlen ohne eine Geschichte aus der Vergangenheit oder eine Erwartung an die Zukunft und deshalb auch ohne Taubheit. Auch Denken findet statt – und es geschieht viel klarer und viel effektiver als je zuvor. Die Intelligenz befreit sich von der Last der Filter und kann wahrnehmen was *ist*. Der Verstand wird da eingesetzt, wo er als Werkzeug dienen kann. Weil er aber nicht mehr die letzte Instanz ist, nicht mehr die letzte Verantwortung zu tragen meint, kann er und darf er auch ruhen, wenn er nicht gebraucht wird. Dann sind da tatsächlich keine Gedanken. Der Computer hat jetzt einen Aus-Schalter, so wie es sich eigentlich gehört.

Die Namen, die Osho gab, haben alle eine Bedeutung, sie sind eine Botschaft des Meisters. Meist sind es Wörter aus dem Sanskrit. Der Name, den ich erhielt ist Samarpan (= Hingabe) Pyar (= Liebe). Was sollte ich nun damit anfangen? Liebe, ja, davon hatte ich zumindest eine vage Vorstellung, davon hatte ich einen Geschmack, obwohl auch hier Fragen offen waren: Was ist Liebe wirklich? Verliebtsein konnte es nicht sein, Beziehung konnte es nicht sein. Ein Gefühl war es auch nicht. Also was genau ist Liebe und wo kommt sie her? Weitaus schwerer tat ich mich mit dem ersten Teil meines neuen Namens: Samarpan. Den Klang mochte ich. Er erinnerte mich an Samarkand, an orientalische Märchen. Aber die Bedeutung blieb mir lange ein Rätsel. Hingabe? An wen oder was? Und vor allem, wie macht man das? Für mich hatte dieses Wort auch einen Geschmack von Unterwürfigkeit, von sich klein machen, sogar von Feigheit....brrr, da regte sich viel Widerstand. Da ich aber meinem Meister vertraute, versuchte ich es immer wieder, aber ich versuchte es zu *tun* und scheiterte kläglich, jedes Mal. Ich versuchte auch es zu verstehen, und scheiterte genau so kläglich.

Im Jahr nachdem wir das erstemal in Poona gewesen waren, starb Osho. Er verließ seinen Körper. Nur kurze Zeit hatte ich einen lebenden Meister gehabt. Seine Worte, er sei jetzt nicht mehr an seinen Körper gebunden, er sei jetzt überall, er wolle sich verteilen in seine Sannyasins, diese Worte haben mich getröstet. Nie habe ich seither den Kontakt zu ihm verloren, er war immer da, war immer in meinem Herzen, auch wenn ich ihn immer noch nicht verstehen konnte. Es war, als würde ich die Wahrheit trinken, aber unfähig sein, sie vollständig aufzunehmen. Ja, so ging es noch viele Jahre lang. Dennoch wusste ich die ganze Zeit über, dass es Wahrheit war, was er sprach und was er war, dass hier war was ich suchte, auch wenn ich es nicht klar erkennen konnte und deshalb noch weiter suchte und noch weiter kämpfte. Ich wusste, ich suche, wusste, ich bin dunkel und suche das Licht, und ich sah das Licht schimmern durch die Tür, die mein Meister war. Und ich liebte ihn und vertraute ihm und war glücklich dabei.

7. Hahnemann und Dheeraj

„Im gesunden Zustande des Menschen waltet die geistartige,
als Dynamis den materiellen Körper belebende Lebenskraft
unumschränkt und hält alle seine Teile in bewunderungswürdig
harmonischem Lebensgange in Gefühlen und Tätigkeiten,
so dass unser innewohnender Geist sich dieses lebendigen,
gesunden Werkzeugs frei zu dem höheren Zwecke unseres
Daseins bedienen kann.“

SAMUEL HAHNEMANN, Organon §9

„Gesundheit heißt größtmögliche Freiheit auf allen Ebenen des
menschlichen Seins.“

GEORGIOS VITHOULKAS

„Respektiere das Karma!“

DHEERAJ

Nachdem ich mich ziemlich am Anfang meiner Zeit an der Klinik entschieden hatte, Homöopathie zu lernen und damit nach tieferen, weiteren Möglichkeiten des Heilens und der Begegnung mit kranken Menschen zu suchen, hatte ich das Glück, einigen weisen Lehrern zu begegnen, die mich einführten, mich lenkten und in dieser viel umfassenderen Sicht des Menschen, der Krankheit und Gesundheit, des Lebens und der Welt unterwiesen. Sie lehrten mich nicht nur den immensen Wissensstoff der Homöopathie, sondern ich lernte mit ihrer Hilfe zunehmend die Gesamtheit eines Menschen wahrzunehmen, und ihn nicht in Teile und Symptome zu zerlegen. Und ich lernte im Studium der Arzneimittelbilder die Vielfalt des Ausdrucks der Natur kennen und lieben. Ich lernte, nicht zu urteilen oder zu beurteilen, sondern schlicht wahrzunehmen was ist. All die Pflanzen und Tiere und Elemente in ihrer tieferen Dimension kennenzulernen und als Bild und Analogie mit Zuständen unseres menschlichen Seins in Vergleich zu setzen, war eine Enthüllung für mich. Je tiefer ich in diese Materie eindrang, desto größer wurde mein Respekt vor der Natur, vor dem Walten der Lebenskraft und vor jedem einzelnen Menschen so wie er ist, so wie sich die Lebenskraft in dieser Individualität ausdrückt. Diese Methode kam mir auch persönlich sehr entgegen, da ich sehr neugierig bin. Menschen und auch ihre Geschichten interessierten mich immer, jede Einzelne, und vor allem bin ich neugierig auf das Sosein, das Wesen, die Einzigartigkeit jedes Menschen. Und diese Geschichten, dieses Wesen mitsamt den Problemen und den Highlights eines Menschen immer ganzheitlicher sehen, immer direkter wahrnehmen zu können, war wunderbar. Und die Möglichkeiten des Heilens, die sich da auftaten, wenn mit allem Respekt vor der Individualität die Lebenskraft mit dem passenden Mittel gestärkt und gelenkt wird, sind einfach toll. Auch die Definition von Gesundheit als Freiheit kam mir sehr entgegen. Nicht ein so oder so geartetes Leben ist gesund, sondern ein gesunder Organismus ist flexibel und in der Lage, mit vielerlei Situationen umzugehen. Ein gesunder Organismus ist in der Lage, flexibel zu reagieren, frei von Mustern der Vergangenheit. Im Umgang mit Symptomen und Arzneimittelbildern entdeckte ich, dass jede Ausdrucksform, jede Art, in der ein Mensch fühlt, denkt und lebt, in Ordnung ist. Es gibt keine Regeln, wie ein Mensch zu sein hat. Man kann ihn nicht an Normen messen. Zum Beispiel gibt es Menschen, die sehr leicht eifersüchtig werden, andere nie. Manche sind zurückhaltend, manche vorlaut, manche werden leicht ärgerlich, andere schlucken alles hinunter. All dies sind Formen menschlichen Ausdrucks und zunächst weder gut noch schlecht, sondern einfach nur so wie sie sind. So lernte ich im Studium der Homöopathie zuzuhören, ohne mir ein Urteil zu bilden. Ich lernte analog zu denken, nicht kausal. Statt Ursachen zu suchen oder Dinge in gut oder schlecht einzuteilen, lernte ich wahrzunehmen und dann mit Bildern, den Arzneimittelbildern zu vergleichen. In den drei Jahren dieses

Studiums entdeckte ich so eine ganz neue, weite Welt, während ich in der Klinik in gewohnter Weise weiterarbeitete. Homöopathie konnte ich dort nicht einsetzen.

Nach dreieinhalb Jahren war der Zeitpunkt gekommen, meine Anstellung zu kündigen und zu versuchen, die vielen neuen Erkenntnisse in meine Arbeit zu integrieren. Dieser Schritt erfolgte zwangsläufig und war vollkommen klar. Dennoch fiel es mir nicht leicht, die Sicherheit einer festen Anstellung aufzugeben, ohne zu wissen wie ich mein nächstes Geld verdienen sollte. Ich hatte lediglich die Zusage, für zwei Tage pro Woche in einer naturheilkundlichen Praxis mitarbeiten zu können. Na ja, besser als nichts.

In der Zeit zwischen Klinik und dem Arbeitsbeginn in dieser Praxis reisten wir wieder nach Poona. Dort erhielt ich ein weiteres Geschenk, eine weitere Dimension des Heilens tat sich auf. Wir begegneten Dheeraj, der für die nächsten fünf Jahre mein Lehrer werden sollte. Dheeraj, ein Sannyasin, der einen tibetischen und einen chinesischen Meister gehabt hatte, bevor er zu Osho kam, lehrte in Poona eine Heil- und Transformationsmethode, die er „Tibetan Pulsing Healing"® nannte. Waren durch das Studium der Homöopathie die körperliche, seelische und geistige Dimension des Heilens zu einer Einheit geworden, so trat nun als vierte Dimension die spirituelle hinzu. Der Zusammenhang zwischen Heilung, heil und heilig wurde klar. Die Methode selbst ist eine Form von körperbetonter Energiearbeit zur Auflösung individuell vorhandener Blockaden im elektrischen und energetischen System des Menschen, Blockaden, ausgelöst durch Traumata oder durch fixierte geistige Programme und Vorstellungen. Da die Wurzeln dieser Arbeit in Tibet liegen, ist es eine sehr meditative, ruhige Arbeit – keine Katharsis und auch so gut wie keine mentale Analyse finden da statt. Ziel der Sitzungen ist es, Ruhe des Geistes zu erreichen, Meditation zu ermöglichen, Harmonie und Balance ins Leben zu bringen, zum heil, ganz und heilig sein zu führen. Dies zog mich sehr an. Die Ausbildung in dieser Arbeit war eine Reise durch meine eigenen Persönlichkeitsmuster.

Meine Befürchtungen, ich würde kein Geld verdienen, bewahrheiteten sich nicht. Sorgen um Geld blieben aber in den folgenden Jahren immer ein Thema für mich. Immer dachte ich, es würde nicht reichen, doch immer war genügend vorhanden. Immer wieder wurde ich von Sorgen übermannt, eigentlich immer unbegründeterweise. Natürlich sagte ich mir dann: „Vertraue in die Existenz...", wie ich es ja so oft von Osho gehört hatte, aber wirkliches Vertrauen war nicht da und das Nachsagen dieses oder ähnlicher Sätze änderte natürlich nichts. Nach zwei Jahren musste ich diese Praxis verlassen. Ein zunächst geplantes gemeinsames Projekt war gescheitert. Und wieder gingen die Sorgen los: „Hilfe, was tust du jetzt? Es ist so schwierig, eine eigene Praxis aufzubauen, Geld zum Start hast du auch keines... Jetzt bist du arbeitslos, wovon sollen wir die Miete bezahlen..." Aber siehe da, kaum war die Tür zu der einen Praxis hinter mir zugefallen, schon tat sich eine neue auf. Ein Kollege, auch ein homöopathisch arbeitender Arzt, den ich schon einmal vertreten hatte, kam auf mich zu und fragte, ob ich in seine Praxis als Partnerin einsteigen wolle. Wieder einmal war dies die einzige offene Tür und so benutzte ich sie. Der Anfang dort war schwierig und natürlich wieder sorgenbeladen. Ich benötigte für diesen Neustart einen hohen Kredit von der Bank. Da ich keine Sicherheiten vorweisen konnte und keine Bürgen hatte, bekam ich nur unter Schwierigkeiten Geld. Mein Verstand bombardierte mich in den kommenden Jahren häufig mit Gedanken wie: „Du wirst pleite gehen, es werden nicht genug Patienten kommen, du wirst deinen Kredit nicht zurückzahlen können...". Nichtsdestoweniger begann ich meine Praxis aufzubauen. Das ist jetzt sieben Jahre her, und ich war immer in der Lage meine Raten zu bezahlen, habe zwar nie üppig verdient, aber immer war es genug. Das veranlasste den Verstand aber nicht, mit seinen Kommentaren aufzuhören, immer fand er eine Gelegenheit, Zweifel und Sorgen anzumelden – das war wirklich lästig.

Fünf Jahre lang waren Dheeraj und „Tibetan Pulsing"® in unserem Leben sehr wichtig. Wir flogen immer wieder nach Poona, um weitere Trainings zu absolvieren. Immer tiefer gelangte ich mit Hilfe dieser Methode. Es konnte nicht ausbleiben, dass auch hier wieder die Leere und der Verlust der Identität auftraten. Also befragte ich dazu Dheeraj und er antwortete mir, dass er mir dazu nichts sagen könne, da er solche Zustände nicht kenne. Deshalb konnte er mich zwar nicht leiten oder mir weiterhelfen, aber das war die beste und ehrlichste Antwort, die ich bisher erhalten hatte! Die Aussage Dheeraj's „respektiere das Karma" wurde in meiner Arbeit sehr wesentlich. Dheeraj lehrte mich, nicht zu versuchen jemanden zu zwingen, glücklich zu sein, wenn es einfach nicht möglich ist. Wenn ich ihm von Patienten erzählte, mit denen ich mir viel Mühe gegeben hatte ohne irgend etwas zu erreichen, ohne sie gesünder oder glücklicher oder ruhiger werden zu sehen, so sagte er mir immer: „Respektiere das Karma, da kannst du nichts machen. Manche Menschen haben sich vorgenommen, in diesem Leben zu leiden, um irgend etwas zu lernen. Wir können das nicht verstehen, aber das sind Fälle, wo du auf keiner Ebene etwas erreichen kannst – das musst du respektieren. Nur wenn du auch das respektieren kannst, respektierst du den ganzen Menschen, denn auch dieses Karma ist eine Dimension, die zu diesem Menschen gehört!"

In dieser Zeit wurde auch meine Liebe und innere Verbindung zu Tibet zum Leben erweckt. Ich beschäftigte mich mit tibetischem Buddhismus und wir besuchten eine Veranstaltung des Dalai Lama. Dies berührte mich tief. Es war wie ein Wiedersehen. Überhaupt war da ein Gefühl des zu Hause seins. Ich fühlte mich zu Hause, wenn ich nun tibetische Literatur las, Filme und Bilder von diesem Land betrachtete oder seine Musik hörte. Einmal nahm ich an einem kurzen Retreat eines tibetischen Lamas teil und praktizierte danach die von ihm vermittelten Meditationen und Übungen für eine ganze Weile.

Vor vier Jahren ging auch diese Zeit mit Dheeraj zu Ende. Ich trennte mich von ihm und vom sogenannten „Tibetan House", da ich einige Dinge, die dort damals geschahen, nicht nachvollziehen und nicht akzeptieren konnte. Das ändert jedoch nichts an der Tatsache, dass Dheeraj ein wunderbarer Lehrer war, dem ich sehr, sehr dankbar bin.

Dieses Stück inneren Weges, diesen Teil der Suche nach Wahrheit, diesen Prozess des Erkennens von Persönlichkeitsmustern hatten Nirdoshi und ich zusammen zurückgelegt. Natürlich blieb es nicht aus, dass sich dabei auch viele Auseinandersetzungen in unserer Partnerschaft ergaben. Es war einfach nicht mehr möglich, irgend etwas unter den Teppich zu kehren. Im Laufe dieses Prozesses erlebten wir schon bald unsere größte Ehekrise, ein gewaltiges Drama mit allem, was dazu gehört. Nirdoshi verliebte sich schließlich in eine andere Frau und wünschte sich nun eine Dreierbeziehung. „Why can't we go on as three?" zitierte er ständig Crosby, Stills, Nash and Young. Mich trieb das zur Raserei, und vor allem war ich rasend eifersüchtig. Gleich zu Beginn suchte ich diese Frau auf und zeigte Zähne und Krallen, was aber ohne Effekt blieb. Aufgrund äußerer Umstände konnte Nirdoshi nicht ausziehen, vielleicht wollte er es auch nicht wirklich. Wir lebten also weiter zusammen, aßen zusammen und schliefen im selben Bett, nur Sex verweigerte ich. In einem Tobsuchtsanfall warf ich mit Schuhen nach Nirdoshi – das Loch in der Wand ließen wir zur Erinnerung unverändert, bis wir drei Jahre später aus unserem Garagenhaus auszogen. Ich merkte, dass ich trotz aller Wut nicht aufhören konnte ihn zu lieben, dafür gab es keinen Ausschaltknopf – die Liebe war einfach da. Was sollte ich also tun – ich blieb auch da, aber ich litt schrecklich dabei. Und auch Nirdoshi litt schrecklich. Beide begegneten wir in aller Intensität unseren dunklen, lange verhüllten Schatten- und Nachtseiten. Gelegentlich manifestierte sich das zerstörerische Potential auch in gefährlicher Weise. Einmal zum Beispiel waren wir auf der Autobahn unterwegs. Nirdoshi saß am Steuer, wir verließen die Autobahn, er wollte bremsen, aber da war kein Widerstand mehr im Bremspedal, es hing locker herab. Mit Mühe und Not konnte er den Wagen ausrollen lassen. Eine Bremsfeder war herausgesprungen. Wir fuhren weiter, nachdem Nirdoshi das notdürftig repariert hatte. Der Mechaniker in der Werkstatt sagte mir am nächsten Tag, dass er Bremsen und Bremspedal gründlich kontrolliert hätte, da sei nichts kaputt, diese Feder sei nie herausgesprungen gewesen und könne das auch gar nicht... Nach einem halben Jahr kamen wir aus dieser Dunkelheit, diesem Tunnel wieder heraus, wie und warum haben wir nie herausgefunden. Wir verliebten uns von Neuem, die Liebe ging tiefer als jemals zuvor. Nachdem die Nachtseite das Licht gesehen hatte und integriert war, begann das wunderbare Abenteuer unserer Partnerschaft erst so richtig. Jetzt, wo wir gegenseitig unsere dunklen und erschreckenden Seiten gesehen, sie erlebt und erlitten hatten, waren Tiefe und Vertrauen da wie nie zuvor.

Während der Zeit mit Dheeraj hatte ich neben der Arbeit in der Praxis auch noch ein Akupunkturstudium absolviert. Ich brauchte einfach noch ein weiteres Werkzeug in meinem Werkzeugkasten. Und wieder fand ich einen neuen Blickwinkel, unter dem Gesundheit, Krankheit und das Heilen zu betrachten waren. Je größer die Zahl der möglichen Blickwinkel auf ein Geschehen wuchs, desto runder und ganzer wurde die Sache für mich. Alle Werkzeuge in meinem Kasten von der Schulmedizin über Homöopathie und Energiearbeit bis zur Akupunktur sind wichtig und wesentlich für mich. Ich möchte keines missen. Dogmatismus, Einseitigkeit und Fanatismus schienen mir schon immer dumm zu sein. Es ist gut und hilfreich, Dinge und Geschehen von allen Seiten und nicht nur von einer anzusehen und es ist gut, viele Werkzeuge zu haben. Schließlich ist es einfacher, einen Nagel mit dem Hammer in die Wand zu schlagen als mit einer Zange. Dennoch braucht man die Zange, um den Nagel aus der Wand zu entfernen. Wenn man nun den Hammer verteidigt und die Zange verteufelt, stiehlt man sich selbst die Hälfte der Möglichkeiten. Jedes Werkzeug hat seinen Platz und seinen Sinn.

8. Mein geheimer Garten

*„Es ist gewiss nicht leicht für euch, das alles zu verstehen,
denn 'wirklich verstehen' heißt nicht, all die Fakten zu kennen,
mit denen euch eure Schulbücher und Lehrer ständig über-
schütten. 'Verstehen' fängt bei Liebe und Achtung an, Achtung
vor dem Großen Geist; und der Große Geist wiederum ist das
Leben, das in allen Dingen steckt – in allen Lebewesen und
Pflanzen, ja selbst in Steinen und Mineralien. Alle Dinge, und
ich unterstreiche alle, haben ihren eigenen Willen, ihren eigenen
Weg und ihre eigene Bestimmung, und das sollten wir endlich
respektieren. Eine solche Achtung beschränkt sich nicht auf
ein vages Gefühl oder eine Einstellung: Sie ist eine Art zu
leben, sie muss gelebt werden. Eine solche Achtung heißt auch,
dass wir niemals aufhören dürfen, unsere Verpflichtung uns
und unserer Umwelt gegenüber wahrzunehmen und auszu-
führen.*

....

*Das innere Wesen des Menschen ist identisch mit dem Wesen
des Universums."*

Rolling Thunder in „Rolling Thunder" von DOUG BOYD

Schon lange hatte ich mich mehr und mehr mit Pflanzen beschäftigt. Ihre Heilkräfte interessierten mich im theoretischen
Teil dieses Kennenlernens natürlich in erster Linie. Die Begegnung mit Pflanzen sollte jedoch nicht theoretisch bleiben. Neben unserer umgebauten Garage, in der wir immer noch wohnten, befand sich ein wunderschöner Apfelgarten mit uralten
Apfelbäumen. Geschnitten oder gepflegt hatte man sie schon
viele, viele Jahre nicht mehr. Und ihre Stämme waren teilweise
schon ausgehöhlt, was sie nicht hinderte, überreich zu blühen
und Unmengen von Äpfeln zu tragen. Vögel wohnten in ihren

Höhlen. Zu diesen Bäumen hatte ich eine ganz besondere Beziehung. Sie waren würdig und zu allen Jahreszeiten von unglaublich schöner Ausstrahlung. Sie schienen mir weise zu sein und ich begann, sie gelegentlich um Rat zu fragen, wenn ich an irgendeinem Punkt nicht weiter wusste. Und sie gaben mir Antwort. Nicht in Worten, aber in klarer, nonverbaler Information. Da bestand ein Kontakt und eine Verbindung zwischen meinem und ihrem Wesen, die es erlaubten, im Gespräch miteinander zu sein, ohne dass Worte sich formten. Wir freundeten uns regelrecht an. Im Lauf der Zeit weitete sich diese Art der Verständigung auch auf andere Pflanzen aus. Immer wenn ich mit einer Unklarheit zu den Bäumen ging und mich auf ihre Botschaft einließ, kam ich mit Klarheit zurück. Es war auch eine Art von Wissen – oder vielleicht ist es Weisheit –, die mir die Bäume vermittelten. Ich kann dieses Wissen nicht verbalisieren, aber ich beobachtete seinen Effekt im täglichen Leben und vor allem auch im Umgang mit Menschen. Da schien eine Quelle zu sein, aus der diese Weisheit floss. Diese Quelle hatte nicht direkt mit den Pflanzen zu tun, aber die Pflanzen dienten als Übermittler für mich. Vor vier Jahren verließen wir dann unser Garagenhaus und den Apfelgarten, die uns 15 Jahre ein wunderbares Zuhause gewesen waren. Wahrscheinlich wären wir noch jahrelang trotz der fast primitiven Umstände dieses Wohnens mit feuchten Wänden und einer qualmenden Koksheizung in der Küche dort geblieben, wenn wir nicht gezwungen worden wären zu gehen. Wir liebten dieses Haus und waren dort einfach zu Hause. Nachdem klar war, dass wir nicht bleiben konnten, suchten wir eine neue Bleibe, und erstaunlich schnell tat sich die Möglichkeit auf, günstig ein kleines Haus mit großem Garten zu mieten. Dieses Haus war wie für uns gemacht. Wir liebten es auf den ersten Blick. Und nun entdeckte ich so richtig meine Leidenschaft im Boden zu graben und mit Pflanzen zu sein. Mit Begeisterung legten wir neue Beete an, auch einen kleinen Gemüsegarten und einen Teich, und seither verbringe ich dort viele Stunden, arbeitend oder auch mit Nichtstun. Die Schönheit, die Eigenwilligkeit, die Vielfalt der Pflanzen und die Einzigartigkeit jedes Moments, den ich im Garten verbringe, begeistern mich. Nie gab es zwei gleiche Pflanzen, zwei gleiche Blüten, zwei gleiche Blätter, zwei gleiche Tage oder Stunden. Die Freundschaft und Kommunikation mit den Pflanzen und Tieren dieses Gartens vertieften sich mehr und mehr. Wenn ich von der Praxis heimkomme, genieße ich es in den Garten zu gehen, hier ein wenig zu graben, dort zu zupfen, zu säen oder zu ernten und einen Plausch mit meinen Pflanzenfreunden zu halten. Was ich unter anderem so sehr daran liebe ist, dass all dies geschieht ohne sprechen zu müssen. Selbst Kommunikation findet ohne Sprache statt. Auf diese Weise haben mir die Pflanzen viele Einsichten vermittelt, sie haben mir auch viele Geschichten erzählt. Das Verstehen der Natur und der Lebenskraft, die sich in all diesen Wesen äußert, wurde in diesem Kontakt und dieser Freundschaft immer tiefer. Pflanzen können aber auch fordernde Freunde sein, wenn sie nach Dünger verlangen, Wasser wollen, mit Nachbarn unzufrieden sind. Manchmal scheint es, als redeten sie alle durcheinander, vor allem wenn ich ein paar Tage nicht im Garten war... Der Salat beschwert sich über den Geruch der Petersilie, die Rosen wollen berochen werden, die gelben Rüben meinen, es sei jetzt Zeit, sie zu ernten. Ob ich gerade Zeit habe, interessiert sie nicht... Das klingt alles ziemlich verrückt, oder? Und dennoch ist es so.

In den letzten Jahren seit der Trennung vom Tibetan House habe ich in erster Linie von der Natur gelernt. Gelehrte, philosophische oder spirituelle Bücher habe ich in dieser Zeit kaum noch gelesen. Ihre in Worte gezwängte Botschaft erschien mir im Vergleich zu der, die mir die Natur vermittelte, tot. Ich hatte den Eindruck, dort direkt aus der Quelle der Weisheit zu trinken, Weisheit die sich spiegelte und die durch Apfelbäume, Rittersporn, Salat und Karotten und Rosen vermittelt wurde. Auch Molche und Käfer, Libellen und Wolken, Vögel und Igel, alle hatten ihren Anteil. Dies ist mein geheimer Garten. Unter der Oberfläche, die jeder Besucher sehen kann, liegt diese geheimnisvolle Welt mit ihrer Weite, Weisheit und Wildheit.

Ein, zwei Bücher fielen mir in diesen Jahren in die Hände, die sich mit Indianern und Schamanismus befassten, mit schamanischen Reisen und Führer- oder Kraft-Tieren. Und auch von Pflanzen war dort viel die Rede. Dies faszinierte mich, denn in diesen Büchern fand ich dieselben Erlebnisse beschrieben, die auch ich hatte. Dort wurde von derselben Weisheit der Natur und des Lebens berichtet, die auch ich erfuhr. Wenn ich den Pflanzen und Tieren in meinem Garten von den Geschichten erzählte, die ich dort las, bestand Übereinkunft, Einklang. Da ich in denselben Büchern auch von schamanischen Reisen las, wollte ich auch dieses Thema erforschen. Eine Trommel braucht man dazu, hieß es. So kam eine Trommel zu mir, von einem Weihnachtsmarkt in dem Jahr, in dem wir in unser neues Haus eingezogen waren. Es war eine kleine Holztrommel aus dem Himalaja, bespannt mit der Haut einer schwarzen Kobra. Noch weitere eigenartige Dinge fanden den Weg zu mir. Nie habe ich sie gesucht. Es schien, als ob sie mich fanden. So hatte mich zum Beispiel im Sommer eine Bekannte gebeten, sie auf einen Antiquitätenmarkt in Venedig zu begleiten, da sie ein bestimmtes Stück erwerben wolle, sich aber nicht zutraue, mit dem Händler einen fairen Preis auszuhandeln. Eigentlich hatte ich wenig Lust, einen solchen Markt zu besuchen. Sie insistierte jedoch und so ging ich mit. Viel Plunder gab es da, auch einige schöne Stücke, wie das nun mal auf einem Trödelmarkt so ist. Nachdem ihr Handel perfekt war, schlenderte ich noch durch die Stände. Da war aber nichts, was mich anzog. Ich wollte schon gehen, da spürte ich den Impuls, nochmals zu einem Stand zurückzugehen. Ich ging hin, stöberte ein wenig – immer noch lustlos – herum, und plötzlich sah ich eine hölzerne, asiatische Lampe mit geschnitzten, geheimnisvollen Gesichtern, die mir zuzurufen schien. Aha, deshalb war ich also hierher gekommen, diese Lampe wollte mit!

Da es nun inzwischen Winter war und der Garten schlief, begann ich meine Experimente mit diesen inneren schamanischen Reisen. Vielleicht waren es auch gar keine inneren, sondern äußere Reisen, denn sie führten mich weit in viele Welten. Wer da reist, ich habe keine Ahnung… Einen persönlichen Lehrer auf diesem Gebiet hatte ich nicht. Aber ich hatte viel Vertrauen. Da bestand eine Vertrautheit mit all diesen Dingen, die ich mir selbst nicht erklären konnte. Ein persönlicher Lehrer schien gar nicht nötig zu sein. Auf meinen ersten Reisen bat ich um Hilfe und Rat und Führung. Ein Vogel stellte sich ein und bot seine Führung an. Sein Name ist Black Crow, manchmal nannte er sich auch Crow-Crow, und ist eine ungewöhnlich kluge und schöne schwarze Krähe. Sie begleitete und führte mich auf allen diesen Reisen und lehrte mich. Wir reisten und flogen in Unter- und Oberwelten, abstruse, eigenartige Welten, die ich mir nie vorgestellt hatte oder hätte vorstellen können, und auch Welten, die aussahen wie unsere. Überall traf ich Wesen, die mir Weisheit vermittelten, aber ich traf auch auf schreckliche Gestalten, erlebte Schrecken und Furcht und Schmerz, wurde in Stücke gerissen und verspeist... Hast du übrigens schon einmal eine Krähe singen gehört? Sie singt ein wunderschönes, wenn auch heiseres Lied. Nicht oft ist das zu vernehmen. Besonders schön erlebte ich ihren Gesang einmal an einem sonnigen, aber fahlen Märztag, sie saß in den kahlen Zweigen eines Laubbaumes und sang die Sonne an. Die herbe Schönheit dieses Gesanges trieb mir die Tränen in die Augen.

Es gab auch Abende, an denen ich unter der großen Birke saß, still und auf ihre Botschaft lauschend. Gelegentlich entstand aus dieser Botschaft ein Impuls, eigenartige Tänze zu vollführen, in fremden Melodien zu singen, mit Worten, die ich selbst nicht kannte. Ich vollführte Rituale, von denen ich noch nie gehört hatte. Ich dachte sie mir nicht aus, ich überlegte nicht, es geschah einfach und es fühlte sich gut und rund und harmonisch an. Ein Fließen, eine Selbstverständlichkeit war in all dem. Es floss aus der Quelle der Weisheit, wurde von den Wesen der Natur übermittelt und floss durch mich hindurch. Eine ganz neue, tiefere und einfachere und vor allem vergnüglichere Art des Lernens und Verstehens war möglich geworden. Allerdings kann man dieses Verstehen und Lernen nicht abspeichern wie Wissen aus Büchern. Es war anstrengungslos und natürlich, es floss einfach. In diesem Lernen, für das ich allen Wesen der Natur unendlich dankbar bin, wurde ich immer weicher, rezeptiver, offener und verständiger.

Mehr und mehr sah ich Leben pulsieren in allem – in Steinen und Pflanzen, in Sternen und Tieren, in Erde und Mond, und ich ahnte, dass dieses Leben, die Kraft und Kreativität für all dies aus *einer* Quelle kommen müsse. Mehr und mehr nahm ich das Gewebe der Kraft wahr, wie es sich durch diese Welt spinnt, wie es sich knüpft und verändert, wie es fließt, pulsiert und glänzt in allen Dingen. Auch erfuhr ich ein unterschiedliches Wahrnehmen von Zeit bei verschiedenen Wesen. Zeit ist ganz verschieden für einen Apfelbaum, einen Salat oder eine Libelle. Wie verschieden ist das Tempo – auch in der Kommunikation! Einen tausend Jahre alten Baum besuchte ich einmal in Amerika und ich benötigte eine lange Zeit, bis ich mich auf seine langsame Frequenz eingestellt hatte. Aber auch eine neue Frage stellte sich nun: „Wer oder was ist diese Quelle, aus der alles zu entströmen scheint und aus der Weisheit fließt?"

Ich lernte, die Kraft und das Potential in jeder Situation und jedem Menschen zu sehen und lernte zu zaubern, indem ich einfach auf die Kraft und das Potential hinwies anstatt auf Probleme und Hindernisse.

All dies floss ganz natürlich in meine Arbeit ein. Nicht dass ich jemals irgend etwas über diese Reisen oder meinen geheimen Garten und meine Verbindung zu Pflanzen und Tieren erzählt hätte. Nein, erzählen konnte und wollte ich von diesen Dingen nicht, aber das, was mit mir geschah, floss in das ein, was ich tat. Auch wurden die Antennen immer sensibler, die Trennung zwischen mir und meinen Patienten immer durchsichtiger, ihre Gefühle immer fühlbarer für mich. Die Wahrnehmung aller sechs Sinne wurde immer klarer und auch Eingebungen häuften sich. Die Intuition wurde schärfer – ich war einfach offen und empfänglich und so konnte Information aller Art fließen. Und immer öfter wunderte ich mich selbst über das, was ich den Leuten sagte. Meist fiel es mir erst auf, wenn sie mich das nächste Mal besuchten und mir berichteten: „Sie haben dies oder das zu mir gesagt, und das hat soviel für mich verändert". Manchmal war ich richtiggehend erschrocken. Das konnte doch nicht von mir kommen... oder: „Ich bin doch noch so jung, wie komme ich dazu, so zu sprechen?" Immer öfter fragten mich Menschen um Rat. Irgendwie schienen manche in mir eine weise Frau zu sehen, auch wenn ich selbst dieses Bild wahrhaftig nicht von mir hatte. Oft war mir diese Rolle eher unangenehm, aber mir blieb gar nichts übrig als sie anzunehmen, es geschah einfach. Antworten geschahen einfach. Ich dachte nicht über eine Antwort nach, Antwort geschah einfach – was sollte ich tun? Ich ließ es geschehen, aber hinterher zweifelte ich sehr oft. Und ich behandelte Krankheiten. Das machte – und macht mir nach wie vor – viel Freude: Anamnesen erheben, untersuchen, repertorisieren und akupunktieren, mit meinen Händen arbeiten, gelegentlich auch Antibiotika geben..., all dies wurde immer einheitlicher und runder und vor allem immer freudevoller. Auch schienen mir die Patienten immer schöner zu werden, ich lernte so viel von ihnen. Da war kein Gefühl etwas zu geben, vielmehr soviel zu empfangen. Mein privates und mein berufliches, mein inneres und mein äußeres Leben wurden so mehr und mehr zu einer Einheit. All dies machte und macht unendlich viel Freude. Und soviel Lachen – mit Patienten, mit Freunden, mit meinem Mann, mit den Pflanzen und auch mit mir alleine.

Gleichzeitig wurde es in der Praxis selbst immer harmonischer. Ein neuer Kollege kam, ein Arzt, mit dem ich seit vielen Jahren befreundet war und mit dem ich schon immer zusammen arbeiten wollte. Eine Freundin, auch Sannyasin, wurde eine unserer Assistentinnen. Ein regelrechtes pulsierendes Energiefeld schien da langsam zu erblühen und sich zu entfalten.

Und natürlich war bei all den wundersamen Dingen, die da im Innen und Außen, in meinem geheimen Garten, in meinen Reisen, in meiner Arbeit und meinem Privatleben geschahen, immer auch Osho gegenwärtig – immer war mein Meister da.

9. Frieden mit meinem Vater und weitere Abenteuer

Ein weiteres Wunder geschah in dem Jahr, als wir unser neues Haus bezogen. Im Spätherbst klingelte eines Abends das Telefon und meine Stiefmutter meldete sich. Sie bat mich, sie und meinen Vater zu besuchen. Zunächst war ich perplex, schließlich hatten wir sehr viele Jahre nichts voneinander gehört und mein Vater und ich hatten uns vor 15 Jahren zuletzt gesehen, und das vor Gericht. Ich fragte also nach dem Grund und sie sagte, sie denke, die Zeit für eine Versöhnung sei gekommen. Als ich weiter fragte, ob mein Vater von ihrem Vorhaben wüsste, verneinte sie. Wir sprachen noch einige Zeit miteinander, eine Entscheidung konnte ich jedoch nicht sofort treffen und bat sie daher um einen Tag Bedenkzeit. Am nächsten Tag rief ich sie an und erklärte ihr, dass ich zu einem Besuch bereit sei, allerdings unter zwei Bedingungen. Erstens wollte ich nicht alleine kommen, sondern nur mit Nirdoshi zusammen und zweitens sagte ich ihr, dass ich sofort wieder gehen würde, falls ich spüren sollte, dass wir in unsere alte Tendenz, uns gegenseitig zu verletzen – die ich zu gut kenne und nicht wiederholen wolle – fallen sollten, und dass ich dann nie wieder kommen würde. Sie war einverstanden und so vereinbarten wir den Besuch in ihrem Haus für das kommende Wochenende. Mein Gott, war ich den Rest dieser Woche aufgeregt. Ich hatte viel Furcht und eigentlich kaum Hoffnung auf ein gutes Gelingen dieses Vorhabens. Eine Chance wollte ich dem Versuch aber geben.

In der Nacht vor dem geplanten Treffen machte ich kaum ein Auge zu. All die Erinnerungen, die alten schon vergilbten Bilder, angestaubten Filme und zerkratzten Schallplatten unserer vielen Streits liefen in meinem Kopf ab.

Wir kamen zu dem Haus meines Vaters, das ich so lange nicht gesehen hatte – alles sah irgendwie fremd aus. Wir klingelten, meine Stiefmutter öffnete und begrüßte uns freundlich. Ich betrat das Wohnzimmer, einen ziemlich großen Raum, an dessen anderem Ende in der Nähe des Fensters zum Garten mein Vater halb in einem Ruhesessel lag. Kaum war ich durch die Tür getreten, spürte ich einen gewaltigen Sog und ging weiter, mein Vater stand auf, und wir begegneten uns in der Mitte des Zimmers und fielen uns in die Arme, ohne dass ein Wort gewechselt worden wäre. Wir fielen uns in die Arme und befanden uns gemeinsam in einem eigenen „Raum", wie ein Ei – der Rest der Welt war für uns nicht mehr da. In einem Moment, von einer Sekunde auf die andere war unsere ganze gemeinsame Geschichte von Hass und Krieg von uns abgefallen. Dann saßen wir beieinander, immer noch ohne viele Worte. Beide verspürten wir kein Bedürfnis, über die Vergangenheit zu sprechen und taten es auch weiterhin in den folgenden drei Jahren bis zu seinem Tod nicht.

Einige Monate vorher hatte ich mich von Dheeraj getrennt und mir dabei gesagt: „Er war jetzt meine letzte Vaterfigur – ich brauche keinen Vater mehr". Und siehe da, kaum gab es keine Vaterfigur mehr und auch kein Verlangen mehr danach, schon taucht mein Vater auf...

In der folgenden Zeit wurde mein Vater immer schwächer, er bekam die Alzheimer-Krankheit. Als wir uns aber an diesem Wochenende zum ersten Mal wieder trafen, war er ganz klar, wenn auch sehr alt geworden. Es ist ein eigenartiges Gefühl, seinen Vater nach 15 Jahren wieder zu sehen. Er ist derselbe Mensch und doch nicht derselbe. Wir besuchten ihn noch viele Male. Im folgenden Sommer, als seine Frau in unserer Stadt in einer Klinik lag, besuchte er auch uns regelmäßig, wenn er zu seiner Frau fuhr. Ich holte ihn von der Bahn ab, wir gingen zur Klinik, dann kam er mit zu uns, um ein kleines Schläfchen im Garten zu halten und wir aßen gemeinsam zu Abend. Alles ganz vertraut und friedlich.

Ich war unglaublich froh, dass wir Frieden gefunden hatten, es war wirklich wie ein Wunder!

Während der nächsten drei Jahre seinen geistigen Verfall erleben zu müssen war traurig. Er war ein sehr verstandesbetonter Mensch gewesen, ein Vollblut-Wissenschaftler, der auch nach seiner Pensionierung nicht aufgehört hatte zu arbeiten. In seinem Haus hatte er Messgeräte installiert, schrieb ein Buch und veröffentlichte seine Forschungsergebnisse. Nun aber verstand er immer weniger. Schließlich konnte er seine eigenen Geräte nicht mehr bedienen, er saß am Computer und verstand seine eigenen Programme nicht mehr, was er lange vor sich und anderen zu verheimlichen suchte. Als ich ein Mädchen war, hatte er mir oft gesagt: „Was du im Kopf hast, kann dir keiner nehmen!" Das war eine seiner Maximen und hat mich stark geprägt. Und nun bewies er mir selbst das Gegenteil! Gleichzeitig erlebte ich, wie sein Herz, das schon immer groß und weich, aber geschützt und versteckt hinter diesem riesigen Verstand gewesen war, immer mehr zutage trat. Selbst gegen Ende seines Lebens, als es gar nicht mehr möglich war, ein normales Gespräch mit ihm zu führen, hatte ich das Gefühl, seinem Wesen und Herz viel näher zu sein als früher. So half mir mein Vater in seinen letzten zwei Jahren ganz wesentlich, die Identifikation mit dem Verstand aufzugeben, die er selbst bei mir als jungem Mädchen verstärkt hatte.

Im ersten Winter im neuen Haus ließ ich mich auf ein neues Abenteuer ein. Seit vielen Jahren war ich Mitglied in einem Berufsverband und ging nun aus einem spontanen Impuls heraus zum ersten Mal zu einer Mitgliederversammlung. Dort wurde der Vorstand gewählt und das war schwierig, denn es fanden sich zu wenig Kandidaten. Ich wusste noch nicht einmal, um welche Art Arbeit es da ging, sah mich aber auf einmal die Hand heben und hörte mich fragen: „Was muss man denn da machen?" Und natürlich hatten sie mich schon geschnappt. So war ich morgens ganz unbeschwert und ohne irgendwelche Absichten aufgebrochen und kam am Abend mit einem berufspolitischen Ehrenamt heim. Dieses Amt erwies sich als ziemlich arbeitsintensiv und streckenweise sehr nervenaufreibend. Alles in allem hatte ich nun eine 60-Stunden-Woche, denn ich hielt auch noch Unterricht und arbeitete natürlich vor allem in der Praxis, die immer der Mittelpunkt meiner Tätigkeit und Liebe blieb. Wenige Monate später erlebte ich in diesem Zusammenhang einen regelrechten Nervenzusammenbruch mit Zittern und Zähneklappern. Oft habe ich mich gefragt: „Warum hast du dir das bloß aufgehalst?" Aber es machte auch Spaß. Ich lernte viele interessante Menschen kennen und ein wenig meine Schüchternheit zu überwinden, lernte mich Konfrontationen zu stellen, Ärger nicht aus dem Weg zu gehen, unangenehme Dinge zu sagen und mich nicht mehr sehr darum zu kümmern, was andere über mich dachten, und ich lernte Chaos zu managen. Trotzdem war ich froh, als diese Lektion des Lebens vor einem halben Jahr zu Ende ging.

Im zweiten Winter nahm ich aus Neugier – wie könnte es anders sein? – ein homöopathisches Medikament ein. Was ich von diesem Arzneimittel, das noch weitgehend unbekannt war, gehört hatte, faszinierte mich, und ich wollte es von innen erleben. Wir Homöopathen nennen das eine Arzneimittelprüfung, und es ist nichts Ungewöhnliches. Fast alle homöopathischen Therapeuten machen das gelegentlich und das ist sehr wichtig, denn nur so erhalten wir Informationen über ein neues Arzneimittelbild. Gefährlich ist es auch nicht wirklich. So weit so gut. Gefährlich war es nicht, aber dieses Mittel verursachte einen dreimonatigen Horror-Trip. Ich entwickelte immense Ängste, war überzeugt, unter AIDS, Gebärmutterkrebs, Herzarterienverkalkung, Lungenkrebs und Brustkrebs zu leiden und entwickelte auch entsprechende Symptome. Die Periode veränderte sich, ich entdeckte einen Knoten in der Brust, das Atmen fiel zeitweise schwer und ich hatte Husten und Herzschmerzen. So war ich gezwungen, eine ganze Reihe Kollegen aufzusuchen und viel Geld auszugeben, nur um zu erfahren, dass mit meinem Körper alles in Ordnung war. Ich konnte mir nicht mehr selbst helfen und nur mit Unterstützung meines Partners in der Praxis, der mich behandelte, kam ich aus diesen Zuständen, die ich, obwohl heftig, doch immer als fremd, wie aufgepfropft und nicht zu mir gehörig empfand, wieder heraus. Im Nachhinein wurde mir auch diese Erfahrung wertvoll. Es war einfach eine weitere Erfahrung, die wichtig und nötig war.

Ich war jetzt an einem Punkt angelangt, an dem sich mein Leben wie ein Puzzle zusammengefügt hatte. Ich hatte Freude an meinem Beruf, an den Patienten, an meinem Mann, an unserem Leben, ich erlebte Tiefe, erfuhr Weisheit und Fließen auf meinen schamanischen Reisen wie auch bei meinen Freunden in der Natur, meine Sicht wurde weiter und tiefer. Ich wurde immer offener und hatte gelernt zu hören. So vieles hatte ich bereits erlebt und erforscht, so vieles hinterfragt. Und ich war glücklich. Eigentlich hätte ich zufrieden sein können. Aber da war immer noch meine Frage nach der Wahrheit, nach dem wirklich Realen. Immer noch war die materielle Welt in meinen Augen nicht solide und real oder definiert und fest, immer noch brannte das Feuer meiner Sehnsucht nach Gott und nach Frieden und immer noch konnte ich diese unheimlichen Zustände der Leere und Ich-losigkeit, die gelegentlich auftraten, nicht verstehen, und immer noch machten sie mir Angst. Mein Fragenkatalog umfasste nun: „Was ist Wahrheit, was ist wirklich real? Wer bin ich wirklich, wo doch das, was ich als Ich empfinde immer wieder plötzlich verschwindet? Was ist die Quelle all dessen, was ich als Weisheit erfahre? Und was hat es mit diesem Limbo-Zustand und mit der angsteinflößenden Leere auf sich?"

10. Begegnung mit Samarpan

„Mein Innerstes, höre mir zu, der größte Geist,
der Lehrer ist nah,
wach auf, wach auf!
Renne zu seinen Füßen –
Er steht gerade jetzt ganz nah bei dir.
Millionen und Millionen von Jahren hast du geschlafen
Warum nicht heute morgen aufwachen?"

KABIR

Vor eineinhalb Jahren um die Weihnachtszeit waren Freunde zum Abendessen bei uns zu Gast. Schon mehrere Jahre waren wir weder in Poona noch in einem Osho-Center gewesen. Ich mochte einfach diese Atmosphäre von Kirche, von „Konservieren" nicht, die sich dort zumindest meiner Wahrnehmung nach auszubreiten schien, seit Osho seinen Körper verlassen hatte. Auch sah ich keine Notwendigkeit, da Osho immer gegenwärtig war, überall wo ich war – warum also nach Indien reisen? Der Kontakt zum Meister war nie abgerissen. Eigentlich sah ich alles, was ich in den vergangenen Jahren an Lektionen durch das Leben erhalten hatte, alles was ich gelernt und erfahren hatte, auch meine Erlebnisse, die ich im „Gartenkapitel" oder dem über Dheeraj erzählt habe, in Zusammenhang mit Ihm. Alles war für mich mein Meister, der mich in alledem lehrt. Seit ich Sannyas genommen hatte, erfuhr ich eine ganz andere Art innerer Führung als zuvor, und woher sollte die kommen, wenn nicht von meinem Meister, der ja gesagt hatte, er werde in seinen Sannyasins gegenwärtig sein. Wir hatten viele Freunde, die Sannyasins waren, und mit einigen von ihnen saßen wir nun bei einem gemütlichen Essen mit Kerzen und allem, was zu Romantik und einem schönen Winterabend gehört, beisammen. Das Gespräch kam auch auf Satsang-Lehrer, die seit geraumer Zeit immer wieder in unserer Stadt auftauchten und Abende und Retreats anboten. Ich hatte davon noch nicht viel gehört, und es hatte mich eigentlich auch nicht sonderlich interessiert. Da war ja Osho, warum einen weiteren Meister suchen? Zwei oder drei unserer Freunde hatten schon Satsangs besucht und berichteten an diesem Abend darüber. Die Namen dieser Meister hatte ich noch nie gehört, Namen wie Anamo, Isaak, Gangaji, Papaji, Tyohar und Samarpan. Ich stellte es mir schön vor, mal wieder mit Sannyasins einfach zu sitzen, mit ihnen gemeinsam und nicht immer alleine zu meditieren. Daher beschloss ich, einen Satsang zu besuchen – aber welchen? Die Auswahl war ja recht groß, aber bei der Erwähnung des Namens Samarpan hatte ich aufgehorcht. Dieser Mann hatte als zweiten Namen denselben wie ich als ersten – und ich hatte mit diesem Teil meines Sannyas-Namens immer noch meine Schwierigkeiten. Also weckte das mein Interesse. Wie mochte dieser Mann sein? Und er war Sannyasin wie ich. Und außerdem war Samarpan sowieso gerade in der Stadt. Erwartungen an diesen Mann hegte ich nicht – ich wollte eigentlich nichts von ihm, eher war ich sehr skeptisch und wollte einfach mal sehen.

An Dreikönig ging ich das erste Mal zusammen mit Meena, meiner Freundin, welche Samarpan schon kannte, zu einem Abend-Satsang. Er fand im Saal eines Altersheimes statt. Eine Musikgruppe spielte Lieder ähnlich denen, die ich aus Poona kannte. „Na ja", dachte ich mir, „das ist wohl so eine Art Raubkopie, die hier stattfindet." Ähnlich erging es mir auch, als Samarpan hereinkam und die Anwesenden mit „Namaste" grüßte. Aber dann sah ich ihm in die Augen, und sie waren klar und tief und ehrlich. Er setzte sich und da war Stille. Wow, was für eine Stille herrschte in dem Raum und in mir! Ich schwamm in Stille, ich trank Stille. Ähnlich hatte ich die von einem Menschen ausstrahlende Stille bisher nur zweimal erlebt – mit Osho und einmal, als wir eine Veranstaltung des Dalai Lama besuchten und von der Stille und Ruhe, die von diesem Mann ausging, ähnlich überwältigt waren. Nach einer Weile fing Samarpan an zu sprechen, und in meinem Inneren schrie es: „Nicht sprechen, nein, lass die Stille da sein!" Schnell aber stellte ich fest, dass die Stille durch sein Sprechen nicht gestört wurde. Wow, das war wirklich gut! Stille, in der gesprochen wurde, Worte, die still waren, Sprechen, in dem Stille gegenwärtig war. Ich hörte nun auch auf die Worte und vernahm in ihnen den Klang der Wahrheit. Stille – Sprechen – Wahrheit – alles gleichzeitig. Stille, aus der Worte der Wahrheit entstiegen. Mein Wesen schnurrte vor Behagen, mein Verstand aber war noch höchst skeptisch. An viel mehr von diesem ersten Abend kann ich mich nicht erinnern.

Nirdoshi, der nicht mitgekommen war, fragte mich, wie es gewesen sei, und ich versuchte ihm zu erzählen. Das gelang wohl nicht hinreichend, denn er war eher erstaunt und verwundert, als ich am übernächsten Abend schon wieder zu Samarpan ging. Schließlich hatte es ja zunächst nur nach einem „schau'n wir mal, vielleicht ist das ja ganz nett und interessant" ausgesehen. Diesmal hörte ich genauer hin. Menschen stellten Fragen oder erzählten von sich und Samarpan gab Antworten. Immer wieder geschah es an diesem Abend, dass Leute von Gefühlen wie Traurigkeit, Angst oder Wut berichteten, und jedes Mal sagte ihnen Samarpan, sie sollten diese Gefühle weder unterdrücken noch ausdrücken, weder vor ihnen weglaufen noch sie erklären, sondern sie vollkommen annehmen so wie sie sind und ihre Aufmerksamkeit auf das Zentrum dieses Gefühls richten und sehen was dort ist. Er führte sie regelrecht dorthin, und es schien ganz einfach zu sein. Und manche berichteten dann, dort sei Nichts und Frieden. Er sprach auch von Wahrheit, von Frieden und von Gott – er erzählte, wenn ich mich recht erinnere, an diesem Abend auch von Jesus und sprach auch von manchen Dingen, die ich überhaupt nicht verstand. Nach diesem Satsang ging ich hinaus und da stand Samarpan direkt vor dem Saal und redete mit Leuten, die er anscheinend näher kannte. Sie umarmten sich – ganz normal und vertraut, wie Freunde das tun – und er rauchte ganz selbstverständlich und öffentlich eine Zigarette. Das gefiel mir außerordentlich! Da stand dieser Mensch, bei dem ich Stille erfuhr und Wahrheit vernahm, von dessen Erwachen, dessen Erleuchtung ich inzwischen überzeugt war, und er erwies sich als ganz normal und gewöhnlich – und nicht

94

nur das, er hatte sogar schlechte Eigenschaften! Das schien ein richtiger Mensch geblieben zu sein – da war nichts Abgehobenes, nichts Heiliges, kein Brimborium – einfach ein Mensch, aber ein Mensch, der solche Stille ausstrahlte und nach Wahrheit roch.

In mir arbeitete es. Fragen formulierten sich, die ich am nächsten Abend stellen wollte, immer noch Fragen der Skepsis. Was mich aber noch mehr beschäftigte, war: „Mitten in die Gefühle gehen und sehen, was da ist". Osho hatte das auch empfohlen und ich hatte damit experimentiert, aber es hatte sich immer als ziemlich mühsam und langwierig herausgestellt. Lange hatte ich mich dabei stets mit Analysen, Denken und mit Leiden an dem Gefühl aufgehalten. Wie Samarpan es erklärte, schien es ganz einfach, mühelos und schnell zu sein – das war interessant. Was er da sagte über die vollkommene Annahme eines Gefühls so wie es ist, ohne es ändern zu wollen und ohne einen Hintergedanken, dass es weggehen solle, das berührte mich. Ich wartete den ganzen Tag auf ein entsprechendes Gefühl, um das ausprobieren zu können, aber es kam keines, mir ging es gut, ich war ausgeglichen. Erst gegen Abend, kurz bevor ich wieder zum Satsang gehen wollte, schenkte mir die Existenz einen reichlich unverschämten Brief. Sofort packte ich die Gelegenheit beim Schopf und lenkte meine Aufmerksamkeit in das Zentrum der Wut und der Empörung, die da sofort aufstiegen. Es ging wirklich ganz leicht, viel leichter als jemals zuvor, wenn ich das versucht hatte. Zu lange hatte ich mich bisher in den Randgebieten eines Gefühls aufgehalten und dort gezaudert und auch nachgedacht, zu sehr hatte ich es ändern oder noch besser beenden wollen – nun fühlte ich es vollständig und ging schnurstracks ohne viel Nachdenken mitten hinein – und da war Nichts, Leere und wieder einmal keine Pyar mehr. Angenehm war das aber nach wie vor nicht, und noch immer waren Angst und Ablehnung damit verbunden...

An diesem Abend hatte ich eigentlich vorgehabt, Fragen zu stellen, aber das war gar nicht nötig, denn Samarpan beantwortete sie alle, ohne dass ich zu fragen brauchte. Zu allem Überfluss erwiderte er auch noch einer Frau, die ihn darauf aufmerksam machte, dass er gar nicht ihre Frage beantworte: „Ja, ich weiß, aber jemand anders braucht diese Antwort."....

Jetzt hatte ich wirklich Lunte gerochen. Ich hatte Vertrauen zu diesem Mann gefasst. Nun war es unvermeidlich, am Wochenende weitere Satsangs zu besuchen, auch wenn Nirdoshi nun schon fast entsetzt war. Diesmal waren es drei Satsangs jeden Tag. Der Samstag Vormittag war einfach nur schön, ich schwamm wieder in diesem Meer der Stille und fühlte mich wie zu Hause. In der Mittagspause ging ich spazieren, und beim Spazieren gehen – es war ein sonniger, nicht zu kalter Tag Anfang Januar, man hörte sogar einige Vögel zaghaft mehr piepsen als singen – geschah es wieder – puff – Leere – keine Identität, nirgendwo ein Ich – und wieder die Erfahrung von Öde und Grauheit. Im Zurückgehen, immer noch in diesem Zustand, war das Gras, welches beim Hingehen bereits einen ersten Grünschimmer hatte, wie grau, die Vögel waren noch zu hören, aber da bestand keine Verbindung zu diesem Hören und den Vögeln – auch nicht zu den Menschen, die mir auf der Straße begegneten – eine Kirchenglocke läutete – auch das einfach ein Geräusch, keine Verbindung – alles öde und leer und Angst. Vor allem war da wieder niemand zu sehen, niemand zu fühlen, der diese Erfahrung machte.

11. Der Tag bricht an –
ein erster Moment der Wahrheit

„Es geht nicht darum, nach irgendeiner Erfahrung von
Erleuchtung Ausschau zu halten. Es gibt da viele schöne und
viele schreckliche Erfahrungen. Es ist die Bereitschaft, alles zu
akzeptieren. Das bedeutet es, ein erleuchtetes Leben zu führen.
Das ist alles.“

SAMARPAN

Im nächsten Satsang am Nachmittag – immer noch Ichlosigkeit, Leere und Öde. Es bestand bereits Vertrauen zu Samarpan, ich wusste, dass er Wahrheit sprach. Am Vormittag, während Samarpan sprach, hatte ich oft und lange auf ein großes Bild von Osho geblickt, das da an der Wand hing. Und irgendwann hatte ich plötzlich das Gefühl, dass Osho da sprach, besser gesagt, dass es dasselbe Selbst war, was da sprach, dieselbe Quelle, dieselbe Wahrheit. Das war ein Geschenk für mich, denn ich war ja erst nach Poona gekommen, als Osho nicht mehr sprach und ich ihn auch nicht mehr direkt fragen konnte. Daher richtete ich die Frage über diesen Zustand der Leere, Öde und Ichlosigkeit jetzt an Samarpan. Es war jetzt das sechste Mal in 22 Jahren, dass ich jemandem von diesen Zuständen erzählte und fragte – bisher immer ergebnislos.

Pyar: „Mein Name ist Pyar. Ich möchte erzählen, was ich für mich selbst erfahre. Jedes Mal, wenn ich einen intensiven Versuch zu meditieren unternehme, geschehen zunächst normale Dinge, z.B. stellen sich Lärm und Gefühle ein. Dann benutze ich die Werkzeuge, die Osho uns gegeben hat. Ich beobachte und gehe in die Gefühle. Manchmal bleibe ich dabei stecken, manchmal funktioniert es auch und dann erreiche ich einen eigenartigen Platz oder Zustand. Es ist eine

Art Limbo. Dann finde oder fühle ich mich selbst nicht mehr. Lärm und andere Phänomene sind dann auf Distanz, da gibt es keine Traurigkeit, aber auch keine Glückseligkeit, da ist kein Ärger, aber auch keine Liebe. Als ich in der Mittagspause einen Spaziergang machte, war es auch so. Ich höre die Vögel, aber da ist keine Verbindung. Das Gras ist nicht grüner, sondern weniger grün. Ich weiß nicht, was das ist, ich weiß nicht, ob ich mich einfach irgendwie narkotisiere oder was das für ein Zustand ist."

Samarpan: „O.k., Gefühle von Glückseligkeit – nicht verlässlich, Erfahrungen von grünem Gras – nicht verlässlich. Aber *wer* erfährt diese Dinge? Das ist verlässlich."

Pyar: „An diesem Punkt kann ich nicht weitergehen."

Samarpan: „Ich bitte dich nicht, weiterzugehen. Ich bitte dich zu sehen, wer es ist, der das sieht. Da geschehen Gedanken, da geschehen Erfahrungen, Erfahrungen von Glückseligkeit oder Erfahrungen von Nichts, aber wer erfährt das? Schau genau jetzt! Wer sieht?"

Pyar: „Da ist einfach Sehen, aber ich finde keinen Seher."

Samarpan: „Du siehst niemanden, der sieht. Richtig?"

Pyar: „Richtig"

Samarpan: „Richtig! Wenn du irgend etwas siehst, das ist es nicht. Du kannst den Seher nicht sehen. Du bist der Seher. Du bist Das, welches all diese Erfahrungen macht: Normale Erfahrungen, schöne Erfahrungen, verschiedene Zustände, Zustände der Glückseligkeit und Zustände der Trauer."

Pyar: „Warum fühle ich mich dann abgeschnitten?"

Samarpan: „Wer fühlt sich abgeschnitten? Weißt du, du hast dich auf Erfahrungen verlassen, und du bist damit nicht allein. Wir verlassen uns auf Erfahrungen. Wir glauben, dass die Erfahrungen etwas bedeuten oder anzeigen. Eine Erfahrung von Glückseligkeit – ah, gut, ich bin in Ordnung – denn du beziehst dich auf diese Erfahrung, identifizierst dich mit dieser Erfahrung. Dann hast du eine Erfahrung von Grau – oh, da ist etwas falsch – weil du dich mit dieser Erfahrung identifizierst. Aber eines gibt es da, was sich nicht ändert – der Erfahrende ändert sich nicht. Die Erfahrungen wechseln.

Gefühle ändern sich, Gedanken ändern sich, der Beobachter aber ist derselbe. Tritt also einen Schritt zurück, ruhe in Dem! Und jetzt?"

Pyar: „Es fühlt sich an wie ein Liegestuhl."

Samarpan: „Yeah. Das ist es, worin du entspannen kannst. Das bedeutet, in deinem Sein zu entspannen. Höre auf, nach etwas anderem zu suchen! Da ist nichts! Du bist nicht etwas, du bist nicht jemand, du bist der Beobachter. Ruhe du in Dem! Sorge dich nicht um das, was kommt und geht. Du wirst viele Erfahrungen von hellem grünem Gras oder dumpfem Gras haben. Kein Problem. Miss den Erfahrungen keinerlei Wichtigkeit zu! Sie bedeuten nichts, zeigen nichts an. Grünes glänzendes Gras ist eine schöne Erfahrung, aber wir können uns nicht darauf verlassen ... Du kannst nicht sehen, wer du bist. Wenn du irgend etwas siehst – das ist nicht wer du bist. Wer du bist – da ist nichts zu sehen. Es hat keine Form, es hat keine Farbe, nichts, was du mit den Sinnen aufspüren kannst. Und dennoch kannst du nicht leugnen, dass du bist! Du kannst das Ende von dem, was du bist, nicht finden, denn da gibt es kein Ende!"

Während des restlichen Satsangs saß ich völlig verblüfft da. Mit einem Streich hatte Samarpan eine breite, tiefe Bresche in die dicken, soliden Mauern der Vorstellungen und Konstruktionen meines Verstandes geschlagen. Das war ein wahrer Akt der Gnade – ein Mann, der Wahrheit spricht – und das dermaßen auf den Punkt und dermaßen persönlich und treffend auf meine Frage, als ob er mich seit 20 Jahren kenne und um alles wüsste, was geschehen war. Und es war auch Gnade, dass ich ihm vertrauen konnte, denn nur dadurch war Hören möglich. Es war auch Gnade, dass ich von den Bäumen und von den Patienten gelernt hatte zu hören – denn ich hörte ihm in derselben Art zu, wie ich zuvor der Botschaft der Pflanzen gelauscht hatte. Ich hörte still. Sofort war vollkommen klar, dass es Wahrheit war, was er gesagt hatte. Dies war eine intuitive Klarheit, ein intuitives Erkennen, das nichts mit Logik oder Denken zu tun hatte. Einfach hören – sehen – erkennen, ohne Zwischenschritte.

Die Grundlage meiner Verstandeskonstruktion im Zusammenhang mit diesen mehr als 20 Jahre lang immer wieder auftretenden Zuständen von Leere und Ich-losigkeit war die Annahme: „Hier stimmt etwas nicht, das kann und darf so nicht sein. Da muss es ein separates Ich geben und da müssen Grenzen sein. Und wenn das, was da geschieht, Wahrheit wäre, wenn es etwas mit Meditation oder mit Erleuchtung zu tun hätte, dann müssten Glückseligkeit, Ekstase auftreten – so haben es schließlich alle beschrieben! Da dem nicht so ist, hast du etwas falsch gemacht. Wenn da nur Leere und kein Ich und keine Glückseligkeit ist – dann stimmt etwas ganz gewaltig nicht!! Du musst nach etwas anderem suchen, du musst weitersuchen!" So oder so ähnlich lief der Gedankengang in meinem Verstand – in sich schlüssig und logisch – zigmal wiederholt und damit immer wieder und immer mehr verfestigt. Diese Gedanken lösten immer wieder Gefühle von Angst und Verwirrung aus. Die Blickrichtung zielte dabei immer auf die *Erfahrung* – die Erfahrung von Öde und die Erfahrung von Angst und die Abwesenheit von Glück. Diese Erfahrungen und Nicht-Erfahrungen wurden sofort und immer wieder analysiert, mit Berichten anderer Menschen (z.B. Osho) verglichen, eingeordnet und schließlich jedes Mal wieder als falsch beurteilt. Der Verstand mühte sich redlich, die Sache in Ordnung zu bringen und wieder ein Ich herzustellen, wieder eine kristallisierte Mitte der Person herzustellen, wieder Grenzen zu schaffen – was ihm auch immer gelungen war, wenn auch manchmal erst nach Tagen oder Wochen.

Und nun sprach Samarpan, dem ich vertraute und der – das wusste ich – Wahrheit sprach, nun sprach er jeden dieser Punkte an und sagte in jedem einzelnen das glatte Gegenteil von dem, was mein Verstand bisher angenommen hatte. Und er sagte es mit einer Leichtigkeit, als ob er eine Feder wegpuste. Er brach Mauern nieder, als ob sie nur aus Wind bestünden. Und tatsächlich, so sehe ich jetzt, bestanden sie aus noch weniger als Wind – genau genommen existieren diese Mauern gar nicht. Da begann der Verstand zu sehen und zu verstehen, dass er *das* nicht verstehen kann. Er begann! Er räumte zunächst einmal zumindest die Möglichkeit ein...

In der nächsten Pause stand ich im Hof, um eine Zigarette zu rauchen. Samarpan gesellte sich zu mir und fragte mich, ob ich das Buch von Suzanne Segal kenne. Ich verneinte und er meinte, ich solle dieses Buch lesen. Er erzählte ein wenig über das Leben dieser Frau, und ich fand: „Das hört sich ein bisschen wie meine Geschichte an." Weiter sagte er: „Da fehlt nichts in der Leere!" Und nachdem er auch noch ergänzt hatte, dass für Suzanne Segal irgendwann eine Wende eingetreten war und die Öde sich in Frühling verwandelte, fügte er sofort hinzu: „Erwarte nicht, dass sich irgendwann ein Zustand von Glückseligkeit einstellt. Es kann genauso gut sein, dass eine solche Erfahrung nie kommt, und übrigens ist Suzanne bald darauf gestorben", und „weißt du, deine Meditation sollte 24 Stunden am Tag andauern, immer sein". Darauf entgegnete ich: „Ja, ich weiß, aber solange ich denke, dass da irgendwas falsch ist, ist das nicht möglich." „Ja, so ist es", antwortete er darauf.

Was ich schließlich nach Hause mitnahm, war: „Es besteht die Möglichkeit, es könnte sein, dass an dem Zustand, der da immer wieder kommt, gar nichts falsch ist. Es könnte sein, dass ich gar nicht falsch abgebogen bin. Es könnte sein, dass es genauso ist wie es ist, dass da einfach Leere ist, Nichts ist, und dass es genau so richtig ist. Es könnte sein, dass es da tatsächlich niemanden gibt, dass da keine Person ist, und trotzdem Sein. Es könnte sein, dass Leere Realität ist. Es könnte sein, dass Wahrheit sich ohne Erfahrung von Glückseligkeit offenbart." Viele „könnte", hm? Und trotzdem war bereits diese *Möglichkeit*, die der Verstand bisher nie zugelassen hatte, eine Offenbarung. Vor allem die Möglichkeit, dass unter Umständen vielleicht an der Leere nichts falsch war und die Aussicht, dass unter Umständen möglicherweise vielleicht genau dort die Antwort auf meine Frage nach dem, was wirklich real ist, dass genau dort das Ziel meiner Suche nach Wahrheit liegen könnte, verblüffte und erleichterte ungemein.

Dies war aber zunächst nur eine vage Hoffnung, eine Möglichkeit. Jetzt musste ich erst selbst sehen, ob es stimmte. Dadurch, dass diese Mauer einen Riss bekommen hatte, konnte intuitive Erkenntnis einsickern. Aber mit dieser Möglichkeit, diesem Hoffen, diesem „ah, es könnte also auch so sein" konnte ich mich nicht zufrieden geben. Ich musste selbst erfahren, nur das könnte „könnte" in Gewissheit verwandeln. Bis hierher war auch diese während des Satsangs gewonnene intuitive Erkenntnis noch tot oder geborgt und daher nicht wirklich und nicht sicher, nicht verlässlich.

Also setzte ich mich zu Hause hin um zu sehen, was es mit diesen zahlreichen „könnte" auf sich hatte. Diesmal wollte ich es wissen! Zunächst Denken: „Also mal angenommen es wäre so, dann folgt daraus..." und so weiter. Das führte zu nichts, graue Theorie war das. Also sagte ich mir: Lass uns jetzt nicht theoretisieren, lass uns experimentieren. Lass uns schauen, wie es ist. Und war still. Und wieder war da kein Ich, NICHTS, Niemand und immer noch die Erfahrung von Angst und Öde. Samarpans Worte klangen mir in den Ohren, während ich so still dasaß: „Suche nicht weiter, da ist Nichts." Okay, hier geblieben – da ist also nur Nichts! Aber da war zugleich noch die Erfahrung von Ödigkeit und Angst... und sofort begann der Verstand seine alte Beurteilungsleier loszulassen. Wieder hörte ich Samarpans Stimme: „Miss den Erfahrungen keinerlei Wichtigkeit zu!" Okay. Zum ersten Mal wandte sich die Aufmerksamkeit jetzt von der Erfahrung ab und richtete sich auf die Leere selbst. Sofort kam der Verstand mit seiner nächsten Attacke: „Da ist gähnende Leere, und wo bist du? Wer bist du? Wo ist Ich? Du kannst dich nicht sehen, nicht fühlen – da stimmt etwas nicht!??" Und wieder klangen mir Worte im Kopf, die Samarpan gesagt hatte: „Du kannst nicht sehen, wer du bist. Wenn du irgend etwas siehst – das ist es nicht. Wer du bist, da ist nichts zu sehen. Es hat keine Form, es hat keine Farbe, nichts, was du mit den Sinnen aufspüren kannst. Und dennoch kannst du nicht leugnen, dass du bist!" Das war wie ein Donnerschlag – Leere, kein Ich und trotzdem bin ich – ja, das stimmt! Leere, kein Ich, nichts zu sehen, Öde und Grauheit, aber kein Erfahrender – und trotzdem – ich bin, ich BIN! ICH BIN!!!" „Was ist mit Liebe, was ist mit Gott – da ist ja keine Liebe und auch kein Gott – da ist nur gähnende

Leere!" intervenierte sofort der Verstand. Keine Liebe, kein Gott?? Puh! Mein Name und Samarpans Name fuhren mir durch den Sinn – Samarpan – Hingabe ... Hingabe? Aufgabe?? Liebe und Gott aufgeben? Das wäre Blasphemie! Hingeben – wie? Und wer? Da ist ja keiner! Da blitzte schlagartig die Erkenntnis auf: Ja, es ist die Erwartung, dass da etwas Bestimmtes sein müsse – sei es Liebe, sei es Gott, sei es Glückseligkeit, sei es Erleuchtung, und die Erwartung, dass anderes nicht da sein dürfe – seien es Grauheit oder Öde oder Leere oder Furcht – ja, es ist die Erwartung und das Anhaften an diese Erwartung. Ein Kampf fand hier statt – ich könnte nicht sagen wer gegen wen. Das dauerte eine ganze Weile – einfach Kampf. Dabei Hilflosigkeit, keine Möglichkeit der Kontrolle, niemand da um einzugreifen. Leere, gähnende Leere und der Verstand in Panik dagegen ankämpfend. Und Angst – immer noch zitterte der Körper in Angst und Furcht und der Verstand schoss seine Argumente ab. Doch was jetzt da war, war Bereitschaft – Bereitschaft geschehen zu lassen was auch immer geschehen wollte. Und dann war da nur noch Aufgabe. Das war kein Tun, kein Akt – mehr ein Anti-Akt, es geschah einfach. Keine Erwartung, keine Hoffnung, kein Wollen mehr – alles war jetzt egal. Erleuchtung oder keine Erleuchtung, Gott oder kein Gott, Liebe oder keine Liebe, Glück oder kein Glück, Öde oder keine Öde – alles stoppte, alles hörte auf, Gedanken hörten auf, der Verstand gab auf, selbst Hingabe stoppte, und das war dann wohl Hingabe.

Und im selben Moment gab es keine Trennung mehr. Leere und Bewusstsein waren in *eines* zusammengefallen. Es gab kein Innen und kein Außen mehr, zwar Verstehen, aber keinen Verstand. Keine Erfahrung, keine Ekstase und keine Angst, einfach nur NICHTS, ungetrennt, untrennbar, grenzenlos, alles enthaltend. Alles in Ordnung – einer Ordnung, die keine Einteilung braucht. Stille und Frieden – auch das nicht als Erfahrung, sondern untrennbar vom NICHTS, von Leere, immanent, seiend, existentiell. Keine Wahrnehmung, kein Gedanke, keine Bilder, keine Vision, kein Gefühl, *nur Sein*. Da gibt es weder Verbundenheit noch Verbindungslosigkeit, denn da ist einfach *nichts* anderes. Keine Gegensätze sind möglich – kein Gut, kein Schlecht, kein Richtig, kein Falsch, kein Angenehm, kein Unangenehm, keine Einheit und keine Zweiheit. Nichts – ich bin – ich bin Nichts – ich bin DAS, ungetrennt und grenzenlos – da ist *nichts* anderes, Gott ist auch DAS, und Liebe ist auch DAS, und DAS *ist* Wahrheit, leuchtend klar – und ich bin DAS und tatsächlich in DEM, in der Leere – da fehlt nichts, *gar* nichts fehlt da. Ich bin, und da gibt es kein Du, da ist kein Ende dieses Selbst – bewusst und klar. Soviel Klarheit – und soviel Liebe – überströmende Liebe, leuchtende, kristallene, unendliche Klarheit, nicht gesehen, nicht erfahren, sondern untrennbar von DEM, das ich bin. Bewusst ohne Gedanken, bewusst ohne Person und unendlich in Zeit und Raum. Bewusste Leere, NICHTS, seiner selbst bewusst.

All das geschah *ohne* Worte, *ohne* Gedanken und es war keine Erfahrung, es war, es ist – existentiell – seiend.

Eigentlich klingt das ziemlich prosaisch. Viele haben dasselbe sicherlich schöner und poetischer beschrieben – und dennoch, wie ich jetzt sehe, beschreibt auch die beste Poesie, selbst die Kabirs, DAS nicht. Es ist nicht zu beschreiben, noch nicht einmal denkbar, denn in DEM ist kein Denken vorhanden, und es ist so unendlich, so unendlich viel größer als Denken es je fassen könnte. Man kann es noch nicht einmal wirklich erinnern oder festhalten. Dennoch ist es absolut bewusst, bewusster und klarer als alles andere. In diesem kurzen Moment der Wahrheit war alles leuchtend klar. In diesem Moment war da kein Erfahrender, das war ja auch schon vorher so, aber nun gab es auch keine Erfahrung mehr. Subjekt *und* Objekt waren verschwunden, alles war in *Einem* zusammengetroffen. Hier auf dem Papier findest du nur den kläglichen Versuch, in Worten wiederzugeben, was nicht als Gedanke oder Erfahrung, sondern was existentiell geschah. Und selbst das stimmt nicht, denn es ist kein *Geschehen*. Und all dies dauerte nur einen kurzen Moment – es war sozusagen ein Aufblitzen, ein Augenaufschlagen im ersten Morgenlicht.

Das erste auftauchende Gefühl war immense Erleichterung und unendliche Dankbarkeit. Der erste Gedanke war: „Ich will für den Rest meines Lebens nichts anderes mehr!" Und genau da war es wieder: „Ich will", und mit „ich will" war Trennung – immer noch niemand, den ich als Person oder Ich hätte bezeichnen können, aber eine subtile Trennung hatte sich sofort wieder eingestellt. Ich will ...

Am nächsten Tag berichtete ich im Satsang über das, was geschehen war. Was ich sagte, war ziemlich ungelenk und konnte es natürlich nicht beschreiben, genauso wenig wie die obigen Worte. Genau genommen sagte ich nur, nachdem ich den abendlichen Kampf beschrieben hatte: „Und dann war alles in Ordnung". Deshalb hier nur Samarpans Antwort auf den Bericht:

Samarpan: „Mein Name bedeutet auch Hingabe an Liebe. Das ist so eine wunderbare Erinnerungsstütze: Hingabe an Liebe, nicht an irgendeine Vorstellung oder Idee von Liebe, nicht zu irgendeinem Mann oder irgendeiner Frau. Gib dich einfach DEM hin! Gib dich DEM hin, was du bist – und dann hast du auch kein Problem, diese Idee von Gott loszulassen. Diese Idee ist wie die Idee vom Nikolaus. Erinnert ihr euch noch, als ihr als Kinder das erste Mal entdeckt hattet, dass es den Nikolaus nicht gibt? Worauf Gott hinweist, ist dein eigenes Selbst. Also lassen wir diese kindischen Vorstellungen fallen. Wir brauchen keine Vorstellungen mehr. Das ist spirituelle Reife. Wir können der Wahrheit direkt begegnen – ohne jede Hilfe."

12. Hingabe an DAS

„Es gibt etwas, das schöner, größer, wunderbarer ist als du dir je vorstellen könntest, und das existiert in dir, ist das Substratum jeglicher Existenz. Jedoch um diese Freude, diese Glückseligkeit zu erfahren, um vollkommene Freiheit von den so genannten Lasten des Lebens zu finden, musst du selbst graben. Du musst etwas aufgeben. Du kannst nicht so bleiben wie du bist, mit derselben Disposition, denselben Werten, denselben vorgefassten Ideen, denselben Konzepten und dabei frei sein. Du musst eine Kehrtwendung vollziehen und all deine Ideen über das Leben vollkommen aufgeben, dein Ego, deinen Verstand, deinen Körper, deine vorgefassten Meinungen vollkommen hingeben. An wen gibst du es hin? An dein Selbst. Dein Selbst wird sagen: an Gott.“

ROBERT ADAMS in „Silence of the Heart"

Vielleicht denkst du jetzt, dass nach dem letzten Kapitel das Buch eigentlich zu Ende sein sollte. Erleuchtung – Selbstrealisation – Erkenntnis der Wahrheit – Happy End – und sie lebte glücklich und zufrieden bis an ihr Lebensende – schwebend auf Wolke sieben... Nein! So war es nicht. So ist es nicht.

Was an diesem Wochenende geschehen war, war *ein* Moment der Wahrheit gewesen. *Ein* Moment der absoluten, leuchtenden Klarheit. *Ein* Moment des Friedens. Ein Moment, in dem jegliche Trennung, jegliche Dualität verschwunden war, ein Moment jenseits jeglicher Erfahrung, jenseits sogar einer Erfahrung von Einheit. Während eines Momentes hatten sich Klarheit, Unbewegtheit, Wahrheit, Frieden, DAS offenbart. *Ein* Moment, geschehen aus Gnade. Ich nenne es den Tagesanbruch, das erste Augenaufschlagen. Und wirklich, seit diesem ersten Moment der Wahrheit, der Stille, der unendlichen überfließenden Leere, des NICHTS war tatsächlich alles anders.

Zweierlei hatte sich grundlegend geändert. Erstens konnte nichts und niemand diesen Moment des Erkennens, der Realisation ungeschehen machen, selbst mein Verstand nicht. Zweitens erkannte ich, dass es DAS ist, was ich immer gesucht hatte, dass es DAS ist, was meine Sehnsucht erfüllen konnte. Ich erkannte, dass DAS Wahrheit ist. Ab hier war klar, ab hier wusste ich im Inneren – nicht mit dem Verstand, dass DAS Wahrheit ist, dass nur DAS real ist. Ich erkannte aber auch, dass die Erfüllung der Sehnsucht das Ende aller Überreste meines Ich bedeuten würde. Ich erkannte, dass die Sehnsucht genau dann wirklich erfüllt sein würde, wenn keiner mehr da wäre, der sehnsüchtig sein oder der ablehnen könnte. Eigentlich war meine Frage also beantwortet, oder besser, die Frage war verschwunden, eigentlich war hier meine Suche bereits beendet. Aber die Gewohnheiten des Verstandes arbeiteten weiter und zogen mich wieder und wieder in die Dualität, in die Identifikation hinein, und wieder und wieder hielt ich inne und war wieder Stille, pures Sein, war wieder NICHTS, bin einfach. Und somit war alles verändert. Sämtliche Konstruktionen, Erklärungen, Gedanken, Ablehnungen des Verstandes waren wirkungslos geworden, waren einfach nicht mehr glaubhaft, waren letztlich nichts und ohnmächtig gegenüber der Wahrheit, der Wirklichkeit, der Klarheit. Alle guten Gründe, die der Verstand in all den Jahren aufgebaut hatte, um Leere zu vermeiden und immer wieder die Vorstellung einer Person aufzubauen, waren hinfällig geworden. Das hieß aber nicht, dass der Verstand jetzt sofort aufgehört hätte, all diese Gedanken und die damit verbundenen Gefühle, alle Konstruktionen und Erinnerungen und vor allem immer wieder Zweifel zu präsentieren – jetzt ging der Tanz erst richtig los.

Seit dem ersten Gedanken „ich will" existierten wieder Trennung und Dualität. Eine sehr subtile, sehr feine Trennung, denn mich als Person konnte ich auch weiterhin nicht finden. Es war zwar nur ein dünner, aber ein sehr wirkungsvoller Schleier. Da bestand wieder Identifikation mit dem Verstand und verschiedenste Ablehnungen. Und aufgrund dessen war ich erst mal nicht mehr in Stille, nicht mehr in Frieden. So gab es also keinen Grund, sich in Selbstzufriedenheit zurückzulehnen.

Was nun im nächsten halben Jahr folgte, waren Monate der Reinigung. Monate, in denen immer wieder alle Dämonen, alle Gedanken, Gefühle und Zweifel auftauchten, die irgendwo in den Tiefen dieser Person schlummerten, lauerten, warteten, um endlich getroffen zu werden, und ich war bereit und willens, sie alle zu treffen. Dieser Prozess der Reinigung, der Adaption und des Verstehens war in den ersten Monaten alles andere als angenehm. Es waren Feuer, das brannte und Wasser, das wieder und wieder über mir zusammenschlug. In dieser Zeit habe ich einem Freund gegenüber geäußert: „Warum erzählt niemand etwas von all dem? Da gibt es wirklich nichts zu gewinnen in diesem Prozess des Erkennens. Ich verspreche dir, ich werde das nicht verschweigen."

Ich weiß nicht, ob dieser Prozess bei verschiedenen Individuen ähnlich abläuft. Aber ich habe Satyam Nadeen von der dunklen Nacht der Seele sprechen hören – vielleicht meint er das damit. Satyam Nadeen spricht auch von einem Prozess der Erlösung, welcher auf die Erkenntnis der Wahrheit folgt, einem Prozess immer tieferen Verstehens, in dem nach und nach und immer mehr alles aus der Wahrheit heraus betrachtet wird. Ja, genau so ist es auch, wenn es sich auch ganz gewiss nicht immer angenehm anfühlte.

Und es gibt tatsächlich nichts zu gewinnen, nichts zu erreichen. Erinnerst du dich an den Werbespot einer Bank, wo zwei Herren sich nach Jahren wieder treffen und gegenseitig prahlen, was sie so alles erreicht haben und als Beweis dafür die Fotos wie Spielkarten auf den Tisch schmettern: „Mein Haus, mein Boot, mein Pferd, mein Swimmingpool..."? Und jetzt wäre da auch noch: „Mein Erwachen, meine Erleuchtung"... Nein! So ist es nicht! Wahrheit, Erwachen ist kein Sahnehäubchen auf einem erfolgreichen Leben und auch kein Trost oder Ersatz für ein nicht so glückliches Leben. Es ist nichts, was das Ego oder der Verstand greifen oder sich an den Hut stecken könnte, es ist kein „das habe ich jetzt auch", denn Wahrheit, Erwachen heißt NICHTS sein, *nur* sein. Da ist kein Ego, keine Person. Kein Gewinnen, sondern ein Entblößen geschieht da, kein Addieren, sondern ein Subtrahieren, ein fortwährendes Abziehen von allem, bis NICHTS mehr übrig bleibt.

Was in diesen Monaten geschah, ist sehr schwer zu beschreiben und streckenweise auch nur schwer zu erinnern. Ich weiß nicht, wie ich diesen Prozess benennen soll. Es ist ein mystisches Geschehen. Ich habe es nicht getan, es war ein Geschehen. Alles was nötig war, war immer wieder Ja zu sagen, war hundertprozentige Bereitschaft und bedingungslose, kompromisslose Ausrichtung auf DAS, auf die Wahrheit, auf das Göttliche. Es ist kein Tun, eher ein Ent-Tun, ein Ent-Tun selbst im Tun, in allem Geschehen. Es ist kein Werden, mehr ein Ent-Werden. In diesem Prozess lösen sich die Reste des Egos, der Identifikationen auf, sie schmelzen, sie verbrennen. Und schließlich erkennst du, dass es dieses Ego, dieses Ich, diese getrennte Person nie wirklich gegeben hat, dass es nie etwas gegeben hat, was du aufgegeben hättest. Und dennoch sind es Aufgabe, Hingabe, die da geschehen, denn zunächst weißt du das nicht. Auch wenn du es schon zig mal gehört oder gelesen hast, du weißt es trotzdem nicht, denn noch ist es nicht deine Erfahrung. Überall wo noch eine Ablehnung, ein Wunsch, eine Vorstellung war oder irgend etwas, das ich nicht annehmen wollte, irgend etwas, das ich anders haben wollte oder das ich nicht fühlen wollte, war da Ego, war da Dualität, Trennung, Leiden. Erst nach diesem Moment der Wahrheit und Nicht-Trennung wurde es möglich, das klar zu erkennen. Nur aus dem Licht der Wahrheit dieses Momentes ließ sich das erkennen. Deshalb ging es erst jetzt so richtig los. Und da jetzt die Bereitschaft vorhanden war, all dies zu sehen, zu treffen und zu fühlen, all den Schmerz anzunehmen, wagten sich die Monster aus dem Keller. Und jedes Mal ging es darum, dem zu begegnen, nichts unter den Teppich zu kehren, allem ins Auge zu sehen, ehrlich zu sein, den damit verbundenen Schmerz *ohne* den Wunsch, dass er aufhören möge, vollkommen anzunehmen und zu fühlen, dabei still zu bleiben, unbewegt zu sein und das was geschieht, geschehen zu lassen. Es war ein Prozess vollkommener Aufgabe und vollkommener Hingabe, und diese Hingabe ist ohne Ende. Und das ist notwendig und unvermeidlich, denn nur da wo ich nicht bin, wo das Ego, das eigene, getrennte, sehnende, wollende, ablehnende Ich nicht ist, kann Gott sein, kann Liebe sein, kann Wahrheit sein, kann Stille sein.

Es ist nicht so, dass man alles haben kann. Eigentlich kann man gar nichts haben und gar nichts erreichen. Und ganz sicher ist es unmöglich, ein Ich zu haben, eine getrennte, eigene Person zu sein *und* in der Wahrheit, in der Stille zu sein, denn in der Wahrheit zu sein heißt niemand zu sein, NICHTS zu sein. Wirklich, es geht darum, *alles* aufzugeben. Das heißt nicht, Beruf oder Familie aufzugeben (obwohl sich auch das für manche Individuen ergeben kann). Es heißt nicht, eine versalzene Suppe zu essen, wenn man auch eine andere haben kann. Es verhindert nicht Tätigkeit und nicht den Genuss dessen, was sich bietet. Es bedeutet nicht, schicksalsergeben in einem lauten, stinkenden, kleinen Apartment zu sitzen, wenn die Möglichkeit besteht, in eine schöne Wohnung zu ziehen. Es bedeutet noch nicht einmal, dass man nicht zum Telefonhörer greift und einen Makler anruft. Es bedeutet nicht, dumm zu werden, sich ausnutzen zu lassen, von Sozialhilfe oder in einer Höhle im Himalaja zu leben, obwohl natürlich all dies passieren kann. Worum es hier geht, geschieht im Inneren. Mit äußeren Umständen hat es nichts zu tun. Und die jeweiligen äußeren Umstände – Beruf oder Arbeitslosigkeit, Höhle im Himalaja oder geschäftiges Leben im Westen, Partnerschaft oder monastisches Leben, Gefängnis oder Freiheit – sind letztlich immer die richtigen, sind genau die Umstände, die *du* brauchst um aufzuwachen – und sind letztlich nicht so wichtig. Da muss man nichts verändern. Worum es geht, ist jeden Hauch von *Ich*, von Trennung aufzugeben, und das geht viel tiefer, viel weiter. Das schneidet die Wurzeln der Illusion ab. Das ist der Tod des Ich. Und dieses Ich zeigt sich in jeder Ablehnung dessen was ist, zeigt sich in jedem Wunsch nach etwas anderem, in jedem ‚etwas Besonderes‘ sein und in jeder Vorstellung. Schließlich ist dieses Ich selbst nichts anderes als eine Vorstellung – die Vorstellung von Trennung, die Vorstellung eines separaten Ich, einer eigenen Person. Und da ‚Ich‘ nur eine Vorstellung ist – wenn auch eine lang gehegte, lang gepflegte und liebgewordene, die sehr real *erscheint* – ist ‚Ich‘ nicht real, nicht wahr, und muss in diesem Subtraktionsprozess sterben, verschwinden. Und es fühlt sich tatsächlich wie Sterben an, es ist ein Tod. Alles was nicht real ist, alles was nicht Stille ist, alles was nicht Gott ist, nicht Liebe ist, muss verschwinden – nur dann kann Liebe, Gott, Stille, Wahrheit da sein. Natürlich stimmt auch das nicht ganz, denn Wahrheit, Stille, Gott sind immer und überall da, es gibt gar nichts anderes. Es ist DAS, was du bist und was alles ist; nur genau dieses Ego, dieses Ich, genau diese unwahren Vorstellungen hindern uns, das klar zu erkennen, zu realisieren.

Und ob dann, wenn dieses Ego gestorben ist, wenn du Stille selbst, Frieden selbst, Liebe selbst bist, ohne Trennung, wenn da keine Dualität mehr existiert, ob dann noch ein Beruf, eine Familie, Geld, Erfolg oder sonst irgend etwas innerhalb des Traumes von Welt vorhanden sind, ist unwichtig. Ob man dann innerhalb des Spieles von Maya – das natürlich weiterläuft, ganz von selbst weiterfließt – wie Ramana nur noch in Stille sitzt, unfähig, selbst Nahrung zu sich zu nehmen, oder ob das Leben will, dass Arbeit, Beruf und Familie scheinbar unverändert sind, ist unerheblich. Ob das Leben will, dass man spricht oder schweigt oder schreibt, ob das Leben will, dass man lebt oder stirbt, ob der Lebensstrom in diese oder jene Richtung weiterfließt, ist dann einfach unerheblich, unwichtig. Und natürlich äußert es sich in jedem Lebensfluss verschieden. Und du weißt es nicht im Vorhinein. Das Ego muss sterben, und was dann im Lebensstrom des Individuums weiter geschieht, ist einfach nur das, was geschieht – ohne Wollen, ohne Nicht-wollen in Hingabe. Es gibt kein Ende der Hingabe, kein Ende der Reise, kein Ende des Staunens, kein Ende des Raumes. Wirklich, es gibt kein Ende der Hingabe.

Es war eine Zeit des Überprüfens und auch des Zweifelns, eine Zeit des immer wieder Innehaltens. Jedes Mal wenn ich vollkommen innehielt, wenn ich in der Stille war, wenn ich Stille war, war Wahrheit offensichtlich. Da gab es nichts zu diskutieren und auch keinen, der hätte diskutieren können – in der Stille gibt es keinen Verstand. Dann geriet ich immer wieder in die Dualität des Verstandes – und nichts war offensichtlich – alles war zweifelhaft. Oder ich geriet in eine Ablehnung oder in einen Wunsch oder eine Identifikation – und nichts war offensichtlich, nichts war friedlich. Und dann hielt ich wieder inne. Nahm an, was da war. War still.

Und jedes Mal wenn ich zum Jetzt, zum Hier, zur Stille zurückkam, sobald ich mich DEM hingab, sobald ich akzeptierte was ist, sobald ich restlos verschwand, war *nur* noch DAS da, nur noch leuchtende Klarheit, Stille, unendliche überfließende Leere, Wahrheit, und jedes Mal war Liebe da, in allem und alles umfassend.

Auf diese Weise wurde im Lauf der Zeit alles zunehmend vom Standpunkt der Wahrheit aus betrachtet. Mehr und mehr wurde es möglich, einfach zu sehen was ist, wie es ist. Immer wieder war es notwendig, in die Welt der Dualität einzutauchen, denn mit jedem Mal, wo ich in der Welt der Dualität verstrickt war und dann wieder innehielt, wieder still, wieder in der Wahrheit war, wurde das Verstehen tiefer. Mit jedem Mal verschwanden wieder Filter des Verstandes, verschwanden Vorstellungen, verschwanden Erwartungen. Identifikationen lösten sich. Mit jedem Mal wuchsen die Wurzeln in die Unendlichkeit des Raumes. Um zu erkennen was ist, muss alles, jeder Zweifel, jedes Gefühl, jede Ablehnung und jeder Wunsch, jeder Ausdruck der Spaltung und der Dualität, jede Identifikation, jeder Aspekt dieser Person getroffen werden und zwar in seiner ganzen Tiefe getroffen werden, muss angenommen werden, gefühlt und erlebt werden, um auch erlöst zu werden, um sich zurückzuverwandeln in Nichts, in Stille, in Frieden, in DAS, was wir sind. Auch die Dämonen und Monster wollen erlöst sein, was natürlich nicht heißt, sie in Engel verwandeln zu wollen. Mit jedem Mal wuchs Vertrauen, mit jedem Mal wuchs Gewissheit. Mehr und mehr ruhte ich in DEM. Weniger und weniger zog mich aus der Stille. Weniger und weniger wurde das Gefühl, der Handelnde zu sein. Durchsichtiger und durchsichtiger wurde die Illusion. Es ist auch ein Lernen, in der Wahrheit zu stehen, in der

Wahrheit, in der Liebe, in DEM zu leben. Es ist ein Ausbreiten der Stille und ein Schrumpfen und Sterben des Ich.

Und die Stille, die Wahrheit, die Liebe zogen immer stärker und ich gab dem einfach nach. Ich konnte gar nicht anders. Nach diesem Moment der Wahrheit konnte ich mich nicht mehr wirklich davon abwenden, denn ich wusste, dass es DAS war, was ich immer wollte, was ich immer gesucht hatte. Ich schrieb: ,Ich konnte gar nicht anders'. Das stimmt, doch gleichzeitig ist da Freiheit. Freiheit, immer wieder zu entscheiden, worauf man seine Aufmerksamkeit, seine Energie richtet. Denn es geht darum, wie es Gangaji formuliert: „Was willst du wirklich? Was steht auf Platz eins deiner Liste?", oder wie Samarpan es sagt: „Wem gilt deine Treue? Worauf richtest du deine Energie, deine Aufmerksamkeit? Auf die Stille, die Wahrheit, das NICHTS, oder auf die Illusion von Welt, von Ich?" Und genau dazu ist hundertprozentige Bereitschaft notwendig...

Hilfreich war für mich in diesen Monaten, einen Platz zu haben, wohin ich mich zurückziehen konnte, wo ich still sitzen konnte. Diesen Platz hat ein Freund einmal meinen Hundeplatz genannt. Vielleicht sieht er so aus – einfach ein paar Kissen mit einer Decke darüber, worauf ich sitze. Und daneben stehen Bilder von Osho und Samarpan und Ramana. Alles in allem etwa zwei Quadratmeter meines kleinen Arbeitszimmers. Mehr nicht. Das ist in dieser Zeit ein Platz der Stille für mich gewesen. Viele, viele Stunden habe ich dort verbracht.

In all den Monaten waren Osho und Samarpan stets gegenwärtig in all den Strudeln und Wirbeln, in all den Kämpfen, in all der Finsternis, während des ganzen Prozesses. Samarpan war nicht nur gegenwärtig, wenn ich während eines Retreats mit ihm war, sondern die ganze Zeit in meinem Herzen. Es war äußerst hilfreich, Meister zu haben, denen ich vertraute. Vertrauen hieß für mich jedoch nicht, blind zu glauben oder etwas zu übernehmen oder innerlich nachzusprechen. Eine Gläubige war ich immer noch nicht geworden. Vertrauen hieß für mich, mit dem Herzen zu hören, offen zu hören. Vertrauen hieß für mich zu wissen, dass dieser Mensch Wahrheit spricht, und ich daher bereit war, seine Medizin zu nehmen und dann selbst zu sehen, was ist. Und seine Medizin hieß wieder und wieder Hingabe und Akzeptanz, war wieder und wieder die Einladung, still und unbewegt zu sein, die Aufforderung, meine Aufmerksamkeit auf die Stille, auf DAS was unverändert bleibt zu richten, war wieder und wieder die Ermunterung, selbst ‚nachzuchecken', zu sehen. Vor allem aber war es die Stille, die um Samarpan, in ihm, durch ihn war und ist – die Wahrheit, Liebe und Akzeptanz, die mit oder ohne Worte durch ihn strömt. Es war auch hilfreich zu erfahren, dass er tatsächlich als Person, als Ego nicht existiert und im Frieden ist, im Glück ist, einfach ist. Immer und immer wieder hörte ich Samarpans Stimme: „Just accept – surrender to THAT! Accept the feelings totally! Go into the center of the feelings and see! See experiences as just experiences! Stop! Stop again and again stop! Put your attention to the silence – be still – be unmoved! Check it out – again and again"[1]. Immer zur rechten Zeit war seine Stimme zu vernehmen – die Stimme des inneren Meisters, des Sat-Guru, der mit seiner Stimme sprach. Und Osho war einfach da.

---

[1] „Akzeptiere einfach – gib dich DEM hin! Nimm die Gefühle vollkommen an! Geh in die Mitte der Gefühle und sieh! Betrachte Erfahrungen nur als Erfahrungen! Halte an! Halte wieder und wieder an! Richte deine Aufmerksamkeit auf die Stille – sei still – sei unbewegt! Prüfe es nach – wieder und wieder!"

13. Tanz der Dämonen

„So mir nun der Bardo des Dharmata aufgeht,
will ich alle Gedanken von Furcht und Schrecken aufgeben,
will alles, was erscheint, als meine Projektion erkennen.
Nun angelangt an diesem Wendepunkt,
will ich die Friedlichen und die Rasenden, meine eigenen
Projektionen nicht fürchten."

BARDO THÖDOL, das Totenbuch der Tibeter

Seit diesem ersten Wochenende mit Samarpan kam mir gelegentlich der Impuls, in den Computer zu schreiben. Der arme Verstand war restlos verwirrt und es tat ihm gut, sich quasi zu entladen und sich mit einem anderen Computer zu unterhalten. Das beruhigte den Verstand ungemein und minderte auch die Angst. Bis dahin hatte ich nie in meinem Leben ein Tagebuch geführt. Ich schrieb nun teilweise einfach Notizen, teils wirres Zeug, und oft schrieb ich auch in Briefform. Diese Briefe richtete ich an Samarpan, aber eigentlich richtete ich sie an mich selbst, wie Selbstgespräche, Briefe an das Selbst. Sie abzusenden war nicht nötig, das hatte ich von vornherein nicht vorgehabt, und auch Antworten waren nicht nötig. Das Selbst antwortete sowieso. So schrieb ich am Tag, nachdem dieser erste Moment der Wahrheit geschehen war:

„Jetzt ist es nur noch eine Erinnerung, aber die kostbarste Erinnerung. Und jetzt ist es wieder so wie all die Jahre zuvor, wenn ich still bin, wenn ich meditiere: ich fühle mich nicht, ich finde mich nicht, da ist kein Ich, da ist nichts als diese Wüste einer Wüste, es ist noch nicht mal eine Wüste, nur Leere. Und wieder kann ich nur sagen, entweder bin ich verrückt (aber ich weiß, dass das nicht stimmt, der Computer funktioniert sehr gut), oder ich habe eine falsche Richtung eingeschlagen (aber da ist keine Richtung, also auch keine falsche), oder – und das verursacht immer noch unglaubliche Angst – es ist einfach so. Da entsteht immer noch Angst, denn in diesem Moment, in diesem Zustand der Leere ist auch diese kostbare Erinnerung nicht real, nicht verlässlich – es ist jetzt nicht wahrnehmbar, es ist nur eine Erinnerung. Und wieder finde ich nicht den Mut zur Hingabe an DAS, den Mut, einfach aufzugeben, NICHTS, Leere zu akzeptieren wie es ist, ohne jegliche Erwartung. Zweierlei aber hat sich geändert: Erstens sehe ich, dass da eine Anhaftung an Erwartungen vorhanden ist und ich fühle den daraus resultierenden Schmerz, und zweitens: Ich kann nicht mehr zurück, denn ich weiß, das würde bedeuten, mich selbst anzulügen. Ich kann mir selbst nicht mehr sagen, dass da etwas falsch ist. Seit diesem Moment der Wahrheit und der Klarheit geht das nicht mehr. Ich kann mir nicht mehr sagen: „Lass uns zum ‚normalen Leben' zurückkehren und es in ein paar Monaten wieder versuchen". Und diese kostbare Erinnerung – eigentlich ist es gar keine Erinnerung, es ist nicht erinnerbar, einfach DAS, zieht an mir wie zu ‚einem anderen Ausgang aus dieser Wüste'. Ich weiß, dass es nicht an mir ist, an diesen Punkt zu gelangen. Aber immer noch ist da nur NICHTS, und dieser Moment ist nur eine Erinnerung und jetzt überhaupt nicht real. Aus dieser Erinnerung steigt Verlangen auf, Erwartungen sind auch wieder da. Durst und Sehnsucht werden nur noch größer. Es gibt keine andere Möglichkeit als einfach zu bleiben, still zu sein und zu sehen, was da ist oder besser nicht ist, und die Angst, alle Ideen aufzugeben zu beobachten. Und dann ist da wieder dieser furchtbare Schmerz – und so weiter. Den Rest muss ich der Gnade Dessen überlassen, Den ich nicht sehen kann, mag ES da sein oder nicht, mag ES vorhanden sein oder nicht, mag da Glückseligkeit sein oder nicht, Liebe oder nicht, mag da Gott sein oder nicht. Ich fühle eine gewaltige Entschlossenheit aufsteigen und weiß, ich werde DEM all meine Kraft und all meine Aufmerksamkeit geben!"

Rigorosität und Kompromisslosigkeit in dieser Intensität waren neu. Es ließ mich zu keiner Stunde des Tages mehr los und ging bis in die Träume hinein. Ob ich ruhte und still war, ob ich arbeitete oder aß, schlief oder Auto fuhr, las oder mit jemanden redete, dieser Prozess ging immer weiter. Es war wie ein Sog. Die Sehnsucht nach Gott und die Frage nach Wahrheit, die mich ein Leben lang im Hintergrund begleitet hatten, traten nun in den Vordergrund und waren ständig gegenwärtig – 24 Stunden täglich. Einen Moment lang hatte ich kurz geschmeckt, und nun gab es kein Halten mehr, egal was passierte oder wie unangenehm das alles sein mochte. Ich wusste, es kommt darauf an, worauf ich meine Aufmerksamkeit, meine Energie richte und wem oder was meine Treue gilt. Auch wiederholte Samarpan wieder und wieder: „Du hast nur eine Entscheidung, eine Freiheit, und zwar die, wohin du deine Aufmerksamkeit richtest!" So galt meine Aufmerksamkeit DEM, von dem ich wusste, dass es nicht verschwindet, auch wenn ich immer wieder sozusagen den Kontakt verlor.

Am nächsten Tag las ich das Buch von Suzanne Segal, das Samarpan mir empfohlen hatte. Während des Lesens weinte ich die ganze Zeit. Ich weinte aus Erleichterung, weinte ob der Ähnlichkeit unserer Erfahrung und unseres jahrelangen Missverständnisses und weinte, weil sie die Wahrheit schreibt. Suzanne Segal hatte 12 Jahre lang in einem permanenten Zustand der Ich-losigkeit gelebt und dessen Beschreibung entsprach genau dem, was ich in all den Jahren immer wieder erfahren hatte. Auch sie sprach davon, dass alles wie immer funktionierte, alle Handlungen, Gefühle und Gedanken – nur in totaler Leere. Sie beschreibt die Angst-Reaktion des Verstandes auf dieses Hereinbrechen der Leere, das Gefühl der Bedeutungslosigkeit, Hohlheit und Verbindungslosigkeit in allen Handlungen und Gefühlen, weil da keiner ist, der verbunden sein könnte. Sie beschreibt auch das Bemühen des Verstandes, alles wieder in eine Form zu bringen, woraus aber wiederum Furcht und der Schmerz des Getrenntseins entstehen. Und dennoch ist da keiner, dem dies widerfährt, der dies alles erlebt und erfährt. Auch sie verstand nicht, was da vor sich ging und suchte viele Therapeuten auf, da sie fürchtete, psychisch krank zu sein. 12 lange Jahre lebte sie in Angst vor dieser Leere, bis ihr Winter sich in einen Frühling verwandelte und sie erkannte, dass sie die Leere selbst ist. Ich fand aber auch große Unterschiede in unserem Erleben und notierte:

„Mein Ego war in den letzten 22 Jahren immer wieder zurückgekommen, und nach der Lektüre dieses Buches bin ich jetzt meinem Ego sehr dankbar dafür. Unglaublich, wie diese Frau diese zwölf Jahre verbracht hat. Mein Verstand wandte in seinem Bemühen, diese Zustände zu erklären, eine andere Strategie an. Genau wie Suzannes Verstand war er überzeugt, dass da etwas schrecklich falsch lief, aber in den letzten neun Jahren, seit ich mit Osho bin, redete er mir ein, dass ich irgendwo in meinem Gebet, in meiner Meditation falsch liege, weil da keine Glückseligkeit erfahren wird, weil das Ego immer wiederkehrt, weil alle Funktionen des Verstandes, der Gefühlswelt und der Handlungen völlig normal und reibungslos ablaufen – nur ohne jedes Ich. Immer wieder beschloss ich aus Frustration, Meditation einfach bleiben zu lassen. Aber immer geschah einige Wochen oder Monate später irgendetwas, und ich musste wieder nach innen gehen – es zog mich einfach. Und immer wieder endete es am selben Punkt. Der Verstand sagte, da müsse etwas anderes sein, es wäre doch die größte Blasphemie und ein Verbrechen, dieses kahle, freudlose Nichts zu akzeptieren wie es ist, trotz seiner Unbezweifelbarkeit. Und weiter sagte er, ohne eine Person, ohne separates Ich gibt es kein Sein. Was für ein Unsinn!
Nun hast Du, Samarpan, meinem Verstand die Möglichkeit genommen, die Leere als falsch zu beurteilen, und so habe ich meinen guten Grund sie zu vermeiden verloren. Nun sitze ich hier und starre auf dieses immer noch entsetzliche NICHTS. Doch kann ich nicht leugnen, dass dieses NICHTS ist und da nichts anderes zu sehen ist. Da gibt es einfach keinen Preis zu gewinnen. In diesem Zustand ist es einfach unmöglich zu leugnen, was ist oder nicht ist, obwohl

der Verstand kämpft. Vielleicht ist es das, was Osho das „unausweichliche Ding" nannte. Der Verstand sagt sofort: „Unmöglich – da muss etwas anderes sein" und präsentiert im gleichen Augenblick die Erinnerung an diesen Moment vor zwei Tagen, aber noch immer ist es bloßes Erinnern – es ist jetzt nicht wahrnehmbar und daher nicht real, und so verschwindet auch diese Erinnerung sofort. Dieser Zustand ist erbarmungslos. Nicht einmal die schönste Erinnerung oder die wahrsten Worte können vor diesem Beobachter bestehen, denn Erinnerungen werden lediglich als Erinnerungen, Worte lediglich als Worte gesehen und als nicht wahr in diesem Moment, denn immer noch ist nichts da außer erschreckendem, ödem NICHTS."

In den nächsten Tagen versank der Verstand streckenweise in Selbstmitleid. Er erging sich in endlosen Schleifen von Argumentation und Gegenargumentation, dazu produzierte er Gefühle von Angst und Verzweiflung. Das Leben, der innere Meister, kam mir zur Hilfe und versetzte mir einen Zen-Schlag durch eine Patientin, eine sehr junge Frau, die an Blutkrebs litt und unter Chemotherapie stand. Sie wollte die Ergebnisse ihres Bluttests wissen, denn während dieser Therapie können die Blutzellen lebensgefährlich tief absinken, und ich hatte ihr versprochen, sie abends anzurufen, sobald ich die Ergebnisse vorliegen hätte. Aber mein Verstand war an diesem Abend – ich war bereits zu Hause – so sehr mit sich selbst beschäftigt, dass ich es vergaß. Am nächsten Tag kam die Patientin wieder und ich wusste, dass sie die ganze Nacht unter Ängsten gelitten hatte, aber sie beschwerte sich nicht. Das war ein kräftiger Schlag. Ich beschloss, dass der Verstand von nun an seine Arbeit zu tun und sich nicht mehr um das zu kümmern habe, was er sowieso nicht tun kann… Zu der Entschlossenheit und Rigorosität der Ausrichtung meiner Aufmerksamkeit auf DAS kam nun eine innere Disziplin und ein Disziplinieren des Verstandes hinzu.

Ich sah auch wieder einmal, welch ein Segen und wirkliche Meister all diese Menschen sind, die in die Praxis kommen und mir ihren Schmerz offenlegen. Ich sah auch, wie wenig ich ihnen geben konnte. In diesen Tagen wurde ich sehr stumm in der Praxis. Meist saß ich nur da und hörte zu, ohne viel zu antworten.

In derselben Woche las ich wieder – ungefähr zum zwanzigsten Mal – das Totenbuch der Tibeter, insbesondere den Kommentar von Chögyam Trungpa, Rinpoche. Es war sehr eigenartig. Auf einmal erkannte ich in dem, was da geschrieben steht, genau das, was ich all die Jahre erfuhr. So oft hatte ich es schon gelesen, doch nie hatte ich es erkannt. Jetzt geriet es zur Offenbarung.

Chögyam Trungpa beschreibt den Prozess der Auflösung des Ich, wie er im Sterben, aber auch manchmal vorher geschieht. Er erklärt diesen Zwischenzustand, das Bardo:

> „*Bar* heißt dazwischen und *do* heißt Insel oder Mal, so etwas wie eine Grenzmarke zwischen zwei Dingen. Es ist aber eher wie ein Insel in der Mitte eines Sees. Die Konzeption des Bardo beruht auf der Periode zwischen geistiger Gesundheit und Wahnsinn, oder der Periode zwischen der Verwirrung und einer Verwirrung, die gerade dabei ist, umzukippen und in Weisheit verwandelt zu werden... so besteht eine Lücke zwischen Beiden. Das ist im Grunde die Bardo-Erfahrung.
> Der Dharmata-Bardo ist die Erfahrung des Glanzes. Dharmata steht für die Essenz der Dinge wie sie sind, die Istigkeit. So ist der Dharmata-Bardo ursprünglicher, offener, neutraler Grund.“[2]

Ja, das schien es genau zu sein, was da all die Jahre passierte: Chögyam Trungpa beschreibt, wie sich das Gefühl von Ich auflöst, wie sich der „greifbare, logische Zustand“ auflöst. Zunächst löst sich das Gefühl auf, der Körper zu sein, dann ist sich auch der Verstand nicht mehr sicher, ob er richtig funktioniert, dann versucht man sich an Gefühlen zu orientieren, aber auch diese

---

[2] Das Totenbuch der Tibeter, herausgegeben von Francesca Freemantle und Chögyam Trungpa, 17. Aufl., München 1995, Diederichs Verlag
Hervorhebungen stammen von der Autorin

entgleiten, und alles erscheint einem hohl oder wie eine wattige, verschwommene Leere, und man gerät in einen Widerstreit zwischen Hoffen auf Erleuchtung und Angst vor Wahnsinn. Chögyam Trungpa beschreibt die schließliche Aufgabe und das Licht, das sich, wenn du nicht mehr kämpfst, in einer sehr intensiven gleichzeitigen Erfahrung von Schmerz und Freude offenbart. Er schreibt über die Verwirrung des Geistes in diesem Zustand, wenn keine Möglichkeit zu der Einsicht besteht, dies mit dem erleuchteten Bewusstseinszustand zu verbinden. Das führt dazu, dass sich diese Energie immer mehr steigert, sich daraus die Tendenz des Ergreifens und daraus die Erfahrung der sechs Bereiche der Welt wieder entwickeln. Über den Moment des Erkennens des NICHTS, der Wahrheit, des Glanzes, wie er es nennt, schreibt er:

„Es ist nicht Sicht, denn wenn du einen Anblick hast, musst du ansehen, und ansehen ist in sich eine extrovertierte Weise, sich selbst vom Angesehenen zu trennen. Es ist nicht Wahrnehmung, denn sobald du beginnst wahrzunehmen, führst du diese Erfahrung in das eigene System ein, was wiederum eine dualistische Art der Beziehung darstellt. Du kannst noch nicht einmal darum *wissen,* denn solange es einen Beobachter gibt, der dir erzählt, dass dieses deine Erfahrungen sind, trennst du diese Energien immer noch von dir ab."[3]

Und weiter unten:

„Hätten wir einen definitiven Wahrnehmenden, so könnte es zu Offenbarungen eines Gottes oder äußerer Wesenheiten kommen, und diese Wahrnehmung könnte *fast* an die nichtdualistische Ebene heranreichen. Solche Wahrnehmung wird sehr angenehm und beglückend, denn da ist nicht nur der Beobachter, sondern auch noch etwas viel Subtileres, eine

---

[3] Das Totenbuch der Tibeter, herausgegeben von Francesca Freemantle und Chögyam Trungpa, 17. Aufl., München 1995, Diederichs Verlag Hervorhebungen stammen von der Autorin

sehr fundamentale spirituelle Wesenheit, eine subtile Vorstellung oder Regung, die nach außen schaut. Sie beginnt eine wunderschöne Ahnung von Weite und Offenheit und Seligkeit wahrzunehmen, welche *zur Vorstellung der Einheit* mit dem Universum *verleitet*. Es könnte sehr leicht werden, diese Empfindung von Offenheit und Weite des Kosmos herbeizuführen. Es ist wie die Rückkehr in den Mutterschoß, eine Art Geborgenheit. Als Folge der Inspiration dieser Einswerdung wird solch ein Mensch von selbst liebevoll und freundlich und spricht mit beflügelter Zunge. Es ist durchaus möglich, in solch einem Zustand gewisse Formen göttlicher Visionen zu haben oder die Annäherung einer Präsenz wahrzunehmen." [4]

Und sofort weist er warnend darauf hin, dass auch das nicht real ist, sondern Projektion:

„Es ist möglich, dass ein Mensch, der eine solche Beziehung zu sich und seinen Projektionen hat, in der Periode des Bardo-Zustandes äußerst unangenehm berührt wird von den Visionen der Tathagatas, die *von seiner Wahrnehmung nicht abhängig sind. Die Visionen der Tathagatas laden absolut nicht zur Eins-Werdung ein, sie sind schrecklich feindselig. Sie sind einfach da, sehr unangenehm da, denn sie reagieren auf keine Bemühungen um Kommunikation.*

Die erste Vision, die erscheint, ist die Vision der friedlichen Gottheiten. Friedlichkeit ist hier nicht im Sinne der liebevollen und duftigen Erfahrungen gemeint, über die wir gerade gesprochen haben, sondern von vollkommen umfassendem Frieden, unerschütterlichem, unbesiegbarem Frieden; es ist der friedvolle Zustand, der durch nichts in Frage gestellt werden kann, der kein Alter, kein Ende und keinen Anfang hat.

---

[4] Das Totenbuch der Tibeter, herausgegeben von Francesca Freemantle und Chögyam Trungpa, 17. Aufl., München 1995, Diederichs Verlag
Hervorhebungen stammen von der Autorin

Das Symbol des Friedens wird in der Form eines Kreises dargestellt; er hat keinen Eingang, er ist ewig.

Nicht allein in der Bardo-Erfahrung nach dem Tod, sondern auch während unseres Lebens machen wir dauernd solche Erfahrungen. Verweilt ein Mensch bei jener Art der Einheit mit dem Kosmos – alles ist schön und friedlich und liebevoll – besteht doch die Möglichkeit, dass ihm etwas anderes dazwischenkommt, genau wie bei der Vision der friedlichen Gottheiten. Du entdeckst, dass es da eine Möglichkeit gibt, den festen Boden zu verlieren, dieses ganze Einssein zu verlieren, deine eigene Identität zu verlieren und in einer vollkommen harmonischen Situation aufzugehen, die, natürlich, die Erfahrung des Glanzes ist. *Dieser Zustand des absoluten Friedens scheint höchst erschreckend zu sein, und oft kann es passieren, dass Mut und Glauben eines Menschen durch einen solchen plötzlichen Einblick in eine andere Dimension, in der selbst der Gedanke der Einswerdung keinen Platz mehr hat, zutiefst erschüttert werden.*

Dann ist da die Erfahrung der rasenden Gottheiten. Sie sind eine andere Ausdrucksform der Friedlichkeit, die unbarmherzige, unbeugsame Eigenschaft, die keinerlei Ausweichen zulässt. Wenn du dich ihnen näherst und versuchst, die Situation umzugestalten, werfen sie dich zurück. Es ist genau das, was uns im Leben dauernd mit unseren Gefühlen geschieht. Irgendwie ist dieses Gefühl der Einheit, in der alles friedlich und harmonisch ist, noch nicht die letzte Wahrheit. Kommt es plötzlich zu einer Eruption von Energien in der Form von Leidenschaft oder Aggression oder irgendeinem anderen Konflikt, dann weckt dich plötzlich etwas auf, es ist die rasende Eigenschaft der Friedlichkeit. Bist du in irgendeine ich-fabrizierte, einlullende Situation verstrickt, dann wird dich die unleugbare Wirklichkeit der Nacktheit des Geistes und der vielfarbige Aspekt der Emotionen aufwecken, wahrscheinlich mit einem sehr harten Schock...

Natürlich gib es immer die Möglichkeit, diese Mahnungen zu ignorieren und weiterhin an der ursprünglichen Ansicht festzuhalten. So könnte man die Vorstellung des Austritts aus dem Körper und des Eintritts in den Glanz, des darauf folgenden Erwachens aus dem Glanz und der Wahrnehmung dieser Visionen im dritten Bardo-Zustand symbolisch verstehen als Ausgeliefertsein an jenen offenen Raum – Raum ohne jeden Körper, auf den man sich beziehen könnte, so offener Raum, dass du gar nicht den Gedanken der Einswerdung haben kannst, weil es nichts gibt, womit oder wodurch man einswerden kann."[5]

Bei diesem neuartigen, erstmals wirklich verstehenden Lesen wurde vieles klar. Ich sah, dass für die Furcht all dieser Jahre ein Grund vorhanden war. Ich erkannte, dass da trotz des Verlustes einer persönlichen Identität ein sehr subtiles Ich in diesen Zuständen der Leere vorhanden sein musste – ein Ich, so subtil, dass es nicht fühlbar, nicht sehbar, nicht wahrnehmbar war. Es war nicht fühlbar, so wie man Ich normalerweise fühlt, wie man sich selbst normalerweise fühlt. Da war kein Ich als Körper oder Gefühl oder Gedanke, kein kristallisiertes Zentrum der Ich-Wahrnehmung, keine Person, aber dennoch – ein subtiles Ego musste da vorhanden sein. Da gab es jemanden, der Erfahrungen machte, der die Leere sah, der sie ablehnte und fürchtete. Und vor allem war da zwischen diesem subtilen Jemand und der Leere eine Trennung, waren immer noch Subjekt und Objekt vorhanden und deshalb war da Dualität, deshalb war da Leiden. Das war wirklich eine Offenbarung. Eine Offenbarung, die erst möglich wurde durch diesen einen Moment der Klarheit, der Wahrheit, der Nicht-Dualität, des Nicht-Subjekts und Nicht-Objekts, der aus purer Gnade einige Tage zuvor geschehen war, denn nun las und verstand ich von innen heraus, verstand aus eigener Erfahrung.

Ja, was hier als Licht und Glanz und unerschütterlicher Frieden beschrieben wird, die unbezwingbare, unbezweifelbare Leere, war all die Jahre äußerst erschreckend. Deshalb ist das auch

---

[5] Das Totenbuch der Tibeter, herausgegeben von Francesca Freemantle und Chögyam Trungpa, 17. Aufl., München 1995, Diederichs Verlag
Hervorhebungen stammen von der Autorin

noch gleichzeitig erscheinende trübe Licht der Illusionswelt – wie im Totenbuch beschrieben – so anziehend. Dieses trübe Licht ist nicht so unbezwingbar, nicht so absolut, nicht so unmenschlich, überwältigend und erschreckend – da ist Platz für Träume, da ist Platz für ein bisschen Ich. In diesem Hingezogensein zum trüben Licht der Illusion, in dieser Unfähigkeit, sich restlos und bedingungslos hinzugeben und die Leere nicht abzulehnen, in dieser Unfähigkeit, *vollständig* zu verschwinden in der Leere, in diesem erschreckenden NICHTS, diesem absoluten, unerschütterlichen, unbezwingbaren Frieden, erscheint wieder die Tendenz des Greifens. Es erscheinen Gefühle und Gedanken, dann erscheint wieder der Körper, erscheint wieder das Ego, erscheint die Welt. Und „ich" war wieder da – für eine Weile, bis der Tod mit allem Schrecken wiederkam und „ich" wieder verschwand, der Körper verschwand, alles verschwand woran man sich halten könnte, bis wieder die Leere hereinbrach. Und doch wurde all die Jahre jedes Mal noch diese subtile Trennung aufrechterhalten, da die Bereitschaft und die Einsicht fehlten, direkt in diese erschreckende Leere zu gehen, dann erneute Hingezogenheit zur Welt der Illusion und so weiter und so weiter. Ja, das ist das Bardo des Lebens und das Bardo des Sterbens – das ist das Rad der Wiedergeburt – so oft erlebt in diesem einen Leben. Aber erst vor eineinhalb Jahren vermochte ich das als solches zu erkennen.

In den folgenden Wochen las ich diese Texte immer wieder, sie waren mir Führung und Warnung und Begleitung. Fast war ich froh, diese Erfahrung von Weite, Offenheit und Einheit mit dem Kosmos, von der Chögyam Trungpa warnend spricht, nie gemacht zu haben, denn was ich immer wollte, war absolute Wahrheit. Ich wollte kein Einlullen, ich wollte nicht ausruhen im Bereich der Götter. So war ich dankbar, dass meine Erfahrung schrecklich war. Denn all die Jahre in diesen Zuständen der Ich-losigkeit, der Personen- und Identitätslosigkeit und der Leere war dennoch das vorhanden geblieben, was Chögyam Trungpa „einen definitiven Wahrnehmenden", „einen Beobachter" nennt, der dir berichtet, dass dies deine Erfahrung ist. Und das war *getrennt* geblieben von der Leere. Nur war die daraus resultierende Erfahrung für mich nicht beglückend, sondern erschreckend gewesen – in Angst vor diesem unendlichen Raum. Und daher konnte ich damit nicht zufrieden sein, konnte mich damit nicht zufrieden geben, und das war gut so.

Es war sehr wichtig zu erkennen und zu beobachten, dass – außer in den immer noch kurzen Momenten der Wahrheit, der Stille, des Nicht-Objektes und Nicht-Subjektes, des vollkommenen, restlosen Verschwindens in der Leere, wie es erstmals einige Tage vorher geschehen war und nun immer wieder und immer länger geschah – selbst in den Bardo-Zuständen von Leere und Ich-losigkeit dieses subtile Ich, dieser Beobachter und Ablehner der Leere noch vorhanden war, auch wenn nach wie vor kein Ich in der gewohnten Weise wahrgenommen werden konnte. Und aus dieser Ablehnung entstand die Angst. Dieses Erkennen hatte auch eine neue Qualität, es kam nicht aus dem Verstand. Der Verstand brauchte immer eine ganze Weile um mitzukommen, soweit er das überhaupt konnte. Was in diesem ganzen Prozess geschah, war pures, reines Erkennen, Sehen aus der Stille heraus und mit überdeutlicher Klarheit. Eine überdeutliche Klarheit der Unterscheidung geschah hier, eine Klarheit, die keine Diskussion zuließ.

Der Unterschied zwischen Stille, die erstmals wenige Tage zuvor geschehen war, und diesem Bardo-Zustand der Leere und Ich-losigkeit, den ich so viele Jahre kannte, und in dem sich immer noch eine Ablehnung, ein Widerstand, ein subtiles Ich aufrechterhielt, wurde offensichtlich. Stille, so nenne ich unbeholfen DAS, was nicht zu beschreiben, nicht zu benennen ist – Stille, die dasselbe ist wie Wahrheit, unbedingte Realität, unerschütterlicher Friede, DAS, leuchtende Klarheit, Gott, Glanz, Ungetrenntheit jenseits von Einheit, unendlicher Raum, Meer des Bewusstseins, unendliche Weite, jenseits jeglicher Erfahrung, in Abwesenheit von jeglichem noch so subtilen Ich.

Ich schrieb ungefähr eine Woche nach diesen ersten Satsangs mit Samarpan:

„Da ich nicht mehr zurückgehen kann – ich finde immer

noch keinen Grund zurückzugehen – bin ich einfach hier, beobachte und bewege mich nicht von der Stelle. Zum ersten Mal beginne ich diesen eigenartigen Zustand zu erforschen, denn all die Male zuvor während der letzten 22 Jahre sah ich es als einen Fehler an und hatte daher keinen Grund, näher hinzusehen.

Da ist NICHTS, stilles NICHTS, nicht einmal Schwärze, einfach NICHTS. Immer noch ist es furchteinflößend. Gedanken kommen und gehen, aber da ist keine Verbindung zu ihnen, Gefühle kommen und gehen wieder, ohne eine Verbindung. Und immer noch bestehen Ablehnung und Furcht gegenüber diesem NICHTS. Dann nähert sich etwas, Furcht, Verlangen, oder Erwartung von etwas. Diese Phänomene tendieren dazu, sich anzuheften, und dann beginnt der Schmerz. Was ich da sehe, ist wohl einfach der Ausdruck des Ego in seinen Aspekten, das gegen das NICHTS kämpft, das sich wehrt, ausgelöscht zu werden, das gegen seinen Tod kämpft. Genau das finde ich auch in der Lektüre des Bardo Thödol. Also beobachte ich weiter. Ich sehe, da ist noch Anhaftung vorhanden, da gibt es selbst in diesen Zuständen von Leere und Ich-losigkeit noch ein subtiles Ich. Ich kann diesen Prozess nicht stoppen. Ich kann den Beobachter nicht stoppen. Er ist wie ein Kristall, wie ein Scanner, sehr klar, ziemlich hart und stabil wie ein Fels. Dieser Beobachter ist es, der erkennt, was ich oben ausführte. Es gibt keine Möglichkeit, mit ihm zu argumentieren."

Das Lesen solcher Texte – und ich las einiges in diesen Januar-Wochen, war völlig anders als früher. Ich las das Bardo Thödol und Osho, also Texte, die ich schon zuvor mehrfach gelesen hatte. Es war, als lese ich diese Texte nun von innen – und da war sofortiges Verstehen, direkt, ohne Umwege des Denkens. Ein Verstehen aus der Stille und Wahrheit heraus, aus eigener „Erfahrung" heraus. „Es ist, wie wenn man einen Kristall nun von innen betrachtet, den man zuvor nur von außen sah", schrieb ich dazu. Mir fiel auch auf, dass ich vieles überhaupt nicht erfasst hatte. Zum Beispiel hatte ich mich oft gefragt:

„Warum hat Osho das nicht gesagt – es wäre soviel einfacher gewesen!" Und nun schlug ich eines seiner Bücher auf – und da stand es geschrieben. Ich hatte es die ganzen Jahre gesehen, jedoch nicht wahrgenommen.

Gleichzeitig arbeitete ich natürlich weiter, was völlig in Ordnung war. Nach wie vor hatte ich eine 60-Stunden-Woche. Meistens befand ich mich in diesem „Bardo-Zustand", wie ich jetzt diesen Zustand der Leere und Ich-losigkeit, den ich zuvor als Limbo bezeichnet hatte, für mich benannte. Es trat wie Wellen auf, unabhängig von Aktion oder Nicht-Aktion, von Sprechen oder Nicht-Sprechen. Manchmal schien das NICHTS aus allen Zellen, aus jedem Atom zu quellen, und dann war es einfach da, während ich weiter tat, was zu tun war. Es war kein Problem, dass Handlungen gleichzeitig abliefen. Weiter schrieb ich in diesen Wochen:

„Ich habe den Eindruck, als würde ich zum ersten Mal meditieren. Da ist jetzt dieser Punkt, dieser Beobachter, der nicht berührt ist. Auch zuvor hatte ich beobachtet, aber ich hatte mit einem anderen Teil meines Verstandes beobachtet – Verstand, der Verstand beobachtet, Verstand, der Gefühle beobachtet, was durchaus einen gewissen Effekt brachte. Jetzt ist es anders: Stille beobachtet den Verstand, die Gefühle, das Ego. Dieses Beobachten hat Kraft, es hat die Qualität eines Kristalls – hart und klar. Es ist wie das Licht einer sehr starken Taschenlampe, das viele Gesichter des Ego enthüllt. Es enthüllt Schichten des unbewussten und unterbewussten Verstandes, die ziemlich erschreckend sind. All dies geschieht vor allem in diesen Bardozuständen. Da ist Nichts, da ist Sehen, aber da ist keiner, der sieht, kein wahrnehmbares Ich, und dann steigen aus diesem Nichts, aus dieser Leere all die bisher nicht bewusst gewesenen Strukturen, Identifikationen, Programme und Tendenzen, all diese tief vergrabenen Gedanken, Gefühle und Dämonen herauf wie Blasen. Auch diese sich hier im Licht der Wahrheit enthüllenden Schichten des Unterbewusstseins werden sehr klar als Projektionen des Geistes erkannt. Diese Projektionen tendieren dazu, größer und größer zu werden, sie werden dann wie Teufel und Dämonen, sie greifen und heften sich an und oft haken sie sich wie mit einem „Klonck" quasi ein. Und natürlich herrschen da Angst, Schmerz, Schuld, Ekel und all das. Und ich kann nichts tun. Ich kann sie nur da sein lassen, mich ihnen stellen, sie in all ihrer Schrecklichkeit fühlen und annehmen wie sie sind, ohne über sie nachzudenken, und still dabei bleiben. Manchmal lösen sie sich von selbst auf, manchmal verschwinden sie, und dann ist es, als ob man einer riesigen Last ledig geworden wäre. Aber sofort steigt der nächste Dämon hoch oder derselbe kommt immer wieder. Manchmal verschwinden sie auch für lange Zeit nicht. Aber es gibt auch Momente purer Freude und Momente, in denen ich ganz verschwinde, in denen auch diese subtile Ablehnung, dieses subtile Ich verschwinden und nur noch DAS, Stille da ist, ungetrennt von dem was ich bin. Dieser Prozess der Enthüllung, des Beobachtens und Fühlens läuft permanent, die ganze Zeit, 24 Stunden täglich ab, egal ob ich arbeite oder esse oder sonst etwas tue, ob ich schlafe oder still sitze. Ich kann es nicht stoppen und will es auch gar nicht. Ich habe es zwar versucht, weil ich gerne experimentiere, aber es geht weiter."

Nach wie vor gab es zwar immer wieder Ablehnung und daher immense Furcht vor der Leere und Ich-losigkeit, und daher kam auch immer wieder diese subtile Trennung auf, aber ich konnte diese Zustände trotzdem nicht mehr als falsch betrachten. Das Beurteilen dieser Zustände war verschwunden. Was jetzt geschah, war okay für mich, ich ließ es einfach gegenwärtig sein, auch wenn es unangenehm oder erschreckend war. Es schien seine Richtigkeit zu haben – ein unvermeidlicher Prozess lief ab.

Im Februar besuchte ich an einem Wochenende ein Retreat mit Samarpan. Ich erzählte sehr kurz und unvollständig, was geschah, und dass ich nicht mehr davon ausginge, dass diese Zustände falsch seien. Ich schilderte mein Erleben beim Lesen von Suzanne Segals Bericht und auch die erste Erfahrung der

Leere vor 22 Jahren. Ich erzählte von der neuen Qualität eines Kristalls und auch darüber, dass da viel Angst entsteht und viele schmerzhafte, unangenehme Emotionen auftauchen. Ich berichtete auch vom andersartigen Verstehen dieser alten Texte, als ob ich sie jetzt von innen verstünde. Er antwortete:

Samarpan: „Also ist die Beurteilung nicht mehr da. Du kannst einfach damit entspannen. Jetzt kannst du Osho lesen, und du hörst Osho. Gestern habe ich ein Video über das tibetanische Totenbuch gesehen. Ein Rinpoche sprach über die Tradition der tibetischen Buddhisten und wie die Rinpoches in der Lage sind, Buddha mit uns aus ihrer eigenen Erfahrung, von innen heraus, zu teilen. Das ist es, was du erfährst – du kannst Jesus lesen und Sokrates lesen und du kannst Osho oder Buddha lesen, und du bist in der Lage es von innen zu lesen, es von deiner eigenen Erfahrung her zu lesen. Ja, ja, ja sehr gute Neuigkeiten."

Was er da sagte, war wie eine Bestätigung – und die hatte ich auch dringend nötig. Damit hatte er Öl in das Feuer gegossen, das sowieso schon lodernd brannte.

In den folgenden Monaten erfuhr ich, warum in der Bibel steht „Gott ist ein eifersüchtiger Gott". Samarpan hatte im letzten Retreat viel von der notwendigen 100%igen Bereitschaft gesprochen. Er hatte immer wieder betont, dass Bereitschaft vorhanden sein müsse, alles, aber auch alles aufzugeben, und das *ohne* zu wissen, was man dafür bekommt oder ob man überhaupt etwas dafür bekommt. Ja, genau so fühlte es sich an! Und immer wieder erhob sich die Frage: „Bist du bereit, das aufzugeben, alles aufzugeben?" Teilweise handelte es sich um sehr banale Dinge. Zum Beispiel erinnere ich mich – es war irgendwann im März, dass ich daran dachte, dass bald der Flieder blühen würde und sofort die Frage kam: „Bist du bereit, den Flieder nie mehr blühen zu sehen?" Oder: „Bist du bereit, deine Beziehung aufzugeben? Bist du bereit, erfolglos zu sein?" So ging es weiter und weiter, jeden Tag. Insbesondere tauchten alle Vorstellungen auf, die ich mit dem Begriff von Erleuchtung verknüpft hatte. Es wurde klar, dass Gott, dass DAS nur um seiner selbst willen geliebt werden will und kann, nicht aber um irgend etwas zu erreichen oder irgend etwas zu gewinnen – auch nicht Glück, Gutsein, Erleuchtung, Erlösung und nicht mal Frieden. Immer wieder: „Ist es okay für dich, wenn es da kein Glück geben sollte? Ist es auch okay für dich, wenn du dann nicht gut sein solltest? Ist es auch okay für dich, wenn da keine Erlösung passieren sollte? Ist es okay für dich zu sterben, ohne jede Hoffnung auf Auferstehung? Bist du bereit, *nicht* zu sein? Willst du wirklich nur DAS, ohne jeden Hintergedanken, ohne jeden Wunsch, ohne irgend etwas, wozu es führen soll? Ist es okay für dich, wenn du verrückt wirst? Was, wenn da immer Öde und Grauheit ist? Bist du bereit, für immer allein zu sein?" usw. usw… Jede dieser Fragen war mit einem ganzen Schwanz von Gefühlen verbunden, all den Gefühlen von Hoffnung, Angst und Schmerz, von Sehnsucht und Traurigkeit, den Gefühlen, die mit der jeweiligen Vorstellung, der jeweiligen Erwartung, dem jeweiligen Wunsch, der jeweiligen Ablehnung, der jeweiligen Identifikation verbunden waren. Viele dieser Gefühle gebärdeten sich äußerst wild, wie Dämonen mit Zähnen und Krallen, unberechenbar, stürmisch und gefährlich. Wieder und wieder vernahm ich dann in meinem Kopf die Stimme Samarpans: „Nimm jedes Gefühl vollkommen an, so wie es ist, ohne es ändern und ohne es beenden zu wollen. Gehe in die Mitte des Gefühls und sieh, was da ist!" Da ich ihm vollkommen vertraute, tat ich das. Oder besser, ich ließ alles geschehen ohne mich zu wehren, auch wenn sich da oft zuerst großer Widerstand erhob: „Oh Mist, nicht das! Das ist zuviel! Das kannst du nicht aushalten! Das ist zu schmerzhaft!" Ja, immer wieder kam es zu Kämpfen, und immer wieder ließ ich es dann schließlich geschehen, ohne einzugreifen, sagte Ja zu dem Gefühl, das da auftauchte, fühlte es so wie es war, ohne nach seinem Grund, seiner Ursache zu fragen, ohne es zu analysieren, ohne Hoffnung, dass es aufhören oder sich ändern würde. Sagte Ja, es ist in Ordnung für mich, ich bin bereit es vollkommen zu fühlen, es ist willkommen, es darf sein, selbst wenn es nie aufhören sollte. Und dann richtete sich die Aufmerksamkeit auf die Mitte dieses Gefühls. Das Annehmen und das ins Zentrum gehen waren eigentlich eines, in der vollkommenen Annahme geschah das ganz von selbst. Manchmal tauchte dann unter einem Gefühl ein anderes auf, und dann kamen da wieder Hingabe, Akzeptanz: Ja, okay – auch das ist okay – ja, ich bin bereit den Schmerz zu fühlen. Ich fühlte den Schmerz, die Angst, die Furcht, den Schreck, die Traurigkeit, die Wut, die Sehnsucht, alles wieder und wieder. Und immer wieder fand ich DAS, Leere, Stille, Liebe im Zentrum all dieser Gefühle und in all diesen Dämonen. Fand ‚ich' ist auch nicht ganz richtig, denn ich verschwand dabei restlos, war nicht mehr da. Und das hieß noch nicht einmal, dass dann das Gefühl immer fort gewesen wäre. Manchmal war das Gefühl weg, manchmal blieb es, blieb der Schmerz oder was auch immer noch für eine Weile, aber ich war nicht mehr da, und Stille, Frieden, Leere waren da, waren unberührt, unbewegt. Alle „um zu" verschwanden auf diese Weise nach und nach. Auch alle Vorstellungen verschwanden nach und nach, sie verloren langsam ihre Kraft und ihre Macht. Ja, es wurde klar, dass Gott, dass DAS nur um seiner selbst willen geliebt werden kann, dass Wahrheit nur um ihrer selbst willen realisiert werden kann und nicht um irgend etwas zu erreichen, nicht um irgendwie zu sein oder zu werden, nicht um irgendeine Art von Erfahrung oder Zustand zu erleben oder irgendeine Art von Erfahrung zu vermeiden. Ich erfuhr und erkannte: Es ist Sterben, es ist kein Werden, sondern ein Entwerden, kein Erreichen, sondern ein Aufgeben, kein Tun, sondern Hingabe.

So zeigte mir Samarpan, was Hingabe ist. Ich begann, meinen Namen zu verstehen. Es war, als hätte er mir diesen Namen nochmals gegeben. Hingabe ist kein Akt, ist nichts was man tut. Es ist ein Nicht-Tun, ein Nicht-Tun auch im Tun, ein Nicht-Tun im Fühlen, ein Ende des Widerstandes, ein Ende des Kämpfens. Es ist einfach ein Ja-Sagen zu dem was geschieht, zu dem was ist. Es ist kein kleinlautes, schwaches Ja, es ist nicht feige oder schwächlich. Es ist kein „Ja, aber". Kein „Ja, und was dann"? Es ist auch kein „Ja, ich kann ja sowieso nichts machen", es ist nicht resignierend. Es ist kein klein beigeben. Es ist nicht Hingabe an irgendjemanden, nicht an eine Person, nicht an eine Idee, nicht an eine Sache. Es ist stete Hingabe an Wahrheit, an Liebe, an DAS. Es ist ein starkes, ein wildes Ja, ein Ja, das kein Ende hat, ein Ja, das nirgendwo hin will. Ein Ja ohne die Möglichkeit eines Nein. Und wenn das Ja vollkommen ist, was bleibt dann? Sich hingebend jenseits jeder Hingabe, überströmend DAS. Hingabe ohne jemanden, der hingibt und ohne jemanden, an den Hingabe geschieht. Da ist niemand. Göttlicher Tanz, göttliche Liebe. Überströmend aus Nichts. Überströmend aus sich selbst in sich selbst. Unendlicher Raum... Und der Körper, der Verstand werden einfach zu einem Werkzeug Dessen zu strömen und sich zu entfalten. Keine Ablehnung... kein Wunsch... kein Nicht-Verstehen... keine Trennung... keine Erfahrung... kein ich... kein du... unendlicher Raum... unendliche Liebe........ .... das war der weglose Weg.

Langsam und allmählich verschwand damit auch die Ablehnung der Leere, des NICHTS. Immer wieder traten Zustände von Leere, manchmal verbunden mit der Erfahrung von Öde und Grauheit, auf, Ich-losigkeit verbunden mit der Erfahrung von Hohlheit. Und immer, wenn ich auch das angenommen und akzeptiert hatte – und hier zeigte sich der größte Widerstand – immer, wenn ich bereit war, diese Erfahrung vollkommen zu erfahren – diese endlose, vollkommene Grauheit bis in alle Ewigkeit, dann war da nur noch Stille, nur noch grenzenloser Raum, Klarheit, keine Erfahrung mehr, kein Ich, keine Ekstase und keine Öde, keine Hohlheit, dann war die subtile Trennung verschwunden, dann war kein Subjekt und kein Objekt mehr vorhanden – NICHTS – Raum – Unendlichkeit. Und aus der Wahrheit, aus der Unendlichkeit betrachtet, war Grauheit, Öde und Hohlheit auch einfach nur eine Erfahrung, die kam und die ging, genau wie Schmerz, wie Angst, wie Freude, genau wie alles andere. Ja, es war tatsächlich genau so wie Samarpan gesagt hatte. Aber anscheinend musste ich das immer wieder überprüfen.

Immer öfter kamen und immer länger wurden diese Zeiten der Stille, der Leere, des NICHTS, in denen auch die subtile

Trennung aufgehoben war, in denen es *nur noch DAS* gab und keinen, der erfährt, und auch keine Erfahrung, keinen, der ablehnen oder wollen oder sich fürchten könnte, kein Subjekt, kein Objekt. Die Schönheit und Wahrheit DESSEN begann sich zu enthüllen und ich hörte nach und nach auf, mich um die Farbe des Grases zu kümmern, hörte auf, mich um Glückseligkeit zu bemühen oder mich um irgendwelche sonstigen Erfahrungen zu kümmern. Jetzt war ich in Liebe gefallen mit Leere; dazu hatte mir die Bestätigung Samarpans den Mut gegeben. Seither bin ich in Liebe mit DEM.

Die Sehnsucht war stark – so stark dieser Sog. Das Feuer brannte und ich entzog mich ihm nicht, ließ alles verbrennen. So sehr wollte ich immer nur Nichts sein, nur Sein, Stille sein, ungetrennt, aufgelöst und verschwunden sein. Immer häufiger geschahen Momente der Klarheit, der Wahrheit, der Stille, der Nicht-Dualität. Sie geschahen einfach – ich konnte es nicht herbeiführen. Und jeder dieser Momente verstärkte den Sog, die Liebe, die Sehnsucht, verstärkte das Feuer. Ich wollte die Wahrheit, wollte DAS nicht mehr leugnen, was sich da in diesen Momenten reiner Stille immer wieder offenbarte, was ich aber natürlich nicht erinnern, wissen oder festhalten konnte. Darauf richtete ich die Aufmerksamkeit wieder und wieder, und dennoch kam es immer wieder zu Kämpfen und Widerstand und Leugnen. Und mit jedem Kämpfen, jedem Widerstand, jedem Leugnen, jedem Wollen war da wieder Trennung, war da wieder ich, waren da wieder Illusion und Identifikation, war da wieder Leiden.

Und auch der Verstand bäumte sich gelegentlich wieder auf und wollte unbedingt, dass da etwas anderes wäre, etwas, wonach er weiter suchen, worum er weiter kämpfen könne...

Meistens jedoch erhielt ich die Disziplinierung des Verstandes aufrecht – er musste sich einfach um *seine* Aufgaben kümmern. Und dann saß ich einfach still in meinem Zimmer und war mit der Leere. Oft lag ich auch da, denn manche der Dinge und Gefühle, die da hochkamen und geschahen, waren so stark, so sturmartig, schmerzhaft und gewaltig, dass ich nicht mehr sitzen konnte, sondern nur noch flach am Boden lag.

Ich war in Liebe mit Stille und verlor dennoch immer wieder die Aufmerksamkeit für die Stille, die Leere. Es gab auch viel Aufregung in diesen Wochen – mein Schwiegervater war sehr krank geworden und musste gleichzeitig umziehen, weswegen wir viel für ihn arbeiteten. Aber das war kein Problem, das hinderte die Stille nicht. Ich erkannte, dass es nicht irgendwelche Handlungen waren, nicht Sprechen, nicht Lesen, nicht einmal Denken oder Tun, die ein Bleiben in der Leere, in der Stille verhinderten. Und dennoch verlor ich immer wieder die Aufmerksamkeit für die Stille.....

14. Feuer

„Lass den Schmerz einfach geschehen. Lass ihn all die Spuren von Ego verbrennen, spirituellem Ego, oder irgendeiner anderen Art von Ego. Lass alles verbrannt werden. Das ist das Feuer der Reinigung. Stirb in diesem Feuer. Weigere dich, dich zu bewegen. Lass das Feuer seine Arbeit tun."

SAMARPAN

Nach Ostern, etwa Mitte April, fragte ich Samarpan während eines Retreats:

Pyar: „Ich erfahre in den letzten Wochen, dass Stille tatsächlich nicht von irgendwelchen Umständen abhängig ist. Dennoch verliere ich immer wieder die Aufmerksamkeit für die Stille. Wie kann man das vermeiden? Ist es einfach so, dass man sich ihr immer wieder zuwendet?"

Samarpan: „Du kannst es nicht vermeiden. Solange da eine Anziehung zu irgendetwas in der Welt der Illusion besteht, kannst du nicht vermeiden, in den Verstand zurückzugehen. Und die Antwort ist, Ja – wende dich immer wieder und wieder zur Stille zurück. Je mehr Aufmerksamkeit du der Stille widmest, desto stärker fühlst du ihren Sog und umso weniger fühlst du den Sog der Illusion. Zum anderen: Wenn du dich zur Illusion gezogen fühlst, schau genau hin. Schau tief, schau still in die Illusion. Schau genau! Sieh, ob da irgendetwas real ist, ob dir da irgendetwas bleibende Zufriedenheit gibt. Das ist es, was ich mit real meine."

Pyar: „Sobald ich hinsehe, ist es Nichts. Aber manchmal vergesse ich einfach zu schauen oder verliere die Aufmerksamkeit, es entgleitet."

Samarpan: „Ja, die alten Gewohnheiten. Und unter den alten Gewohnheiten steckt die subtile Idee, dass da etwas ist. Es mag sogar sein, dass es nichts ist, was du fassen kannst – nur einfach dieses Gefühl, dass du etwas verpassen könntest, wenn du der Illusion keine Aufmerksamkeit schenkst. Also schau aus der Stille darauf. Wenn du das mit einem stillen Verstand tust und die Wahrheit sagst, dann verliert es seine Kraft. Zu wissen dass es Illusion ist, reicht nicht. So lange es einen Sog auf dich ausübt, bringt der Glaube, es sei Illusion, nichts. Du musst es wirklich herausfinden. Schau tief! Du wirst wissen, wann du tief genug geschaut hast, denn dann wird es nicht mehr an dir ziehen. Es wird dich nicht mehr aus der Stille ziehen."

Ja, den Zug der Stille, den Sog der Stille kannte ich. Aber was war der Sog der Illusion, was war dies Subtile, das ich tatsächlich nicht fassen konnte? Was war diese subtile Idee, dass da etwas sei?

In der folgenden Nacht schreckte ich plötzlich aus dem Schlaf hoch. Eine Stimme sagte sehr laut – und diesmal war es nicht Samarpans Stimme: „Stop searching!" („Hör mit dem Suchen auf!"). Ich war furchtbar erschrocken – die Stimme war schrecklich laut und wie ein Schlag. Ich war hellwach. Ja, genau das war es. Immer noch war da ein Suchen. Immer wieder suchte der Verstand nach etwas anderem *und* außerdem war da ein Suchen nach diesen Momenten der Klarheit, der Wahrheit, der Nicht-Dualität. Ja, auch das war ein Suchen, ein Wollen, ein Weglaufen! Ein Weglaufen vor dem, was jetzt ist. Und ich hörte damit auf.

So berichtete ich am nächsten Tag, dass wohl dieses Suchen mich immer wieder aus der Stille, aus der Leere zog – wirklich eine alte Gewohnheit. Und Samarpan sagte: „Wenn du aufgehört hast zu suchen und zu kämpfen, bist du in der Mitte des Flusses. Du schwimmst nicht mehr gegen den Strom, du kämpfst nicht mehr, du bist in der Mitte des Stromes. Der Fluss wird in den Ozean münden, du weißt nicht wann und das spielt auch keine Rolle – genieße einfach die Reise." „Ich bin aber ein guter Kämpfer!" erwiderte ich und er sagte: „Es ist okay, du kannst kämpfen, du bewegst dich damit an den Rand des Flusses und wirst dich an den Steinen blutig schlagen, aber du kannst den

Fluss nicht aufhalten." „Ja, ich weiß", sagte ich. Stille blieb unberührt und unverändert für den Rest des Tages. Stille, Frieden, Ruhe, keine Trennung. Ein weiteres Gespräch fand am nächsten Nachmittag statt:

Pyar: „Ich fühle eine Scheu zu sprechen. Es ist keine Frage. Ich möchte einfach mitteilen, was ich diesen Morgen erkannte: Mir kam der Gedanke an das Kämpfen wieder in den Sinn und ich dachte, eigentlich will ich gar nicht mehr kämpfen. Vielleicht habe ich mich in den letzten Jahren blutig genug geschlagen. Und dann beim Frühstück erkannte ich plötzlich – es ist gar nicht *möglich,* noch zu kämpfen. Und das aus mehr als einem Grund: Erstens, wenn ich mich entscheide zu kämpfen, bedeutet das, die Wahrheit verleugnen zu müssen, und zweitens, ich fand einfach keinen Kämpfer mehr. Ich kann die Wahrheit nicht verleugnen. Ich kann's nicht sagen – es ist zu groß. Und vielleicht ist da noch ein dritter Grund: Es gibt keinen Grund zu kämpfen."

Samarpan: „Schau, Kämpfen ist in Wirklichkeit eine Abwehr. Es ist eine Abwehr, die ein Angriff ist. Du erkennst jetzt, dass es da nichts zu beschützen gibt, dass das, was wir all unsere Leben lang zu beschützen versucht haben, tatsächlich nichtexistent ist. Diese Idee von uns selbst ist es, worum das ganze Kämpfen geht, worum alle Kriege gehen."

Pyar: „Im Moment sehe ich nur Gnade oder Liebe oder Gott".

Samarpan: „In dem Moment, in dem deine Augen offen sind, siehst du klar. Und das ist es, was ich mit dir diesen Morgen nach dem Satsang erfahren habe. So eine schöne Offenheit. Sehr gute Neuigkeiten."

Pyar: „Aber der Verstand nörgelt immer noch."

Samarpan: „Was sagt der Verstand?"

Pyar: „Er sagt, das sei arrogant."

Samarpan: „Lass uns das betrachten, das ist sehr gut. Wie kann ich so arrogant sein zu denken, ich sei Gott? Das ist keine Arroganz. Arroganz ist zu denken, du seist von Gott getrennt. Arroganz ist, dass ich jemand bin, getrennt von der Quelle. Zu erkennen, dass du DAS bist, ist wahre Demut. Das ist meine eigene Erfahrung. Es ist so ehrfurchtgebietend. Also höre nicht auf den Verstand! Dies ist ein gutes Beispiel dafür, dass der Verstand nichts über die Wahrheit weiß. Er kann nicht wissen. Es ist nicht möglich."

Pyar: „Das ist eine sehr alte Geschichte, vielleicht tausend Jahre alt."

Samarpan: „Ich verstehe das. Es ist so leicht misszuverstehen. Und das ist unser ganzes christliches Erbe, unsere christliche Programmierung. Das Missverstehen des Christentums."

Pyar: „Es macht mir immer noch Angst. Wie vor einer Falle."

Samarpan: „Was ist die Angst?"

Pyar: „Ich kann's nicht sagen."

Samarpan: „Also geh einfach in die Angst hinein. Was findest du da?"

Pyar: „Macht, Kraft."

Samarpan: „Das ist es, wovor du Angst hast. Du hast Angst, Macht zu missbrauchen. Du hast das schon einmal getan. Also, Macht, Kraft in den Händen des Ego sind sehr hässlich. Dieselbe Macht, dieselbe Kraft in den Händen der Wahrheit – so schön. Du musst vor der Macht keine Angst haben. Freunde dich an mit der Kraft. Geh ins Zentrum dieser Kraft. Was findest du da?"

Pyar: „Es ist wie ein Wirbel. Es ist immer noch unglaublich mächtig, gleichzeitig aber ruhig."

Samarpan: „Ah, ja, das ist deine Kraft, deine Macht. Dort gibt es nichts, wovor man Angst haben müsste. Wenn du in der Wahrheit stehst, ist dieses schöne Schwert der Kraft in guten Händen. Macht kann nur missbraucht werden, wenn du denkst, dass du jemand bist."

Puh, da kamen all die uralten Erinnerungen wieder hoch. Vor langer Zeit, im Jahr bevor ich Sannyasin wurde, war ein Damm gebrochen und viele Erinnerungen an vergangene Leben waren aufgetaucht. Sie kamen einfach, ich hatte nicht darum gebeten, es gewollt oder irgendeine Technik dafür benutzt. Es geschah einfach, und es geschah sehr plötzlich. Ja, und es war wahr, ich hatte damals vor mehr als tausend Jahren Macht missbraucht. Es war eine schreckliche, wirklich hässliche Geschichte, und sie entsprang einer Pseudo-Spiritualität, sie geschah aus einem spirituellen Ego heraus. Und das war es, wovor ich jetzt Angst hatte. Jetzt waren sie wieder da, all die Schuldgefühle, die Verzweiflung, die Reue, und auch die Erinnerungen an die Leben, die folgten. Das berichtete ich am nächsten Tag und Samarpan antwortete: „Also hier ist das Geheimnis: So lange du diesen Schmerz vermeiden willst, bleibt er mit dir." „Ich will ihn nicht vermeiden", sagte ich. Er antwortete: „Gut, dann lass den Schmerz einfach da sein. Lass ihn all die Spuren von Ego verbrennen, von spirituellem Ego oder irgendeiner anderen Art von Ego. Lass alles verbrannt werden. Das ist das Feuer der Reinigung. Stirb in diesem Feuer. Weigere dich, dich zu bewegen. Lass das Feuer seine Arbeit tun."

Und so war es. Der Schmerz war da, und er war sehr heftig. Das Feuer brannte. Und ich bewegte mich nicht. Das blieb so während der restlichen Tage des Retreats und auch noch Wochen darüber hinaus. Es war nicht so, als ob Sünden vergeben würden und dann alles in Ordnung wäre. Nein, Schuld und Reue, Schmerz und Feuer waren einfach da, und es war okay so. Es gab kein Verlangen mehr, dass das aufhören sollte. Ich ließ das Feuer brennen. Solange es irgendetwas zu verbrennen gab, sollte es brennen. Ich begann dieses Feuer zu lieben, obwohl es immer noch brannte, es war erlösend. Ich erinnere mich, dass mein Körper vor langer Zeit verbrannt wurde, aber das hatte nicht geholfen, obwohl die Priester es versprochen hatten. Dennoch war auch das anscheinend notwendig gewesen, sonst wäre es nicht geschehen. Dieses Feuer jetzt war ein Segen und ein Geschenk. Und mit diesem Feuer verwandelte sich die Liebe zu DEM in eine verrückte Liebe, eine ausschließliche Liebe. Diese Liebe ist äußerst unpersönlich, aber heiß und machtvoll.

Wieder berichtete ich am nächsten Tag:

Pyar: „Die Angst ist nicht mehr da. Und der Schmerz ist kein Schmerz. Das Feuer ist da. Es hat sich in ein Feuer der Liebe verwandelt. Ich erkenne, dass ich diesem Feuer vertrauen kann und mir keine Sorgen um das Ego machen muss, denn ich sehe, das Feuer wird seine Arbeit tun."

Samarpan: „Alles geschieht, ja. Das Feuer kümmert sich um alles. Widme dem Feuer deine Aufmerksamkeit, nicht dem Ego. Lass das Ego alleine, es ist gut so. Schön."
Pyar: „In diesem Feuer finde ich die Stille wieder – immer."
Samarpan: „Ja."
Pyar: „Und es ist auch erstaunlich. Wenn ich jetzt an all diese uralten Geschichten denke, kommen da Bilder wieder, aber es ist wie in einem Roman, den ich irgendwann gelesen habe."
Samarpan: Lacht. „Ja, so ist es – als ob es weit weggeht. Es ist nicht ganz so, als ob es verschwände. Es wird unwichtig."
Pyar: „Und noch etwas geschieht da: Das Feuer intensiviert die Stille. Solch ein Geschenk!"
Samarpan: „Solch ein Geschenk. Glücklich."
Pyar: „Und es geht so schnell!"
Samarpan: „Erstaunlich, nicht wahr? Das sind die Zeiten. Das ist die Christusenergie. So schnell, einfach erstaunlich."
Pyar: „Danke."
Samarpan: „Ich liebe es, deine Transformation, das Erblühen zu beobachten. Es ist solch eine Freude."
Pyar: „Aber ich hatte nicht den Mut, es allein zu tun."
Samarpan: „Das ist in Ordnung. Das Leben hat sich um alles gekümmert. Es kümmert sich immer um alles und gibt dir genau das, was du brauchst."

15. Tiefere Hingabe – bedingungslose Offenheit

„Oh Freund, den ich liebe, denke genau nach,
Wenn du in Liebe bist, warum schläfst du?
Wenn du Ihn gefunden hast, gib dich ihm, nimm ihn.
Warum verlierst du seine Spur wieder und wieder?

Kabir wird dir die Wahrheit sagen.
So ist die Liebe:
Stell dir vor, du müsstest deinen Kopf abschneiden
Und ihn jemand anderem geben,
was würde das für einen Unterschied machen?"

KABIR

In diesem Retreat war eine weitere „Wende" eingetreten. Kämpfen und Suchen hatte ich aufgegeben. Was auch immer kommen mochte, war für mich in Ordnung. Ich wartete und hoffte auch nicht mehr auf Momente der Klarheit, der Stille, des Verschwindens der Identität, der Wahrheit. Ich war 22 Jahre lang vor der Leere davongelaufen, hatte immer die subtile Trennung, das subtile Ego, die Ablehnung dessen was geschah, selbst in den Zuständen der Leere und Ich-Losigkeit aufrechterhalten. Dann, nach diesem einen Moment der Wahrheit, des Erkennens, der Erleuchtung, nach diesem einen Moment des Verschwindens auch dieses subtilen Egos und der subtilen Trennung bestand in den vergangenen Monaten ein Sehnen nach der Leere, dem Verschwinden. Und in diesem Sehnen war genau dasselbe subtile Ego wie zuvor am Werk, nur mit umgekehrtem Vorzeichen. In diesem Sehnen lag dieselbe Trennung, nur jetzt nicht mehr in Form von Ablehnung, sondern in Form eines Wunsches. Das erkannte ich in jener Nacht, als die Stimme „Stop searching" rief.

Also gab ich auch den Wunsch nach Verschwinden und den Wunsch nach Auflösung auf, gab den Wunsch auf, dieses subtile Ego „loszuwerden". Ich gab den Wunsch nach „einem permanenten Zustand der Erleuchtung" auf, nicht weil dieser Wunsch Erleuchtung verhinderte, nicht um durch diese Aufgabe irgend etwas zu erreichen oder um durch diese Aufgabe eben jenen Zustand der Erleuchtung zu erlangen, sondern einfach aus der Erkenntnis, dass *absolut jeder* Wunsch, *jedes Ziel, jedes Suchen* ein Kämpfen gegen das was ist bedeutet, und dass alles Kämpfen, Wünschen und Ablehnen ein Verleugnen der Wahrheit ist, ein Verleugnen der Stille, ein Verleugnen Gottes, ein Verleugnen dessen ist, was ist und was wir sind. Und ich konnte die Wahrheit, die ich erkannt hatte, nicht mehr verleugnen.

So blieb ich einfach hier, blieb jetzt, wollte nirgends mehr hin. Ich lief vor nichts mehr weg. Und indem ich mich nicht mehr von der Stelle bewegte, verschwand ich, starb ich, war ich nicht mehr und Stille, DAS, unendlicher Raum war.

Und ja, immer noch „verlor ich seine Spur wieder und wieder". Das geschah immer dann, wenn auch nur der Hauch einer Ablehnung oder eines Wunsches und damit das wollende, ablehnende, beurteilende Ich auftauchten. Es geschah immer dann, wenn irgendetwas, irgendeine Erfahrung für mich nicht okay waren, wenn ich nicht bereit war, meinen „Kopf abzuschneiden". Und immer wieder und wieder hielt ich dann inne und die Stille fand mich wieder. So wuchs das Vertrauen. Immer, wenn ich anhielt und hierher zurückkam, fand mich die Stille. Immer war die Gnade gegenwärtig, sie war nie irgendwo hingegangen. Stille, Leere, Gnade, der unendliche Raum waren nie irgendwohin gegangen. DAS war immer da. Nur musste ich es immer wieder überprüfen.

Haben – mein – brauchen – Sorglosigkeit

Als ich nach dieser Woche im Retreat nach Hause kam, schaute ich mich um und alles war irgendwie eigenartig. Nichts war verändert und alles in Haus und Garten an seinem Platz, nur eben eigenartig. Es dauerte ein bis zwei Tage, bis ich herausfand, weshalb alles so sonderbar war: Es gab kein Gefühl von mein, von haben mehr, im ganzen Haus, im Garten, in der Praxis. Alles befindet sich an seinem Platz, um so wie immer benützt zu werden. Ich genieße alles nach wie vor, vielleicht sogar mehr als zuvor, aber da ist kein Gefühl mehr von *mein* Bett, *mein* Tisch, *meine* Bücher, *mein* PC oder was auch immer. Das war sehr erstaunlich, denn auch das hatte ich nicht beschlossen oder entschieden. Ich hatte mir nie vorgenommen, nichts mehr haben zu wollen oder zu sollen – ‚mein' und ‚haben' sind einfach verschwunden und seither nicht wieder aufgetaucht.

Mit dem Gefühl von mein und haben war gleichzeitig auch jedes Gefühl von brauchen oder wollen verschwunden. Es gibt seither einfach nichts mehr, was ich brauchen oder wollen könnte. Alles ist okay wie es ist, genauso wie es ist und wie auch immer es ist, was könnte ich also wollen? Und da ist niemand, der etwas wollen könnte. Hier ist unermesslicher Reichtum, unendlicher Überfluss! Alles ist da. Nicht dass ich viel Geld hätte – in diesem Sinne herrscht kein großer Reichtum. Es spielt sich auf einer anderen Ebene ab. Das ist kein sich Versagen, kein Zurückweisen der Welt und dessen, was sie bietet – ganz im Gegenteil. Nie war da mehr Genuss! Soviel Genießen dessen, was da ist, weil kein Wunsch nach etwas anderem besteht und keine Angst zu verlieren, was jetzt da ist. Nicht-Wollen, Nicht-Brauchen ist die Quelle dieses unendlichen Überflusses.

Wenn zuvor in meinem Terminkalender Lücken auftauchten, stellten sich sofort Sorgen ein. Jetzt galt: „Okay, anscheinend soll ich heute nicht soviel arbeiten. Zeit zum Nichtstun." Der Verstand sorgte sich natürlich sofort in alter Gewohnheit: „Und wenn das so weiter geht? Und wenn weniger Patienten kommen? Was dann?" Und die Antwort war jetzt: „Okay, falls es so kommen sollte, dann ist es eben an der Zeit, etwas anderes zu tun oder gar nichts zu tun. Solange Patienten kommen, ist dies anscheinend der Platz, an den mich das Leben stellt, und wenn nicht, dann geschieht einfach etwas anderes, kein Problem!" So verschwanden die Sorgen.

Einmal jedoch holten mich die Sorgen nochmals ein, kurz bevor mein Praxis-Partner seinen Sommerurlaub antrat. Er fuhr nach Island und plante mehrtägige Wanderungen zu unternehmen. Plötzlich malte ich mir aus, wie er in eine Gletscherspalte fiel, verletzt oder gar tot war. Dann kamen Befürchtungen: Was ist, wenn mein Kollege nicht mehr wiederkommt? Ich studierte unseren Vertrag und stellte fest, dass ein solcher Fall nicht hinreichend geregelt war. Wir gingen also zum Anwalt um entsprechende Änderungen vorzunehmen. Und dann war plötzlich alles okay. Die Sorgen waren verflogen, obwohl der Vertrag noch gar nicht fertig war. Ich hatte unternommen was man kann, und dann gab auch der Verstand Ruhe. Übrigens ist der Vertrag bis heute, ein Jahr später, immer noch nicht fertig, mein Kollege fuhr wieder nach Island und keine Sorgen traten auf. Was geschehen soll wird geschehen, und es wird genau so richtig sein, wie es geschieht.

Liebe

Das Feuer brannte weiter. Es hatte sich zu einem Feuer der Liebe zu DEM gewandelt – der Liebe zur Stille, zu Gott – zu einer verrückten ausschließlichen Liebe. Und auch das trifft es nicht genau, denn es ist nicht wirklich eine Liebe zu… Es ist einfach Liebe, ohne jemanden der liebt und ohne ein Ziel, ohne ein Objekt der Liebe. Da ist keiner der sie hat und keiner der sie bekommt. Es ist einfach *nur* Liebe – unpersönlich und unendlich. Diese Liebe ist nicht getrennt von der Stille, von NICHTS, von Leere, von der Wahrheit, von Gott, von DEM was wir sind. Du kannst sie in allem finden, es gibt nichts, in dem sie nicht wäre. In jedem Dämon, jeder Hölle, jedem Gefühl, in jedem Himmel habe ich im Zentrum, in der Essenz Stille, Liebe, das Selbst gefunden, DAS gefunden. Liebe ist in allem und alles umfassend, alles umarmend. Sie ist in jedem Handeln oder Nicht-Handeln immer gegenwärtig. Diese Liebe, dieses Feuer waren fordernd und eifersüchtig, stark, lodernd und fast möchte ich sagen rücksichtslos. Dieses Feuer verbrannte die noch vorhanden Widerstände und verbrannte die Angst vor der Leere, vor dem unendlichen Raum, vor dem Sterben und Verschwinden in dieser Leere – und verbrannte auch den Wunsch nach der Leere, nach Auflösung und Sterben. In diesem Feuer, neben dieser Liebe gab es einfach keinen Platz dafür. Ja, es ist wie Kabir sagt: Wenn es notwendig gewesen wäre, meinen Kopf abzuschneiden, hätte ich es sofort getan. Die Wahrheit ist, es war notwendig und es ist so geschehen.

So zeigte mir Samarpan, was Liebe ist und gab mir so auch jenen Teil des Namens, den ich von Osho erhalten hatte, von neuem: Samarpan – Hingabe... Pyar – Liebe.

Kompromisslosigkeit – Unmittelbarkeit

Samarpan hatte mir gesagt, dass es die Anziehung der Illusion ist, die mich aus der Stille zieht, und sei sie noch so subtil, und hinzugefügt, das Gegenmittel sei die Aufmerksamkeit für die Stille. Und das ist wahr. Je mehr und ausschließlicher ich in allem Tun und allem Nicht-Tun die Aufmerksamkeit auf die Stille richtete, desto größer wurde ihr Sog. Ich konnte dem nicht mehr widerstehen. Und das Feuer half dabei. Es intensivierte die Stille und verbrannte alles, was die Stille scheinbar störte, die Illusion, den Traum, das Ich. Und ich weigerte mich, mich zu bewegen und ließ das Feuer seine Arbeit tun.

In den folgenden Monaten war die gesamte Aufmerksamkeit darauf ausgerichtet. Ich blieb mit der Leere, mit der Stille. Ich fiel sozusagen tiefer und tiefer hinein. Dies Feuer und diese Liebe erlaubten einfach keine Ablenkung. Angst war jetzt nicht mehr zu verspüren. Von April bis August war ich nicht in der Lage fernzusehen, ich konnte auch nichts mehr lesen, außer medizinische Zeitungen, die ich lesen musste, und gelegentlich etwas von Osho und auch Robert Adams. Ich trank fast keinen Alkohol, ich vertrug ihn einfach nicht, was mir bis dahin nie passiert war. Ich konnte kaum noch Gespräche führen, außer solchen, die wie z.B. in der Praxis notwendig waren. Auch Einladungen besuchte ich nicht mehr gerne. Für all das war einfach keine Energie mehr übrig. Ich wollte einfach nur mit DEM sein, wollte meine Energie auf diesen Prozess richten, wollte all diese Gefühle fühlen. Ich wollte einfach still sein. All das hatte ich nie entschieden. Niemand hatte mir das empfohlen. Es war einfach so – vollkommen unvermeidlich. Ich konnte es gar nicht ändern, die magnetische Anziehung war einfach zu groß. Stille, Wahrheit, NICHTS zog und zog und ich gab dem einfach nach. Arbeiten war in Ordnung, immer noch 60 Stunden in der Woche, Gartenarbeit war in Ordnung und es war auch in Ordnung, mit meinem Mann zusammen zu sein. Und während aller dieser Tätigkeiten, auch beim Sprechen oder Lesen ging dieser Prozess weiter.

Wenn Gefühle sich regten, fühlte ich sie sofort, ohne Umwege, ohne Zeitverlust, ohne darüber nachzudenken. Ich schaute direkt was da war. Und in der Mitte von allem war immer Stille, obwohl das nicht bedeutete, dass die Gefühle etwa verschwanden. Manchmal waren Gefühle da, angenehme oder schmerzhafte, und manchmal keine. So erschien und entwickelte sich Unmittelbarkeit in allem Tun und Fühlen.

Keine Ablehnung – Furchtlosigkeit

Dann verschwand die Furcht. Es gab keine Ablehnung mehr und daher auch keine Furcht. Angstreaktionen des Körpers ja, die stellen sich ein, aber die Furcht vor irgendwelchen Erfahrungen, Gefühlen oder Zuständen innerer oder äußerer Art war und blieb seither verschwunden. Und erstaunlich war auch – die Angst vor der Leere, die mich solange begleitet hatte, war nicht mehr da. Furchtlosigkeit stellte sich ein.

Die Angst Macht zu missbrauchen löste sich in dieser Zeit auf. Die Kraft ist nach wie vor gegenwärtig, ruhig und stark, und sie bricht durch und heraus wenn notwendig, aber da ich als Person, als Ego oder Handelnder nicht da bin, da ich nichts tue, nur still bin, besteht da keine Gefahr. Es stimmte, als Samarpan gesagt hatte, die Macht sei in guten Händen, denn sie ist nicht in „meinen" Händen.

Schweigen

Über all dies habe ich bis zum Herbst selbst mit Nirdoshi nicht gesprochen. Für ihn war es keine leichte Zeit, denn er spürte natürlich, dass etwas anders war, dass irgendetwas in mir oder mit mir vorging und machte sich zeitweise wohl auch Sorgen. Aber er akzeptierte und respektierte, dass ich davon nicht sprechen konnte und wollte, und er war einfach da für mich. Ich habe überhaupt mit niemandem außer gelegentlich in den Satsangs mit Samarpan darüber geredet – ich konnte das auch gar nicht, ich hätte es gar nicht ausdrücken können. Zudem war ich schon immer sehr scheu. Nach außen schien alles wie immer – ich glaube, kaum jemand hat mir etwas angemerkt. Ich hatte auch das Gefühl, es sei nicht förderlich, über das was da geschah zu sprechen – ein Gefühl, als ob darüber zu reden die Aufmerksamkeit störe, ein Gefühl, dass Sprechen auch den Verstand anspornen würde, zu versuchen ES zu verstehen. Auch war noch nicht genug „Standfestigkeit" vorhanden. Das Stehen und Leben in der Wahrheit, in der Stille war noch nicht fest, die „Wurzeln" nicht tief genug, um sprechen zu können. Ich hatte den Eindruck, es würde in eine Diskussion, in ein Philosophieren oder Psychologisieren ausarten, wenn ich sprechen würde, und das wäre nicht gut gewesen. Ich fühlte auch, über das was da geschieht zu sprechen hätte dieses subtile Ego genährt, hätte etwas wie Besonderheit oder Stolz bewirken können. Also hielt ich meinen Mund. Nur mit Samarpan konnte ich reden, denn er ist mein Meister und ja als Person gar nicht vorhanden.

Insbesondere habe ich in den ersten eineinhalb Jahren nicht von Erwachen gesprochen. Erst mehr als ein Jahr später, nachdem Samarpan mir diese Hausaufgabe (ein Buch zu schreiben) gegeben hat, geschieht Schreiben und geschieht auch Sprechen. Es geschieht, aber ohne mich. Es geschieht, ohne dass ich es gewollt oder vorgehabt hätte.

Zeit – Verfügbar sein

Ich tat was zu tun war und das immer sofort – das war neu. Nie in meinem Leben hatte ich einen dermaßen leeren Schreibtisch gehabt.

Anfang Mai schrieb ich:

"So öffnen sich trotz vieler Arbeit ein immenser Raum und unglaublich viel Zeit. Ich wundere mich, wo all die Zeit her kommt. Obwohl die Arbeit nicht weniger wird, bleibt immer genug Zeit und Raum für Stunden zu sitzen und nichts zu tun. Die Arbeit in der Praxis bedeutet einfach die Möglichkeit für mich, im Dienst des Lebens zu stehen. Dort ist genau der Platz, an den es mich gestellt hat. Und wie könnte ich jemanden wegschicken, der kommt, das würde letztlich auch heißen, zu bekämpfen was ist, und das kann und will ich nicht mehr. Ich weiß, erfahre und erkenne, dass „ich" sowieso nicht helfe und auch nicht arbeite. Alles was geschieht ist, aus dem Weg zu gehen, verfügbar zu sein mit meinem ganzen Herzen, aller Liebe, all den vorhandenen Werkzeugen – auch mit dem Wissen über das Funktionieren des Körpers und die verschiedenen Methoden, Krankheiten zu lindern oder zu heilen, das in diesem Biocomputer gespeichert ist, verfügbar zu sein auch für die Möglichkeit, einfach nur zuzuhören und präsent zu sein, wenn nichts getan werden kann."

Keine Ablehnung – Gelassenheit – Frieden

Seit dem letzten Retreat war ich bereit gewesen, jedes Gefühl, alles, was da kommen mochte, sofort und so wie es war zu fühlen, ohne Geschichte, Analyse oder Beurteilung und ohne den Wunsch, dass es aufhören möge. Dabei erfuhr ich mehr und mehr mit so vielen unterschiedlichen Gefühlen, dass sich alles in Dasselbe zurückverwandelt. In allem fand ich Stille, NICHTS, Frieden, Unendlichkeit. Immer fand ich die Liebe, alles umfassend und in allem. Im Laufe der nächsten Wochen wurden so die unterschiedlichen Qualitäten verschiedener Gefühle völlig unwichtig. Ob es Freude oder Traurigkeit, Schmerz oder Schuldgefühle, Ärger oder Glück ist – alles ist willkommen, denn alles ist im Zentrum, in seiner Essenz Dasselbe. Das ist keine Lauheit, im Gegenteil, die Gefühle werden fast noch stärker empfunden, aber ab jetzt herrschte eine Ruhe und Heiterkeit, eine Gelassenheit – immer gegenwärtig wie ein Untergrund. Es kümmerte mich einfach nicht mehr. Ich scherte mich nicht mehr um die Farbe des Grases und die Art, wie ich die Welt wahrnahm und ebenso wenig um die Qualität von Gefühlen oder Erfahrungen, denn im Zentrum ist immer Stille, immer DAS, ist immer der Geliebte. Gefühle wurden jetzt als das gefühlt was sie waren – eigentlich nur Energie in verschiedenen Formen. Ich kümmerte mich nicht mehr um die Namen der unterschiedlichen Gefühle, die da aufkamen. Auch das Unterscheiden zwischen gut und schlecht, zumindest was mich selbst, was meine Erfahrungen betraf, wurde immer schwieriger und vager. Dies Unterscheiden zwischen gut und schlecht erschien jetzt direkt töricht, denn was sollte ich über gut und schlecht sagen, wo mir doch die Erfahrung zeigte, dass im Kern alles Dasselbe ist, DAS ist. Und ich wollte Gefühle erleben, alles fühlen, ich wollte anhalten, dableiben, still bleiben, unbewegt bleiben in allem.

Eines der Abenteuer, die Odysseus auf seiner Heimfahrt von Troja nach Ithaka erlebte, kam mir damals in den Sinn. Auf dieser zehnjährigen Irrfahrt über das Meer musste er die Insel der Sirenen passieren. Die Sirenen sind unheimliche Wesen, die singen, und wenn du sie hörst, locken sie dich zu sich. Sie sitzen auf einer Wiese inmitten der aufgehäuften Knochen der Seeleute, die sie bereits in den Tod gelockt haben. So verstopfte Odysseus die Ohren seiner Kameraden mit Wachs, damit sie den Gesang nicht vernehmen konnten. Er selbst wollte alles miterleben und ließ sich deshalb von seinen Kameraden fest an den Mast des Schiffes binden, damit er hören, sich aber nicht bewegen konnte. So passierten er, das Schiff und die Kameraden sicher die Insel der Sirenen, und diese begingen aus Ärger Selbstmord, so heißt es.

Ja, so ähnlich war das. Ich wollte mir nicht die Ohren verstopfen. Weder wollte ich taub noch gefühllos gegenüber irgend etwas sein, was da zu fühlen sein sollte, noch wollte ich mich in die Geschichte eines Gefühles, in ein Identifizieren, ein Urteilen, ein Wünschen, dass dies bleibe oder jenes ginge, ziehen lassen. Deshalb habe ich mich immer wieder an den Mast gebunden und binden lassen. Und der Mast bedeutete Unbewegtheit, Stillsein, Unbewegtsein, sich nicht von der Stelle zu rühren, bedeutete anzunehmen was ist, war Hingabe. So verschwanden Ablehnungen und Wünsche, und Gelassenheit und Frieden breiteten sich aus.

Wahllosigkeit – Freiheit

Aus diesem Grund, und weil ich auch weiterhin nicht kämpfen wollte und konnte, wurde ich wahllos. Und komisch, diese Wahllosigkeit machte mich frei. Ja, Freiheit tat sich auf, da sich kein Bedürfnis mehr zeigte. Freiheit tat sich auf durch die Bereitschaft anzunehmen was da kommen wollte. Unabhängigkeit ist das. Umstände jeglicher Art, ob innere oder äußere, wurden einfach unwichtig, und das machte frei. Das heißt nicht, dass keine Entscheidungen getroffen werden, wenn es sein muß. Wenn Entscheidungen zu treffen sind, sind Entscheidungen zu treffen, aber das erfolgt innerhalb der Wahllosigkeit.

Mehr und mehr wuchsen so Erkenntnis und Gewissheit, dass Stille und Frieden, Wahrheit und Erleuchtung nicht die Abwesenheit eines unangenehmen Gefühles oder unbequemen Umstandes, und ebenso wenig die Anwesenheit eines angenehmen, schönen Zustandes ist, sondern bedeutet im Frieden zu sein mit was auch immer. Stille, Frieden, Wahrheit sind nicht von irgend etwas abhängig. Stille ist nicht abhängig von der Anwesenheit einer Erfahrung oder der Abwesenheit einer Erfahrung, ist nicht von irgendwelchen inneren oder äußeren Umständen abhängig. Ein unangenehmes Gefühl hindert die Stille nicht, und ein angenehmes fördert sie nicht. Stille, Frieden ist, wenn okay ist was ist. Stille ist viel größer als man sich vorstellen kann. Sie ist unendlich, sie schließt nichts aus. Stille, Leere ist – ist immer, ist ewig, egal was für Erfahrungen auftauchen mögen, denn sie ist unabhängig von irgendeinem *Gefühl* von Stille, irgendeiner *Vorstellung* von Stille und Leere, irgendeiner *Erfahrung* eines stillen, angenehmen Gefühles. Sie ist. Und ich bin Stille und du bist Stille. Wenn es irgendeinen Umstand, irgendeine Erfahrung, irgendein Gefühl gäbe, die notwendig wären, um Stille zu ermöglichen, oder wenn es irgendeine Erfahrung, irgendein Gefühl, irgendeinen Umstand gäbe, die Stille unmöglich machen, Stille ausschließen, und die beseitigt werden müssten, damit Stille sein kann, dann, ja dann wäre Stille nicht wirklich real. Dann wäre Stille nicht wahr, denn dann wäre sie nicht aus sich selbst existent, sondern abhängig von irgend etwas. Dann müsste sie auch erscheinen und vergehen wie alle Phänomene. Stille, Wahrheit, Gott, DAS was wir sind, sind jedoch keine Phänomene, sondern das was einzig real ist, das was einzig ist, immer war und immer sein wird – unbewegt und unberührt von allen Phänomenen und Erfahrungen, seien sie schön oder schrecklich. Unbewegt, unberührt, unbedingt, unabhängig. Das ist Freiheit. So führten Annahme und Wahllosigkeit zu Freiheit.

Unterscheidung

Das ist ein Prozess, in dem immer wieder das Reale vom Unrealen, Wirklichkeit vom Traum unterschieden wird. Immer wieder von neuem zu sehen, was ist und was ist nicht. Gefühle, Umstände, alles, was erscheint und wieder vergeht, ist einfach was es ist: ein Gefühl, ein Gedanke, ein Umstand, eine Erfahrung, ein Phänomen, ein Geschehen, eine Handlung – und sonst nichts. Das ist das So-Sein der Dinge, wie Buddha es nannte. Dieses So-Sein der Dinge ist nackt, ist ohne eine Geschichte und ohne eine Bedeutung. Es geschieht ohne Identifikation, ohne Ego, ohne Ich, ohne einen Handelnden – es geschieht einfach, das ist alles. Und wenn man noch tiefer blickt, dann existiert nur Stille, nur DAS, nur Göttlichkeit. Nichts geschieht. Aber es war notwendig, immer wieder zu schauen, tiefer und tiefer zu blicken. Dazu erwies es sich auch als notwendig, immer wieder „seine Spur zu verlieren", in die Dualität, die Trennung, das Leiden zu geraten und dann wieder Ja zu sagen, innezuhalten, zu verschwinden, wieder Stille und Frieden zu sein, Niemand zu sein. Intellektuelles Verstehen hilft dabei überhaupt nicht, obwohl all das logisch und verständlich klingt, denn es ist keine Sache des Wissens, sondern eine Sache des Erfahrens.

Uralte Geschichten

Viele alte Geschichten aus vielen Leben erschienen zwischen Ostern und Pfingsten vergangenen Jahres.

„Warum erinnere ich mich überhaupt an all dies uralte Zeug? Ich habe nicht darum gebeten. Die Erinnerungen sind einfach vor mehr als zehn Jahren hereingebrochen – eine Flut von Bildern, Stimmen, Gefühlen aus so vielen Leben. Ist die Erinnerung an Freuden und Leiden eines Lebens nicht genug? Nun gut, wenn dieses Erinnern, dieser Dammbruch geschahen, muss es in Ordnung sein." So schrieb ich eines Tages in den Computer.

Natürlich waren auch damit viele Gefühle verknüpft. Und immer wieder fühlte ich sie, und blieb still dabei, immer wieder nahm ich sie wie sie waren, ohne sie einzuordnen, zu analysieren oder zu beurteilen. Schließlich gab es kein Gefühl von Selbstmitleid und kein Gefühl von Verlust mehr. Diese Bilder sind zwar noch verfügbar, aber irgendwie wie in einer Videothek. So wie „Ach ja, das kenne ich schon". Und dennoch, obwohl es wie ein Film ist, fühlt es sich anders an als pure Phantasie oder ein sich Vorstellen – es ist eine Erinnerung eigener Erfahrungen. Immer öfter schien es, als wären diese Geschichten nicht in der Zeit passiert, sondern gleichzeitig. Und nachdem ich schließlich durch so viele dieser Erinnerungen mit all ihren Gefühlen gegangen war, kam es mir vor, als wäre ich zu gleicher Zeit jeder gewesen. Ich war Ehemann und Ehefrau gleichzeitig, der Mörder und das Opfer, der Vater und das Kind, der Lehrer und der Schüler, der Folterer und der Gefolterte, der Liebhaber und die Geliebte – ja, ich war all das. Die mit diesen Erfahrungen verbundenen Gefühle verwandelten sich in Feuer – dieses wunderschöne Feuer, das brannte und mich heimbrachte, und die Stille, den unendlichen Raum, die Wahrheit enthüllte und enthüllte und enthüllte.

Keine Haut – Kein Schutz –
Mitgefühl – kein Handelnder – Präsenz

Und weiter schrieb ich:

„Ja, und da ändert sich noch etwas, und zwar im Sein mit Patienten. Schon lange hatte ich meine Intuition eingesetzt, um den anderen Menschen zu erfühlen. Dennoch hatte da immer eine Trennung, eine ganz natürliche Trennung und Distanz bestanden. Aber jetzt ist es so, dass ich keinen Schutz mehr besitze, keinen Schild, nicht einmal einen Körper, keine Haut, überhaupt keine Trennung. Schmerz und Leiden kommen einfach herüber als wäre es mein eigener Schmerz, nicht so sehr bei körperlichen Leiden, vielmehr bei emotionalen Schmerzen. In solchen Momenten ist keine Unterscheidung zwischen mir und dem anderen Menschen mehr möglich, und so ist es mein eigener Schmerz. Also kann ich auch hier – da ich nicht mehr kämpfen kann und will – den Schmerz nur annehmen und fühlen wie er ist, Ja zu ihm sagen, ohne ihn verändern zu wollen, und in die Mitte des Schmerzes gehen – und dort ist Stille, Ruhe, Schönheit. Und das verstärkt das Feuer, die Liebe, die Stille und hilft so mir selbst, obwohl es manchmal mit solcher Vehemenz geschieht, dass es mir den Atem nimmt. Natürlich bezweifelt mein Verstand das hinterher. Aber erstens ist es einfach so, ich kann es sowieso nicht ändern, zweitens schwächt es nicht, sondern wirkt sogar irgendwie stärkend, und drittens scheint es, als ob dies Geschehen – ich weiß nicht warum – eine Last von dem anderen Menschen nimmt. Aber ich fühle dabei auch viel Scheu, fühle mich nackt, mindestens so sehr wie der Patient, doch gleichzeitig so beschenkt und dankbar."

All das berührte mich tief. In diesem Geschehen liegt Glück, obwohl es oft schmerzhaft ist. Es geschieht in einer tiefen Begegnung des Selbst mit dem Selbst, in tiefem Respekt vor dem Buddha, in Verneigung vor dem Wesen des „anderen" Menschen, dem Wesen, das unendlicher Raum, unendliche Liebe und Stille ist, dasselbe Selbst ist, das ich bin. Die Empfindung tiefer Ehrfurcht und Demut ist in diesem Geschehen.

So verlor ich jegliches Gefühl ein „Helfender", ein Handelnder zu sein. Selbst während einer Handlung, wenn Nadeln gestochen und Körper untersucht werden, wenn das Auto gefahren wird, der Garten umgegraben, Essen gekocht, ein Buch geschrieben, Worte gesprochen, Rezepte geschrieben werden und so weiter – ist da kein Gefühl, der Handelnde zu sein. Handeln geschieht, wobei dieses Individuum, dieser Körper und dieser Verstand nur die Werkzeuge für das Geschehen sind. Es geschieht ohne Ich. Und eigentlich geschieht gar nichts. Letztlich ist da nur unberührte Stille.

Und in DEM ist paradoxerweise mehr Präsenz, mehr Da-Sein als jemals zuvor. Die Handlungen, die vollzogen werden, geschehen mit mindestens der gewohnten Genauigkeit, die notwendigen Denkprozesse laufen mit größerer Präzision als zuvor – unbelastet von Mustern und Vorstellungen. So verschwand langsam die Idee *jemand* zu sein, das Gefühl „ich tue". Und Präsenz erschien.

So breitete sich in diesen Wochen zwischen Ostern und Pfingsten Stille, Frieden und Leere aus. Stille durchdrang mehr und mehr mein Leben. Ich tat nichts dazu – immer war es Gnade, und ich empfand unendliche Dankbarkeit.

.....und all dies geschah einfach, unabhängig von Tätigkeit oder Untätigkeit, unabhängig von dem was „im Leben" so vor sich ging. Arbeit und Freizeit, Garten und Buchführung, selbst Sprechen und Denken – all dies lief weiter und störte nicht...

....und dennoch erschienen immer noch Zweifel. Immer wieder kam es zur Identifikation mit dem Verstand, zu Kämpfen und Ablehnung – dann war ich nicht mehr Stille, war getrennt, dann war da ein Ich. Dann gab es Wünschen und Hoffen und Leiden. Und dann wieder zurück zur Stille....

....immer noch war es wie ein „rein und raus", „Stille – keine Stille", „Ungetrenntheit, Wahrheit – Identifikation", „Hingabe, Annahme – Ablehnung, Wollen", „Frieden – Leiden" „Niemand – ich".... Von hier, von jetzt aus ist das allerdings Unsinn und fast sträubt sich die Feder oder die Tastatur, dies zu schreiben, denn in Wirklichkeit gibt es kein Drinnen und kein Draußen – es gibt nur DAS. Aber so war nun mal die Erfahrung.....

An Pfingsten hatte ich wieder Gelegenheit für eine Woche ins Retreat zu gehen. Diese Retreats waren so essentiell für diesen Prozess. Er lief während der ganzen Zeit ab, in diesen Tagen äußerer Stille aber intensivierte er sich enorm. Während dieser Retreats wird außerhalb der Satsangs, die zweimal am Tag stattfinden, nicht gesprochen, und es gibt auch nichts zu tun. Und vor allem war da dieser klare Spiegel: Samarpan, ein lebender Meister, den ich direkt und persönlich fragen konnte, dem ich berichten konnte. Ein Mensch, der eigentlich mein eigenes Selbst ist. Ein Mann, der als Person nicht vorhanden ist und durch den das Selbst ungehindert spricht, durch den Wahrheit und Liebe ungehindert strömen. Ein Mensch ohne Interesse irgendetwas zu verändern, der nichts erwartete und an eine Person namens Pyar sowieso nicht glaubte und daher klar sehen, klar spiegeln konnte. Seine Antworten und vor allem was zwischen den Worten geschah, waren immer Hilfe, immer Medizin, egal ob er bestätigte oder aufrüttelte, ob er herausforderte oder beruhigte. Ich berichtete ihm so gut ich konnte, was geschah. Ich sage „so gut ich konnte", denn sobald Worte aus meinem Mund herausgekommen waren, hatte ich immer das Gefühl, es nicht richtig gesagt zu haben. Auf meinen Bericht antwortete Samarpan:

Samarpan: „Ja, das ist der Bodhisattva. Die meiste Zeit in unseren Leben vermeiden wir Gefühle, und dann lernen wir, wie wir unsere eigenen Gefühle fühlen können. Und wenn wir mit den Gefühlen dieses Lebens fertig sind, sind da die Gefühle von vergangenen Leben, und wenn wir mit denen vergangener Leben fertig sind, dann ist da die ganze Welt der Menschen mit Gefühlen, die sie nicht fühlen wollen. Und irgendwie ist das die wirkliche Heilung: Es ist nichts was du tust, du sagst nur Ja. Du nimmst den Müll der Leute und wirfst ihn für sie weg. Das ist der Job des Bodhisattva."

Als ich erzählte, wie schwierig es sei, auszudrücken was da geschieht, und dass ich hinterher oft das Gefühl habe, Mist erzählt zu haben, dass ich hinterher oft Zweifel habe, erwiderte er:

Samarpan: „Ja, das ist immer und mit jedem das Problem. Es ist so. Das Einzige, was mir da auffällt, sind die Zweifel. Du kennst die Gewohnheit der Zweifel. Der Verstand weist alles zurück, was nicht in seine Muster, in seine Dateien passt. Er ist ein sehr effizienter Sekretär. Alles was keinen Ordner hat, wird weggeworfen. Wenn es sich falsch anfühlt, was da aus deinem Mund kommt, dann deshalb, weil es nicht aus dem Moment kommt, weil es durch den Verstand gefiltert ist. Dann ist alles irgendwie vom Programm eingefärbt. Selbst wenn es richtig ist, ist es nicht richtig. Und das ist es, was du fühlst. Und du kannst das besser fühlen als ich. Du fühlst es, sobald es aus deinem Mund kommt. ‚Ah, es ist nicht ganz richtig'. Ich halte dann einfach meinen Mund und warte, bis etwas von selbst kommt. Ich schaue nicht im Verstand nach etwas anderem. Das ist Lernen, Lernen in der Wahrheit zu leben. Es ist egal, wie lange das dauert. Dieses Bemühen, über das zu sprechen, was nicht gesprochen werden kann, ist schön. Versuche weiter es zu sprechen, und jedes Mal weißt du, es ist nicht ganz richtig. Die Herausforderung ist, dem näher und näher zu kommen. Du wirst es nie ganz richtig sagen können. Es kann nicht wirklich gesagt werden. Was für eine Herausforderung! Eine Herausforderung für den Verstand, im Dienste Dessen zu stehen. Der höchste Gebrauch des Verstandes, das Unsprechbare zu sprechen. ...Die Wahrheit will ausgedrückt werden, muss ausgedrückt werden. Mache dir keine Gedanken, dass es nicht möglich ist ..."

Nachdem ich noch von meinen Zweifeln und davon, dass ich die „Spur immer wieder verlor" berichtet hatte, sagte er:

Samarpan: „Ja, so ist es, solange wir vor und zurück gehen. Wann immer wir uns mit dem Verstand identifizieren, ist nichts klar – eine trübe Erinnerung, dass etwas geschah oder du eine Erfahrung hattest, aber es überzeugt nicht. Und dann bist du zurück in der Stille und es ist offensichtlich. Es ist nicht so, dass du es verstehst, es ist einfach offensichtlich. Es ist einfach so. Und dann bist du mehr und mehr in der Stille und die Offensichtlichkeit übernimmt. Sehr bald kannst du gar nicht mehr verstehen, wie es missverstanden werden konnte. Das ist das Problem, das viele Weise hatten. Ramana zum Beispiel war dreißig Jahre in Stille gesessen. Wenn jemand später mit einer dummen Frage zu ihm kam und er auf der höchsten Ebene antwortete, und die Person dann sagte: ‚Hä? Komm Ramana, komm auf meine Ebene herunter! Komm, sprich von hier!', dann kam er eine Stufe herunter und versuchte es von da. Die Realität, mit der die meisten Menschen identifiziert sind, ist vollkommen falsch. Deshalb kannst du sie von hier aus nicht erreichen. Aber das ist der Job des Bodhisattva. Der Bodhisattva hat einen Fuß in der Wahrheit und einen Fuß in der Welt und dient als Brücke. Sein Job ist, eine Brücke zu sein, Menschen aus ihrer normalen Erfahrung der Illusion zur Wahrheit zu führen. Und wir tun das, indem wir vollkommen gewöhnlich sind, indem wir in der Lage sind, das Problem, in der Illusion zu sein, vollkommen zu verstehen. Und dann zeigen wir von dort aus auf die Wahrheit und verwenden alles, um die Person zur Wahrheit zu bringen. Es ist ein wunderbarer Job."

Einige Tage später, noch im Retreat, in diesem Raum der Stille, hatte ich erstmals eine Erfahrung von Ekstase. Es war Trunkenheit in Seligkeit. Kein Oben, kein Unten, kein Ich und kein Du. Grenzenlose Trunkenheit. Darauf sagte er:

Samarpan: „So, was hier wichtig ist, ist sich nicht mit diesem Zustand zu identifizieren, an keinem Zustand festzuhalten. Er bedeutet nichts. Es weist auf nichts hin. Es ist einfach nur. Absolut genussreich, also genieße es. Und wenn es weggeht und etwas anderes da ist, dann denke nicht, dass du etwas verloren oder etwas falsch gemacht hast. Das ist einfach nur die Fortsetzung deiner Entfaltung. Das ist die Art, wie sich diese Blume öffnet."

Und natürlich war es so. Dieser Zustand, die Trunkenheit, die Ekstase waren wunderbar gewesen. Und er verging am nächsten Tag so wie jeder andere Zustand, wie jede andere Erfahrung auch. Es kümmerte mich nicht, und das war eigentlich noch besser. Es kümmerte mich nicht, ob da Ekstase war oder nicht. Und ich erkannte: Es ist genauso wie mit den Zuständen der Grauheit und Öde, die ich jahrelang kannte, nur einfach anders herum. Beides sind Erfahrungen, nichts weiter, die eine grau, die andere trunken. Und da war die Erkenntnis, dass Stille, Frieden und Glück nicht abhängig sind von irgendeiner Erfahrung und nicht verhindert werden können durch irgend eine Erfahrung. Diese Zustände kommen und gehen, die einen wie die anderen, und DAS bleibt unberührt.

Und dann schickte er mich wieder mit dem Feuer nach Hause:

Pyar: „Das Feuer brennt sehr hoch, und ich liebe es."

Samarpan: „Du liebst es, ja. Dieses Feuer wird all die Unreinheiten, all die Missverständnisse wegbrennen. All die Geister werden in dem Feuer verbrannt. Gib alles diesem Feuer, gib ihm all deine Energie. All deine Ideen, deine ganze Identität, jedes Konzept, jeden Traum, jeden Wunsch. Lass dieses Feuer zu einem lodernden Waldbrand werden, so dass nichts übrig bleibt."

Pyar: „Danke".

Samarpan: „Bitteschön. Frohes Brennen!"

Und das Feuer brannte weiter und weiter ...

In den nächsten Wochen waren es immer wieder die Zweifel, die mich „aus der Stille zogen". Zweifel, die zu einer Identifikation mit dem Verstand führten, zu Trennung und Leiden...

16. Zweifel

„Bezweifle den Zweifel!"

Ein weiser Mann

„Meine Empfehlung ist: Kämpfe nicht. Prüfe es nach, wieder und wieder und wieder. Ja, wenn du vor den Zweifeln keine Angst hast – lasse sie kommen, kein Problem! Wenn du vor nichts Angst hast, was kommt, selbst nicht vor der Wüste, dann ist es kein Problem, nur eine weitere Erfahrung. Und es gibt keine Erfahrung, die nicht okay ist."

Samarpan

Stille breitete sich mehr und mehr in meinem Leben aus. Situationen kamen, wurden erlebt und störten die Stille nicht. Das Leben lief weiter. Ich besuchte Kongresse, hielt Reden, reiste, arbeitete berufspolitisch und in der Praxis, redete mit Menschen, lachte und all das störte den Frieden, die Leere nicht – in all dem war kein Handelnder, keine Person, kein Ich mehr vorhanden. Alles was getan werden musste wurde getan, alles was gesprochen werden musste wurde gesprochen. Es gab keine Ablehnung und keine Wünsche mehr, es gab kein Haben und kein Wollen mehr. So viel Lebendigkeit! Nie waren die Blumen so schön gewesen. Alles, jede Kleinigkeit war so schön. Soviel Freude. Oft saß ich einfach zufrieden da. Stille. Frieden. Dankbarkeit. Ich notierte:

„Was bleibt? Soll ich es Stille nennen? Ja, aber die Stille ist nicht tot, sie ist unwahrscheinlich lebendig, irgendwie machtvoll, es ist brüllende Stille. Soll ich es Liebe nennen? Ja, aber die Liebe ist sehr unpersönlich, unromantisch, unsentimental, sogar rücksichtslos. Soll ich es NICHTS nennen? Ja, aber das NICHTS ist nicht leer, es ist volles, überfließendes, unendliches NICHTS. Soll ich es Schönheit nennen? Ja, aber es ist keine Schönheit zum Träumen, es ist ehrfurchtgebietende Schönheit. Es ist endlos und nichts ist da außer DEM."

.... was aber immer wieder auftauchte, waren Zweifel. Oft kamen sie, nachdem ich mit Menschen geredet hatte, besser gesagt, wenn Worte aus meinem Mund gefallen waren. Fragen und Antworten geschahen. Ich konnte das gar nicht verhindern. Im Moment des Geschehens war es immer okay. Aber hinterher zweifelte ich: „Was hast du da wieder gesagt? Was bildest du dir ein! War das richtig?" Samarpan hatte in den Satsangs so oft gesagt: „Lehre nicht!" Also sagte mein Verstand, sagten die Zweifel: „Ist das Lehren, was da geschieht?? Das darfst du nicht!!" Aber da war ja nichts, was ich hätte lehren können... Worte geschahen einfach gelegentlich, waren auch manchmal wie ein Ratschlag, wenn es das war, worum gefragt wurde oder was geschehen sollte, und ich konnte sie nicht hindern... Als ich mit Samarpan darüber sprach, sagte er, was da geschehe, sei kein Lehren. Dennoch, die Zweifel blieben...

Vor allem aber bestanden Zweifel an der Stille. Zweifel, ob ich mir die Stille einbilde, den Frieden einbilde. Zweifel ob die Realität, die ja in der Stille erfahren wurde, die einfach offensichtlich war in der Stille, ob die Realität dessen, was sich nicht ändert, was unbewegt und unberührt ist, wirklich real sei. Zweifel, ob ich mir etwas vormachte. Zweifel am Erwachen. Diese Zweifel störten die Stille oder schienen zumindest die Stille zu stören. Seit Januar waren sie immer wieder aufgetaucht, nun aber traten sie in den Vordergrund. Vielleicht wurden sie jetzt deshalb so massiv, weil da sonst nichts mehr abgelehnt wurde – jetzt drängten sie sozusagen mit aller Gewalt. Und das wurde richtig quälend.

In der Stille, von der Stille aus war Wahrheit einfach offensichtlich. Wahrheit brauchte keinen Beweis. Wahrheit ist einfach. Wahrheit ist, was ich bin. Ungetrennt und untrennbar – Wahrheit, Stille, Frieden, unendlicher Raum, Leere, leuchtende Klarheit, DAS. Ich bin. Und dann – ein Gedanke, ein Zweifel, der massiv angreift und zuschlägt. Keine Stille mehr. Lärmende Zweifel. Und dann vom Verstand aus – war nichts klar. Fragen über Fragen, Zweifel über Zweifel.

Ich fürchtete, dass ich mir Stille, Leere nur vorstellte, dass ich mich dabei selbst belöge oder selbst täuschte, dass das der größte Bluff sein könnte, den mein Verstand je zustande gebracht hatte. Ja, und genau diese Zweifel zogen mich immer wieder aus der Stille, aus dem Frieden, aus der Wahrheit. Aber auch hier hielt ich immer wieder inne. Solange da Stille war, gab es keinen Zweifel und keinen Verstand, dann war da Frieden. Aus der Wahrheit, aus der Stille betrachtet waren die Zweifel lächerlich. In der Stille war Wahrheit offensichtlich. So ging das wieder und wieder, zig mal jeden Tag. Stille – Zweifel tauchen auf – innehalten – Stille... Aber die Zweifel kamen immer wieder. Oft führten sie zu Gefühlen wie Traurigkeit oder Schmerz. Dann war es einfach: ich nahm das Gefühl an, wie es war, beurteilte es nicht, und war wieder in Stille. Aber oft war keine Emotion damit verbunden, und dann wurde es sehr schwierig. Dann war es, als befände ich mich in der Mitte einer wüstigen Wüste. Eine tote Wüste – und der tobende Verstand. Ich schrieb:

„Es sind Zweifel über mich selbst, Zweifel über die Realität der Stille, Sorgen, dass ich wieder von einem spirituellen Ego geschnappt werden könnte wie in dieser uralten Geschichte. Ich sehe die grinsenden Gesichter dieses Ego und weiß, dass es absolut in der Lage ist, jede Art von Hässlichkeit, Grausamkeit oder was auch immer zu begehen, nur um zu überleben, jemand zu sein, getrennt zu sein, speziell zu sein. In der Wüste sein – und manchmal finde ich den Weg zur Stille nicht zurück. Es ist dann wie: ‚Ich, der Verstand, habe die Stille, die Leere erfunden, sie ist meine Phantasie. Es ist etwas, was ich, der Verstand, dir präsentiere, und deshalb ist es nicht real.' Oder: ‚Verliere nie die Kontrolle, sonst kommt das spirituelle Ego!' Oder: ‚Hör doch auf mit dem ganzen Stille-Zeug, das bringt zuviel Schmerz.' Oder: ‚Wo ist die Grenze zum Wahnsinn?'. Ja, ich gehe oft verloren und finde den Heimweg eine ganze Weile nicht mehr. Aber aus purer Gnade findet ES immer mich. Und wenn diese Gedanken dann von der Stille aus betrachtet werden, sind sie nur ein Witz, so lächerlich."

Das zu beschreiben ist schwierig. Es war heimtückisch, da diese Zweifel die Stille selbst, die Wahrheit selbst bezweifelten. Und es hätte ja sein können, dass die Zweifel recht haben, hätte ja sein können, dass ich mir da etwas vormache. Und dieser wüstenhafte, dürre Zustand war wirklich schrecklich. In diesem Zustand gab es kein Gefühl – nur Dürre. Und die Dürre schien wiederum die Zweifel zu bestätigen.

Und dennoch, auch wenn ich den Weg oft nicht fand, die Stille hat mich immer wieder gefunden, und dann war da kein Zweifel mehr, kein Verstand mehr, kein Ich, nur Sein – unendlicher Raum – NICHTS. Und dann wieder Zweifel, wieder Wüste und so weiter und so weiter... Manchmal dachte ich an Jesus und die Geschichte, wie er nach seiner Taufe im Jordan vierzig Tage in der Wüste zubrachte und durch den Teufel versucht wurde. Auch Samarpan hatte diese Geschichte einmal erzählt, und so erinnerte ich mich daran. So ähnlich wie es da beschrieben ist, fühlte es sich an. Aber auch das half nicht. Samarpan sagte immer: „Wende ihm den Rücken zu", aber auch das ging nicht in diesen Wüstenzuständen. Unterstützung war nötig. Irgend etwas versteckte sich da. Irgend etwas wollte ich da anscheinend nicht sehen... Ich brauchte meinen Meister...

Einen Monat später, im Juli, war ich wieder in einem Retreat mit Samarpan. Überhaupt habe ich in den letzten eineinhalb Jahren viel Zeit und fast all meinen Urlaub in Retreats verbracht. Es war einfach das Offensichtliche und Beste, was ich mir antun konnte.

Pyar: „Was wirklich wieder und wieder stört, sind Zweifel, Unsicherheit oder etwas in der Art."

Samarpan: „Ja, okay, also was kannst du bezweifeln?"

Pyar: „Ich kann alles bezweifeln"

Samarpan: „Ja, du kannst alles bezweifeln. Kannst du Nichts bezweifeln?"

Pyar: „Das ist das Problem. Das ist wirklich das Problem. Seit frühester Kindheit habe ich immer alles angezweifelt. Das war nie ein Problem, das ist die Art, wie ich lernte."

Samarpan: „Das ist richtig. Das ist sehr gesund."

Pyar: „Aber jetzt ist da ein Zweifel, der wirklich stört, ein Zweifel, ob die Stille, das Unsprechbare wahr ist oder nicht, Einbildung ist oder nicht. Ich habe damit in den letzten Wochen auf viele Arten gespielt. Ich habe damit experimentiert. Manchmal ist es möglich, sie wie Wolken am Himmel wahrzunehmen, und dann ist es okay. Manchmal verursachen die Zweifel ein Gefühl wie Schmerz. Dann ist es kein Problem, denn das bringt mich zurück. Aber manchmal ist es nicht so. Dann fehlt jedes Gefühl, es ist mehr wüstenartig, tot – kein Gefühl. Und dann ist es schwierig.“

Samarpan: „Warum?“

Pyar: „Weil sie dann viel Kraft haben.“

Samarpan: „Ja, aber sieh: diese wüstenartige Erfahrung, wir können das ein Gefühl oder eine Erfahrung nennen – macht nichts. Wenn das okay ist, wenn die Wüste okay ist, wenn es okay ist, dieses wüstenartige Phänomen zu erfahren, wenn wir einfach darin entspannen, dann ist es so wie mit jedem Gefühl. Jede Erfahrung, jedes Phänomen bringt dich zurück. Also gibt es da irgendein Urteil darüber. Du bist okay mit Angst, Wut, all den normalen Gefühlen, aber dieses – da ist etwas nicht in Ordnung. Ja, wegen dieser Idee, dass es nicht in Ordnung ist, dass es nicht sein sollte....“

Pyar: „Da ist dann eine Art Spaltung.“

Samarpan: „Also lass uns die Spaltung anschauen.“

Pyar: „Weil es sein könnte, dass der Zweifel Recht hat.“

Samarpan: „Ja, deshalb haben wir Philosophien, denn die beschäftigen sich mit all diesen Dingen, Glauben und Zweifeln. Und wir können unser ganzes Leben damit verbringen, die Myriaden dieser Ideen zu diskutieren.“

Pyar: „Nein, das ist es nicht. Mehr ein Zweifel an mir selbst.“

Samarpan: „Also ein Zweifel daran, wer du bist?“

Pyar: „In dem Moment, in dem ich bin, ist da kein Zweifel.“

Samarpan: „Das stimmt. Ja, du musst dazu mit dem Verstand identifiziert sein. Ja? Das nennt Jesus den Teufel, den Teufel-Verstand.“

Pyar: „Manchmal ist es unmöglich, damit umzugehen.“

Samarpan: „Damit umzugehen ist immer unmöglich. Das Einzige, was möglich ist, ist ihm den Rücken zuzukehren. Es wieder und wieder und wieder nachzuprüfen."

Pyar: „Das mache ich, aber der Zweifel kommt wieder und wieder und wieder."

Samarpan: „Ja, das ist in Ordnung. Das ist kein Problem. Lass ihn wieder und immer wieder kommen. Jedes Mal wenn er kommt, prüfst du es einfach nach. Ja, du verbringst einige Zeit damit, den Verstand zu fragen und du weißt, es führt nirgendwo hin. Das geht im Kreis herum. Vielleicht dies, vielleicht das, könnte sein. Dann kommst du einfach in diesen Moment, und du siehst, was ist."

Pyar: „Aber ist es möglich, sich über DAS etwas vorzumachen? Ist es möglich, sich Stille vorzumachen oder sich selbst zum Narren zu halten?"

Samarpan: „Ja, das ist es. Wir können uns alles vorstellen. Also im Verstand ist es möglich, alles vorzugeben. Wir können uns sogar die Stille einbilden, aber das hat einen anderen Geschmack, diese eingebildete Stille. Da ist Totheit. Also, sag mir aus deiner eigenen Erfahrung, genau jetzt, wenn du gerade in der Stille bist, genau jetzt. Ist da irgendeine Möglichkeit, dass sie nicht real ist?"

Pyar: „Nein!"

Samarpan: „Ja, so geht man mit Zweifeln um. Du gehst zu der direkten Erfahrung zurück. Da gibt es keine Möglichkeit für Zweifel. Ja?"

Pyar: „Ja, so ist es immer, aber ich musste dich fragen."

Samarpan: „Im Verstand kannst du alles anzweifeln. Du kannst die Wahrheit bezweifeln, du kannst bezweifeln, dass du die Wahrheit erkennst. Du kannst bezweifeln, nicht von der Wahrheit getrennt zu sein. Du kannst denken, dass du von der Wahrheit getrennt bist. Aber einfach in der Stille, einfach im Sein ist der Verstand nicht da. Also ist da niemand, der zweifelt. Was ist, ist offensichtlich was ist. Es ist einfach offensichtlich. Dann können wir jedes Mal in den Verstand zurück gehen und es bezweifeln."

Pyar: „Machst du das?"

Samarpan: „Sicher. Diese Persönlichkeit, diese Konditionierung ist sehr unsicher. Ich habe mein ganzes Leben an mir gezweifelt, und das geht noch weiter. Es ist in Ordnung. Es muss sich nicht ändern. Wieder und wieder stoppe ich und schaue. Ein Zweifel kommt, ein Gedanke kommt: ‚Oh, Mist, vielleicht bin ich falsch hier, vielleicht ist das falsch, vielleicht bin ich nicht in Ordnung.‘ Ja?"

Pyar: „Also hört das nie auf?"

Samarpan: „Ich weiß es nicht. Es spielt keine Rolle. Es stört nicht wirklich, denn wir können jedes Mal anhalten. Wir sehen einfach, was ist."

Pyar: „Manchmal verwickle ich mich da irgendwie."

Samarpan: „Ja, darin ist der Verstand sehr gut. Ja, du hast einige Verstandes-Programme für Selbstzerstörung und andere für Erfolg, und die verwickeln sich und veranstalten ein großes Durcheinander. Also weißt du, wenn da ein Konflikt ist, ist es nur der Verstand. Das ist die einzige Möglichkeit für Konflikte. Denn einfach in der Stille ist niemand da, mit dem man kämpfen könnte, keine Möglichkeit für einen Konflikt, da ist niemand anderer. Da ist überhaupt niemand."

Pyar: „Wenn ich über den Zweifel nachdenke, sehe ich, dass er nicht real sein kann, denn er ist in sich selbst eine Art von Spaltung."

Samarpan: „Ja, ja."

Pyar: „Aber das beweist nicht die Realität der Stille."

Samarpan: „Nein, du kannst die Realität Gottes nicht beweisen. Philosophen und Theologen haben das Tausende von Jahren versucht. Es ist nicht in dieser Dimension."

Pyar: „Ja, ich habe auch gedacht, dass das Hirn das natürlich bezweifeln muss, weil es das nicht verstehen kann."

Samarpan: „Das stimmt."

Pyar: „Also habe ich einmal den Schluss gezogen – und das hat ein wenig geholfen – dass es, wenn das Hirn es nicht bezweifeln würde, gar nicht real wäre. Denn dann wäre es etwas, das der Verstand in der Lage wäre zu denken."

Samarpan: „Ja, schau, selbst die Logik unterstützt die Wahrheit"…….

…„Da ist niemand getrennt von der Quelle. Egal wie viele

Leben wir glaubten, dass wir getrennt seien. Egal, wie viele Erfahrungen von Himmeln und Höllen wir hatten. Wir sind immer noch die Quelle. Und es ist einfach offensichtlich, dass es da niemanden anderen gibt. Ja? Eine Frage wie diese ist wichtig. Denn das passiert uns allen. Wir machen eine Erfahrung der Wahrheit, und in diesem Moment gibt es keine Möglichkeit eines Zweifels, es ist einfach offensichtlich wahr. Dann gehen wir zurück in den Verstand und jede Art von Zweifeln kommt auf. All unser Glauben und Unglauben und Vorurteile... und dann haben wir Krieg. Meine Empfehlung ist: Kämpfe nicht. Prüfe es nach, wieder und wieder und wieder."

Pyar: „Das habe ich die ganze Zeit getan, manchmal zehnmal am Tag oder so."

Samarpan: „Das ist fein. Zehnmal am Tag, zwanzig mal am Tag, dreißig Mal am Tag, es ist okay."

Pyar: „Es gibt auch Tage, wo keine Zweifel kommen."

Samarpan: „Ja, wenn du vor den Zweifeln keine Angst hast – lasse sie kommen, kein Problem! Wenn du vor nichts was kommt Angst hast, nicht mal vor der Wüste, dann ist es kein Problem, nur einfach eine weitere Erfahrung. Und es gibt keine Erfahrung, die nicht okay wäre. Selbst die Erfahrung gekreuzigt zu werden ist okay. Ja? Es war nicht Jesus' erste Wahl, sicher nicht. Aber es war okay. Nur einmal kam er überhaupt in Schwierigkeiten, als er für einen Moment in den Verstand geriet. Dieser eine Moment, als er ausrief: ‚Vater, warum hast du mich verlassen?' So fühlt es sich an, wenn wir uns mit dem Verstand identifizieren. Ja? Wir fühlen uns verlassen. Und sobald wir zur Stille zurück gehen, ist da diese wahre Hingabe, diese Wahllosigkeit. ‚Nicht mein Wille, sondern Deiner geschehe!' Und tatsächlich, nicht mal ‚mein' oder ‚dein', einfach diese Wahllosigkeit. Es ist nicht mal so, dass wir keine Vorlieben hätten. Jesus hätte es sicherlich vorgezogen, etwas anderes zu tun an einem Freitag Abend, ja? Aber es ist okay!"

Puh, was für ein Segen es ist, einen Meister zu haben! Von dem, was er da über Jesus erzählte und wie er es sagte, war ich tief berührt. Soviel Liebe zeigte sich da. Seine Liebe zu Jesus und Jesus' Liebe, einfach Liebe. Wahllosigkeit, Hingabe und kein Mein, kein Ich, kein Du. Das war, was ich auch erfuhr. Und dann die Momente des Zweifels, die sich tatsächlich irgendwie wie Verlassenheit anfühlten. Und natürlich, genau das war es, was ich nicht gesehen hatte, nicht hatte sehen wollen: Die Ablehnung dieses wüstenartigen Zweifel-Zustandes!! Und natürlich – auch das ist nur eine Erfahrung!!! Und ja, der Geschmack ist verschieden!!!! Ja, da lag ein Urteil in dem Zweifel und eine Beurteilung des Zustandes, der dadurch hervorgerufen wurde!!!!! Denn das durfte nicht sein, das war falsch, war nicht in Ordnung, nicht akzeptabel für mich! Da gab es die Vorstellung, etwas sei falsch, und die Vorstellung, das würde auf etwas hindeuten, etwas bedeuten. Genau da war Ablehnung, waren Ego und Trennung. Deshalb auch die Verlassenheit, denn wie könnte verlassen sein, was nicht getrennt ist von der Quelle, von der Wahrheit? Es war genau wie er sagte: „Wir machen eine Erfahrung der Wahrheit, und in diesem Moment gibt es keine Möglichkeit eines Zweifels, es ist einfach offensichtlich wahr. Dann gehen wir zurück in den Verstand und jede Art von Zweifeln kommt auf... und dann haben wir Krieg." Und es stimmte, da bestand Ablehnung, ich wollte die Zweifel nicht und wollte die Wüste nicht, ich fürchtete die Zweifel, versuchte ihnen zu entkommen. Und er sagte, dass dies vielleicht nie aufhören würde, dass er selbst noch Zweifel erlebt, dass das aber keine Rolle spiele „Es stört nicht wirklich etwas, denn wir können jedes Mal anhalten." Puh... auch hier gab es also kein Entkommen, und seine Empfehlung: „Kämpfe nicht, prüfe es nach, wieder und wieder und wieder"... Okay. Das war die nächste Hausaufgabe.

Ich experimentierte am nächsten Tag und berichtete abends im Satsang:

Pyar: „Was ich heute Nachmittag sah, war, dass das ‚Ja' nicht vollkommen genug war. Du hast etwas gesagt, das sehr hilfreich war. Dass der Geschmack von etwas Vorgestelltem anders ist als der der Realität. Und so habe ich es ausprobiert. Ich habe mir Stille vorgestellt. Und richtig, das ist tote Stille und langweilig."

Samarpan: „Ja."

Pyar: „Aber die wirkliche Erfahrung ist vollkommen anders."

Samarpan: „Das stimmt."

Pyar: „Und sie ist absolut nicht tot."

Samarpan: „Ja!"

Pyar: „Und so hat mir das sehr geholfen."

Samarpan: „Schön."

Pyar: „Weil ich wirklich ein Kriterium gebraucht habe."

Samarpan: „Ja, sehr praktisch. Das ist alles was wir brauchen. Sobald wir sehen, was real ist und was nicht real ist, auf was wir vertrauen können und auf was wir nicht vertrauen können, dann ist das Leben sehr einfach."

Pyar: „Ich erinnerte mich natürlich, dass ich in meinem Leben viel über Philosophie und so gelesen habe. Ich erinnerte mich, dass ich natürlich auch oft von Stille oder Einheit oder solchen Dingen gelesen hatte. Aber wenn ich mich jetzt erinnere, wie das beim Lesen oder Hören war, dann sehe ich, dass es jetzt vollkommen verschieden ist."

Samarpan: „Vollkommen verschieden. Die Vorstellung von irgend etwas kann die tatsächliche Erfahrung nicht berühren."

Pyar: „Die Vorstellung ist wie zweidimensional oder eindimensional."

Samarpan: „Hm, sehr begrenzt, ja?"

Pyar: „Ich habe das Gefühl, dass die Zweifel verhinderten, tiefer in DAS zu gehen."

Samarpan: „Hier müssen wir vorsichtig sein. Es ist nicht der Zweifel, der irgendetwas tut. Es geschieht, wenn wir dem Zweifel oder der Geschichte Energie geben. Dann erscheint die Geschichte real. Aber bevor wir das tun, ist er vollkommen machtlos. Ja, einfach ein Gedanke."

Pyar: „Das ist wahr. Du hast auch gesagt: ‚Du kannst Gott nicht beweisen.‘ Das ist natürlich wahr. Ja, was ich nicht erkannt hatte, war, dass der Gegensatz zwischen Zweifel und Glauben besteht und *nicht* zwischen Zweifel und Wahrheit."

Samarpan: „Das ist es. Es sind Zweifel und Glaube, welche die Polaritäten des Verstandes bilden. Also liegt in der Mitte jedes Glaubens ein Zweifel."

Pyar: „Aber Erfahrung braucht keinen Beweis."

Samarpan: „Das stimmt. Es ist einfach offensichtlich. Deshalb reicht ein Schimmer der Wahrheit, und alles kann von diesem Schimmer aus gesehen werden. Aller Glaube, alle Konzepte, alle Programme fallen auseinander, wenn wir sie von der Wahrheit aus betrachten. Wir sehen einfach klar was ist. Und was ist, ist. Es ist nie so, wie wir es uns vorstellen."..........

Mit dieser Hausaufgabe ging ich wieder nach Hause. Die Zweifel hörten nicht auf, aber ich kämpfte nicht mehr dagegen an. Da gab es jetzt keine Angst mehr vor den Zweifeln und keine Ablehnung der Zweifel und ihrer Wüstenzustände. Ich beurteilte sie nicht mehr. Sie kamen, sie gingen und ich blieb still. Sie kamen wieder und wieder und die Wüste war immer noch dürr. Es ist nicht so, dass die Wüste jetzt zu blühen angefangen hätte. Sie wurde akzeptiert, dürr wie sie war. Dann war da eben einfach dürre Wüste, auch das war jetzt okay. Und immer wieder und wieder ging ich zurück zu der direkten „Erfahrung" der Stille, war ich Stille. Und natürlich, ganz offensichtlich und ohne jede Möglichkeit eines Zweifels war DAS real. Auch das Experiment, mir Stille vorzustellen, wiederholte ich noch oft. Das Ergebnis war immer dasselbe: Die Vorstellung ist tot, eindimensional, sterbenslangweilig, begrenzt, wie ein aufgespießter Schmetterling in einer verstaubten Sammlung von Raritäten, die du an einem regnerischen Sonntag Nachmittag besichtigst. Die Realität der Stille ist unendlich, ist überfließende Leere, leuchtend klar und unbeschreiblich, jenseits jeder Möglichkeit einer Vorstellung, jenseits jeder Möglichkeit von Trennung und jenseits jeder Möglichkeit eines noch so subtilen Ichs – und weitaus lebendiger als jeder lebendige, von Blüte zu Blüte flatternde Schmetterling je sein kann. Ich prüfte immer wieder nach, so wie es mir Samarpan empfohlen hatte. Auf diese Weise verloren die Zweifel langsam an Macht. Ja, in der Stille ist Wahrheit offensichtlich. Ja, ich bin nicht getrennt von Wahrheit, von der Quelle, von der Stille. Da gibt es keine Angst mehr vor Erfahrungen. Die Erfahrung der Wüste erschien noch oft, aber sie hatte keine Macht mehr. Sie ist einfach auch nur eine Erfahrung und darf sein. Ich habe nichts dagegen, auch wenn blühende Wiesen zweifellos angenehmer sind. Frieden und Stille sind auch nicht abhängig von der Abwesenheit der Dürre und Wüste oder von der Erfahrung von Fülle und Blühen. Zweifel tauchen gelegentlich immer noch auf, aber sie sind einfach nur Gedanken, die aufsteigen aus dem unendlichen Meer des Bewusstseins, aus dem NICHTS, Gedanken, die vorüberziehen, hindurchziehen und dann wieder verschwinden, doch die Wahrheit ist die ganze Zeit offensichtlich. Stille ist immer und ich bin, ich bin DAS.

So veränderte sich langsam die Blickweise, was Zweifel betrifft. Wenn bisher Zweifel aufgetaucht waren, ging die Blickrichtung dorthin, wohin die Zweifel zu deuten schienen, auf das, was bezweifelt wurde. Ich hatte die damit verbunden Gefühle gefühlt. Ich hatte aber auch oft sozusagen den Standpunkt des Zweifels eingenommen, durch den Verstand auf ihn geblickt. Daher konnten die Zweifel eindringen wie ein heimtückisches Gift. Sie schienen mächtig zu sein, sie schienen in der Lage zu sein, die Stille zu stören, ja sie schienen die Stille, den Frieden, das Sein, mich direkt anzugreifen. Nun blickte ich auf die Zweifel selbst. Was sind sie überhaupt, wo kommen sie her, wo gehen sie hin? Nun blickte ich, der ich Stille bin, auf die Zweifel und sah, dass sie nichts sind, keine Substanz haben. Es schien, als hätte ich zuerst an einem Tag mit Sonne und einigen Wolken von der Erde aus in den Himmel geschaut, hätte die Sonne gesehen bis eine Wolke kam, die die Sonne verdeckte. Mit jeder Wolke, die auftauchte, glaubte ich, dass die Sonne verschwand, sah nur die Wolke und vor allem den Schatten, den sie warf. Jetzt war ich die Sonne selbst und blickte von dort auf die Wolken, und natürlich, wie könnten Wolken mich selbst verdecken? Welch ein Lachen folgte dieser Erkenntnis! Ein weiser Mann hat gesagt: „Bezweifle den Zweifel!"

17. Das Ende der Illusion

In all den Monaten geschah so etwas wie Beten, und es geschieht heute immer noch – ohne Worte und ohne die Vorstellung eines Gottes. Es ist auch kein Beten um oder für etwas, sondern einfach nur Gebet. Ich weiß dafür einfach keinen anderen Namen. In dieser Zeit, irgendwann Ende Juli oder Anfang August im vergangenen Jahr geschah jedoch Folgendes. Eigentlich wollte ich das gar nicht erzählen, wieder ist da diese Scheu, dieses Zögern, diese Schüchternheit... und ich habe es bisher noch niemanden erzählt, aber nun geschieht es doch, und da ist niemand, es zu hindern...

.... so habe ich es damals aufgeschrieben:

„Wieder einmal war da die dürre Wüste, der Zweifel, und ich blieb unbewegt und wehrte mich nicht. Diesmal formten sich Worte und ich sprach zu Gott, zu Liebe, zu DEM: ‚Ich bin unwürdig all dessen, was da geschieht, bin unwürdig der Stille, der Gnade, der Schönheit.' Und Gott sprach: ‚Wie konntest du hoffen, jemals würdig zu sein? Es ist alles Gnade. Da gibt es nichts zu erreichen oder zu gewinnen.' Ich sagte: ‚Ich habe Angst vor Stolz, vor Arroganz, vor dem Ego, habe Angst, etwas Falsches zu tun oder zu sagen.' Gott sagte: ‚Wie konntest du jemals hoffen, irgend etwas kontrollieren zu können? Wie könnte Ego das Ego kontrollieren? Wie könnte Verstand den Verstand kontrollieren? Gib die Kontrolle auf, es liegt alles in meiner Hand!' Ich gestand: ‚Ich habe Angst, wieder zu fallen'. Und Gott sprach: ‚Du bist nie gefallen und nie gestiegen, und es gibt Nichts, wohin du fallen oder steigen könntest.' ‚Okay,' sagte ich ‚ich gebe auf, alles ist in deiner Hand, hier ist niemand mehr.' Ich verbeugte mich und verschwand.

Kein Schatten eines Zweifels irgendwo, kein Zweifler, kein Sünder, kein Heiliger. Nur Stille blieb, Liebe, Wahrheit, Staunen und Ehrfurcht und unendliche Dankbarkeit, Dankbarkeit an Gott, an DAS, an Osho und Samarpan und alle Buddhas der Vergangenheit, Gegenwart und Zukunft. Eigentlich an Niemanden, denn da ist Niemand. Unendliche Dankbarkeit von Niemand für NICHTS an Niemand."

Das war das Ende der Macht der Zweifel, der Macht des Verstandes, der Macht des „Teufel-Verstandes", wie Samarpan es ausdrückte. Das war das Ende der Trennung, das Ende der Illusion, das Ende des Ich, das Ende all dessen, was sowieso nie existiert hatte.

Von jetzt, von hier aus ist erkennbar, dass natürlich auch diese Zweifel, diese Zeit des Zweifelns, und vor allem das immer wieder damit verbundene Überprüfen wichtig, richtig und notwendig waren. Sonst wäre es ja auch gar nicht so geschehen! Ja, diese Zeit des Überprüfens war wichtig.
Was blieb ist Wachsamkeit, eine andere, eine ruhige, stille Qualität des Überprüfens. Was von der Unsicherheit, den Zweifeln blieb, war die Erkenntnis: Es gibt keine Sicherheit, denn der Verstand ist ständig bereit, wieder die Macht zu übernehmen. Daher ist ständige ruhige Wachsamkeit notwendig. Nicht als etwas, das ich tun würde oder worum ich mich bemühen würde. Einfach stille Wachsamkeit.
Und auch das blieb: Der Verstand verstand, dass er DAS tatsächlich nicht verstehen kann, dass er DAS nicht weiß und nicht wissen kann. Er gab sich DEM hin. Und das ist für den Verstand selbst eine große Erleichterung!

18. Zuhause – Frieden

„Am Anfang war das Wort, und das Wort war bei Gott,
und Gott war das Wort. Alle Dinge sind durch dasselbe
gemacht. Und ohne dasselbe ist nichts gemacht, was
gemacht ist."

JOH 1; 1 und 3.

Kurz darauf, wieder einmal im Retreat, geschah vor einem Jahr im August Folgendes:

Ich saß nachmittags irgendwo ganz friedlich und still. Dann kam ein Gefühl oder eine Wahrnehmung des Allein-Seins auf, auch das war schön und in Ordnung. Aber nun konnte ich richtiggehend beobachten, wie der Verstand dieses Gefühl, diese Erfahrung aufgriff und sie in die Idee, in die Vorstellung von Getrenntheit verwandelte, und das entwickelte sich dann zu blankem Horror. Es war, als ginge dies alles in Zeitlupe vor sich, als sei der Film auf slow motion geschaltet, so dass tatsächlich zu beobachten war, was da geschah. Frieden – Stille – allein – all-eins, pures Sein, und dann taucht als Erstes der Ich-Gedanke auf und verwandelt Sein und allein in *„Ich* bin allein", dann in *„Ich* bin einsam, ich bin *jemand,* der einsam ist, ich bin *jemand,* der getrennt ist." Und dann ging das ganze Theater, der ganze Horror und der ganze Terror los. Als das erst einmal begonnen hatte, steigerte sich diese Energie, dieses Theater, diese Erfahrung mehr und mehr. „Ich bin allein, getrennt, einsam." Furcht vor Verdammnis kam auf. Diese Furcht wandelte sich in die Erfahrung von Hölle – Horror, Getrenntheit, Schmerz, Verzweiflung und Furcht, das Gefühl, auf ewig verdammt zu sein. „Aha, nun bist du also tatsächlich in der Hölle gelandet", sagte ich mir, „prophezeit hatten dir das ja einige…". Und es fühlte sich wirklich so an. Und es schien, als ob es nie mehr aufhören würde. Hölle und Qual ohne Ende. Aber immer noch vernahm ich die

Stimme des Sat-Guru: „Es gibt keine Erfahrung, die nicht in Ordnung ist. Hab' keine Angst davor. Wenn du auch das akzeptierst, dann ist es in Ordnung." Also sagte ich. „Okay, das ist die Hölle. So sei es!" Und das war nicht nur dahergesagt oder gedacht, es war existentiell. „So sei es!". Stundenlang ging das so weiter. Es ist schwer zu erklären, aber trotz der Erfahrung von Hölle war Friede. Die Hölle und die Erfahrung der Getrenntheit wurden nicht weniger schmerzhaft. Furcht war da, grauenvolle Bilder, die sehr real wirkten, und horrorartige Erfahrungen tauchten auf, aber trotz alldem war Friede, Unbewegtheit, war da Stille. Trotz allem Schrecklichen war es in Ordnung für mich. „So sei es, so sei es." „So sei es" war ständig da – nicht in Worten, einfach da. Es war in Ordnung, so schrecklich es auch war, und so herrschten Friede und Stille trotz allem. Irgendwann wehten Worte vorbei: „Am Anfang war das Wort, und das Wort war bei Gott, und Gott war das Wort und alles was wurde, ward durch das Wort." Diese Worte aus dem Anfang des Johannes-Evangeliums wehten vorbei, nicht so wie man Worte denkt oder erinnert, sie wehten einfach hindurch wie eine kühle Brise. Und im gleichen Moment war die Hölle verschwunden... Purer Frieden, pures Sein, keine Trennung, keine Person.

Aus dem und durch das, was da erlebt wurde, erwuchs tiefes Verstehen wie die Welt der Illusion entsteht; wie sie erschaffen wurde und ständig erschaffen wird aus dem Wort, aus Gedanken, aus dem Gedanken von Ich, von Trennung, aus der Illusion von Trennung von der Quelle. Und aus diesem Ich-Gedanken entstehen Welten, mal schöne, mal schreckliche. Und dennoch: Die Stille, die Quelle, die unendliche Weite, der Ozean des Bewusstseins, das was ich bin, das was wir sind, bleibt still, bleibt ungetrennt und untrennbar, bleibt unbewegt von all dem. Friede bleibt, Stille bleibt, Weite bleibt, selbst in der Erfahrung von Hölle. Wow!

Da war jetzt die Gewissheit, dass all diese Dinge, Ekstase und Horror aus demselben Stoff gemacht sind. Ich erkannte, dass diese Horror-Erfahrungen, so unangenehm sie auch waren, eine große Hilfe darstellten, zwischen Zuständen, Erfahrungen und

DEM, in welchem diese erscheinen, zu unterscheiden. Zu unterscheiden zwischen dem was kommt und geht und DEM was bleibt, was unbewegt und unverändert ist. Irgendwie war es sogar einfacher, die unangenehmen Erfahrungen von der Realität, von der Stille zu unterscheiden als die angenehmen. Es ist einfacher, Horror einfach als Horror zu sehen, während in Ekstase die Versuchung groß ist, sie quasi in Besitz zu nehmen und zu sagen „ich hab' es...", oder diesen Zustand der Ekstase fälschlicherweise mit DEM gleichzusetzen und zu verwechseln. Dennoch sind Ekstase und Glück natürlich weitaus angenehmer und schöner als Horror.

Trotzdem war da zunächst Furcht, von alldem zu berichten, als wäre es ein Fehler... Da hing wohl noch ein Gedanke von Verdammnis im System... Natürlich berichtete ich Samarpan trotzdem. Und er sagte: „Ja, du bist durch die ganze Geschichte der Menschheit gegangen... Interessanter Nachmittag, eine Reise zur Hölle und zurück." Als ich ihm gestand, Angst davor gehabt zu haben, dies zu erzählen, als ob ich etwas falsch gemacht hätte, erwiderte er: „Wirklich, ganz im Gegenteil! Genau richtig! Aber so denkt unser konditionierter Verstand. Wenn wir einen angenehmen Nachmittag verbringen ‚oh, das habe ich gut gemacht' und wenn sogenannte negative Gefühle oder heftige Erfahrungen kommen, dann ist da die Vorstellung ‚ich habe es falsch gemacht.' Ich sehe nichts Falsches. Erstaunliche Erfahrung. Ich weiß, es ist nicht angenehm, aber wirklich erstaunlich."

Ganz im Gegenteil? Dass es nicht falsch war, okay, aber ganz im Gegenteil?? So musste ich am nächsten Tag nochmals fragen. „Warum im Gegenteil?" Und Samarpan antwortete: „Was ich hörte, war der Bericht eines Buddha. Diese Erfahrung, durch die Hölle zu gehen und sie zu akzeptieren, und dann der Himmel. Kennst du die Geschichte von Jesus? Jesus starb und war drei Tage lang in der Hölle, und dann kam er in den Himmel. Das ist eine Metapher. Das habe ich in deinem Bericht gesehen, und deshalb sagte ich: ‚Im Gegenteil!'... Weißt du, was ich in deinem Erfahrungsbericht gestern gesehen habe, war folgendes: Wenn du in die Hölle gehen kannst und es in Ordnung und akzeptierbar ist, was wäre dann nicht akzeptierbar? Ja, deshalb habe ich ‚im Gegenteil' gesagt." Ich fragte: „Machen wir solche Höllentrips öfter?" Er erwiderte: „Spielt das eine Rolle?" „Nein", sagte ich, „ich bin bloß neugierig." Und er: „Wenn du einfach nur neugierig bist, dann wird es wahrscheinlich nie mehr passieren. Wenn es aber irgendeinen Widerstand gibt, wird es wahrscheinlich passieren. Es spielt keine Rolle. Wenn es keine Rolle spielt, spielt es wirklich keine Rolle." „In Wirklichkeit kümmert es mich nicht", sagte ich darauf und er antwortete: „Ja, schau, das ist der Frieden, wenn das Leben mit allem kommen kann und das in Ordnung ist. Ja, Kreuzigung, okay, kein Problem, Hölle kein Problem. Und zum anderen bin ich vollkommen glücklich, gerade jetzt, halte nach nichts anderem Ausschau, nicht nach Erleuchtung, nicht nach dem Himmel, nicht nach irgendeiner Belohnung, nach nichts. Das ist der Frieden – nichts zu bekämpfen, nichts zu bekommen. Alles ist genau richtig." „Das ist wahr", sagte ich.

„Du bist zu Hause", sagte er mir später noch, „Halte nach nichts anderem Ausschau, da ist nichts anderes!" So ist es. Was für eine Gnade! Was für eine Freude ist es, nach Hause zu kommen! Da ist nichts anderes. Und ich bin zu Hause, oder besser: zu Hause ist, was ich bin. Da ist Erleuchtung, aber niemand, der erleuchtet wäre. Es ist eigenartig, aber es ist überhaupt nicht spektakulär! Wirklich, es ist keine Leistung, nichts was ich bekommen oder erreicht hätte! Im Gegenteil, ich habe nichts erreicht, nichts bekommen, alles verloren, einschließlich meiner Person. Da ist niemand mehr, der etwas erreichen, bekommen oder werden könnte. Erleuchtung, Stille, Wahrheit, DAS ist unser Wesen. Sie war immer da und ist einfach das, was übrig bleibt, wenn alles, was nicht wirklich ist, verschwindet, wenn die ganze Illusion verschwindet. Es ist nichts, was hinzugefügt würde, nichts, was man bekommt oder wird. Es ist. Das ist alles. Wir alle streben im Innersten unseres Herzens nach Wahrheit, Freiheit, Frieden, und dann bist du schließlich aufgelöst in DEM, du bist DAS oder besser, du erkennst, dass du schon immer DAS gewesen bist, und es ist ein Wunder. Es ist unendliche Gnade und gleichzeitig ist es sehr gewöhnlich, höchst normal, denn es ist einfach deine Natur. Es ist, was du schon immer gewesen bist. Wir hatten es nur vergessen. Am ehesten kann ich sagen, Erleuchtung ist dann, wenn kein getrenntes Ich, keine Person da ist, wenn diese Vorstellung, diese Illusion, dieser überhebliche und arrogante Gedanke von Trennung verschwunden ist. Da ist Erwachen, aber niemand der aufgewacht wäre. Der Fluss erreicht den Ozean und da war kein Fluss mehr, denn ein Fluss nimmt sofort den Geschmack des Ozeans an. Keine Trennung mehr. Nur DAS. Ich bin DAS. Und da ist nichts anderes. Ich bin die Leere selbst, die Weite selbst, das NICHTS selbst, ungetrennt von der Wahrheit. Genau wie du, genau wie wir alle. Und es ist so einfach, so klar. Wie konnte ich das nur all die Jahre nicht sehen?

Du musst entschuldigen, dass ich hier nur stammeln kann, ich bin unfähig DAS auszudrücken und unfähig, es auch nur zu denken. Es ist zu groß, es ist unendlich. Es ist jenseits der Dualität und damit jenseits des Verstandes und der Ausdrucksmöglichkeit. Es war immer Gnade. Gnade war immer da, nie habe ich etwas getan. So viel Dankbarkeit ist da und ich bin einfach stumm im Angesicht DESSEN. Keine Chance, es als Besitz oder Verdienst zu erklären. Du bist einfach verschwunden, vollkommen zergangen, und weißt, du hast nie irgendetwas getan, nie irgendetwas erreicht, nie irgendetwas gewonnen und nie irgendetwas verloren. Und auch das geschieht nicht an einem bestimmten Punkt im Zeitstrom und ist dann erledigt. Osho sagte: Erleuchtung hat kein Ende. Ja, es ist immer jetzt. Du kannst es nicht festhalten. Du kannst nie sagen ‚Das ist es, jetzt ist es erledigt‘ oder ‚Ich habe es‘. Es ist immer eine Enthüllung jetzt und jetzt und jetzt. Es weitet sich, es vertieft sich und ist immer zerschmetternd. Und du stehst einfach in Ehrfurcht da.

Da DAS unbeschreibbar, undenkbar, unausdrückbar ist, kann ich nur vom Widerschein DESSEN berichten:

Seither ist jegliches Leiden verschwunden. Das heißt nicht, dass nicht unangenehme Situationen, Erfahrungen und Gefühle passieren würden. Traurigkeit, Schmerz, Ärger passieren, aber dennoch ist da kein Leiden mehr. Gefühle passieren, sie werden erfahren, doch da ist niemand, dem das geschieht, der das erfährt. Ich bin. Ich bin niemand. Nur Sein – Leere, unendlicher Raum. Was gegenwärtig ist und gegenwärtig bleibt, egal ob Gefühle oder Gedanken vorhanden sind oder nicht, ist Frieden, ist Stille, ist Freiheit, ist Klarheit, ist Sein.

Seither ist es kein „Rein und Raus" mehr, kein immer wieder in die Identifikation, in die Dualität geraten und dann anhalten, stoppen, wieder Stille sein wie in dem halben Jahr zuvor. Im letzten Jahr war es keine Frage des Stoppens mehr, das Gestoppte blieb einfach gestoppt. Das Gewahrsein der Stille, des Friedens, der Freiheit blieben einfach permanent. Und was vorherrscht, ist immer wieder Staunen und Ehrfurcht, ohne Ende.

Und das heißt noch nicht einmal, dass nicht gelegentlich Konditionierungen, Muster auftauchen würden, denn Sicherheit gibt es nicht. Zum Beispiel kam es einmal vor einigen Monaten zu einem ziemlich harmlosen Ereignis: Jemand wollte seine Rechnung nicht bezahlen und behauptete zur Begründung, ich hätte die entsprechende Leistung gar nicht erbracht. Da griffen die Programme und Konditionierungen ein: „So eine Unverschämtheit!" Ein uraltes Programm meldete sich, das von Verletzung der Würde und von Respektlosigkeit handelt. „*Meine* Arbeit wird nicht respektiert!" Ja, da kamen in diesem einen Moment Identifikation und verletzter Stolz hoch, und ich fühlte das. Sofort rief ich dort an und machte meinem Unmut Luft. Der ganze Spuk dauerte ungefähr zehn Minuten, dann war alles vorbei. Keine Nachwehen, kein Nachgrübeln, kein Nach-Tarocken blieben, kein Suchen nach Ursachen und Wirkungen, es war einfach nur eine heftige Welle im Ozean. Und für einen Moment hatte ich geglaubt, nur eine Welle zu sein. Aber selbst während dieser zehn Minuten war da ein stilles, glucksendes Lachen im Hintergrund und Leere, Stille und Frieden. Ernst konnte ich das nicht nehmen, nicht die Situation und nicht das, was da behauptete, ich zu sein, verletzt zu sein... Und auch das ist vergnüglich!

Lachen ist auch die Antwort auf die Frage „Wer bin ich?" Da ist nur noch Lachen und Stille... Wer? Ich BIN... Was für ein Witz! Und überhaupt so viel Lachen!

Das Wahrnehmen ist von großer Klarheit, einer Klarheit, die erlaubt, Dinge und Erfahrungen exakt und direkt so zu sehen wie sie sind. Es waren die Filter der Vorstellungen, die Filter der Wünsche, die Filter der Ablehnung, die Filter der Programme und Konditionierungen, die das bisher verhindert hatten.

Die Suche hat aufgehört. Diese uralten Fragen sind nicht mehr da, die Sehnsucht ist verschwunden. Da ist überfließende Fülle – wie könnte ich etwas brauchen vom Leben oder von jemandem oder einer Situation? Ich bin DAS und war nie etwas anderes. Am Ende stellte ich fest, dass da nichts existierte, was ich jemals aufgegeben hätte. Person, Ego, Welt waren von vornherein nicht existent, nicht real. Ja, es ist wie ein Aufwachen aus einem sehr langen Traum. Und das ist kein abgehobenes Gefühl, kein Über-den-Wolken schweben. Im Gegenteil, es ist sehr verwurzelt und bodenständig. Es ist kein Trance-Zustand, es ist ein Leben in Frieden und Stille genau hier, genau jetzt.

Ach ja, da ist noch etwas: Die Welt der Dinge war mir ja schon von Kindheit an immer recht unreal vorgekommen. Nie hatte ich an ihre Festigkeit und Sicherheit geglaubt. Und eigenartig – jetzt auf einmal gewann alles an Realität. Nie waren die Bäume so baumig, nie waren Menschen so menschlich, nie war Pyar so pyarig.... Es ist die Reflexion des Göttlichen in all diesen Phänomenen, die ihnen diese Realität gibt. Es ist DAS, was allein real ist und sich spiegelt, sich ausdrückt, in allem tanzt, in unendlichen Spielarten der Individualität und dennoch ungetrennt ist von allem. Welch ein Wunder! Ich befinde mich in ständigem Staunen über dieses Wunder, diese Schönheit. Ich staune ständig über die Schönheit dieser Erde, dieses Universums, staune wie wunderbar es gefügt ist, wie es fließt und tanzt. Und auch das ist ohne Ende, Wunder über Wunder. Je tiefer es geht, desto weniger weiß ich und desto größer wird die Ehrfurcht. Welch ein Segen, was für eine Freude!

Als ich nach diesem Retreat nach Hause kam, war die Trommel, die ich für die schamanischen Reisen benutzt hatte – du erinnerst dich: die mit der Haut einer schwarzen Kobra bespannte Trommel – zerbrochen, ohne dass jemand sie berührt hätte.

Zuletzt hatte ich sie zwei Monate zuvor in einer Nacht gespielt und benutzt, als eine sehr junge Patientin an Krebs gestorben war. Ich hatte sie in den Wochen zuvor begleitet und wollte sie in jener Nacht noch ein wenig weiter begleiten. Deshalb spielte ich die Trommel und begab mich in jener Nacht auf Reisen. Nun war die Trommel zerbrochen – sie wurde nicht mehr gebraucht.

19. Die Reise geht weiter

„Ich bin nicht nur bereit zu erfahren was auch immer kommt, ich will es. Ich will nicht meine Augen verbinden oder meine Ohren verstopfen. Denn das wäre eine Art tote Stille. Irgendwie ist es so, dass nicht nur ich zu Hause bin, sondern auch diese Gefühle, die aus der Vergangenheit zu kommen scheinen, kommen heim. Und sie kommen nach Hause, indem sie gefühlt werden...

...Ich sehe Erleuchtung überall, und dennoch weiß ich nicht, was es ist."

PYAR

Die Reise geht weiter, sie hat kein Ende und kein Ziel. Es gibt kein Ankommen und kein Erreichen. Es gibt nichts festzuhalten und kein Verlieren. Es ist ein ständiges Staunen, ein Enthüllen, das immer jetzt und jetzt und jetzt geschieht. Ich kann es nicht festhalten, nicht erinnern, nicht denken, nicht verstehen. Lernen und Erkennen gehen weiter, haben eigentlich erst angefangen. Es ist immer ein Anfang. Es ist nicht so, dass man schließlich irgendwo angekommen wäre, nein, das Bedürfnis anzukommen ist weg, und der, der ankommen könnte, ist weg. Keine Fragen werden beantwortet, nein, die Fragen verschwinden. Da ist nichts zu tun, und dennoch läuft der Lebensfluss weiter. Der Körper bewegt sich, das Hirn denkt, die Seele fühlt, die Augen sehen, alles ganz normal. Dennoch ist alles anders. Niemand ist da, der das tut. Es gibt kein Ende des Erkennens – wie wunderbar! Was für ein Vergnügen ist diese Reise!

Im September schrieb ich:
„Je tiefer es geht, desto weniger weiß ich... Da gibt es keine Explosionen, kein Feuerwerk oder so etwas, nur ein tiefes,

erleichtertes ahh... Dinge, Situationen geschehen, Gefühle wie Freude oder Traurigkeit erscheinen, aber die Stille, die Wahrheit sind immer da wie ein Kontinuum, in dem sämtliche Phänomene, Gefühle, Situationen, Gedanken wie große Luftblasen im Wasser aufsteigen. Die Sicht ist weit und so werden die Blasen gesehen, getroffen und erfahren, und dennoch bleibt die Aufmerksamkeit gleichzeitig auf dem NICHTS, auf der Stille, dem unendlichen Raum. Da ist Gewissheit, Vertrauen in diesen festen Grund der Wahrheit, der Stille.

Sogar die Träume ändern sich. Während eines Traumes, der eigentlich ein Alptraum mit allem was dazu gehört hätte sein sollen, war gleichzeitig eine andere Ebene des Bewusstseins sehr erstaunt, dass es sich nicht wie ein Alptraum anfühlte. Kein Wunsch, keine Begierde, keine Sehnsucht ist da, wirklich erstaunlich. Irgendwie ist all das verdampft. Was bleibt, ist nur dieses sich weitende und vertiefende Kontinuum, das alles enthält und von allem ungetrennt ist, das NICHTS ist, Stille ist, Liebe, Leere, überfließend. Es ist ein Fallen in der Liebe, ein Fallen und Fallen und Fallen. Es gibt keinen Boden, kein Ende. Das ist Ewigkeit. Und in diesem Fallen in der Liebe bin ich nicht da. In dieser Liebe gibt es kein Ich und kein Du, nur Liebe.

Ich bin keine Ärztin, keine Ehefrau, kein Gärtner, kein Koch, kein Autofahrer, ich bin keine Frau und genauso wenig ein Mann, ich bin nicht gut und nicht schlecht, kein Heiliger und kein Sünder, ich bin noch nicht mal ein Mensch. Ich bin überhaupt niemand. All diese Personen sind Rollen, die gespielt werden, und die Kostüme sind der Körper-Verstand und die Seele. Doch gleichzeitig bin ich alles und jedes und jeder, jeder Stern und Planet, jedes Wesen in Vergangenheit, Gegenwart und Zukunft. Alles ist Göttlichkeit, alles ist dasselbe Selbst. Denn es ist nicht wirklich wie ein Film oder ein Theater, das vor meinen Augen abgespielt wird. Es ist mehr, als ob alles aufsteigt und alles zurückkehrt in dem Frieden, der Stille, der Weite, die ich bin. Was für eine Freude, was für eine Schönheit, was für ein Lachen!

In der Realisation des Selbst wurde es als beständig erkannt, als das, was immer gewesen ist und was sich immer seiner selbst bewusst gewesen ist. Deshalb breitet es sich in alle Richtungen und alle Zeiten aus. Deshalb ist von hier kein Ende, aber auch kein Anfang der Erleuchtung erkennbar. Indem ich nach Hause kam und jetzt zu Hause bin, ist offensichtlich, dass ich nie weg, nie draußen war. Also habe ich das Zuhause auch nicht betreten. Es gibt keinen Anfang, keine Grenze, keine Tür und keinen Zeitstrom. Es gibt kein Vorher und Nachher. Es gibt niemanden, der erleuchtet oder unerleuchtet sein könnte. Vielleicht ist es ein Erinnern – Samasati! – oder besser, indem die Illusion verschwand, ein Erkennen DESSEN was nie vergessen wurde, was nie vergaß, was sich immer seiner selbst bewußt gewesen war.

Wieder und wieder stieg ‚Ich‘ als ein Gedanke aus dem Selbst, dem Nichts auf. Das war wie ein Spiel, wie ein Experiment, es war nicht ernst und blieb ohne Identifikation. Das ganze Drama, das dabei gelegentlich produziert wird – das Drama von Schmerz und Angst, wurde angenommen und vollkommen gefühlt, aber es wurde nicht mehr geglaubt, so gut es auch aufgeführt sein mochte. Im unbewegt sein in der Mitte der Erfahrung bleibt die Wahrnehmung der Stille, des Nichts die ganze Zeit bestehen, und das Ende jedes Dramas war großes Lachen. Was für ein Lachen! Wie könnte ich also Angst vor der Angst, Angst vor der Hölle, Angst vor Horror haben? All das kann das, was alleine wirklich ist, nicht einmal ankratzen. Und es war verblüffend zu beobachten und zu erfahren, was da geschah. Dieselbe Aktivität, dasselbe Gefühl bekamen einen vollkommen anderen Geschmack. Der Unterschied zwischen Gehen und ich gehe, zwischen Traurigkeit und ich bin traurig, zwischen allein und ich bin allein, zwischen Liebe und ich liebe ist so gewaltig wie der Abstand vom Himmel zur Erde. In diesem Erleben und Sehen vollzieht sich Verstehen, Erkennen und Vertiefen.

Aus Neugier und Experimentierfreude erforschte ich weiter Räume und Welten, Himmel und Höllen. Und mit jedem Mal kam es zu tieferem und klarerem Sehen. Das war nicht wie ein

Sich-Vorstellen oder Imaginieren, sondern mehr wie eine Einladung an all die Höllen und Teufel und Himmel und Götter, von selbst aufzutauchen, sich einfach in der Art und zu dem Zeitpunkt, der ihnen gefällt, zu zeigen. Dabei konnte ich nichts anderes mehr finden als DAS, unabhängig davon, ob die Erfahrungen, die geschahen oder auftauchten, himmlisch oder höllisch sind. Wenn alles schön ist, himmlisch schön, wenn sich schöne Gefühle einstellen, wird darin DAS gesehen, DAS getroffen. Oder es kommt zu einer Erfahrung, die unschön, höllisch schmerzhaft ist – was darin erkannt und getroffen wird, ist DAS. Was also spielt es für eine Rolle? Die Essenz jedes Gefühles und jeder Erfahrung ist DAS, ist Liebe, ist Friede, ist Stille, unendlicher Raum. Und gleichzeitig erscheint all das in DEM, aus DEM und kehrt zu DEM zurück. Und DAS bleibt unberührt, unbewegt, unendlich. Die Unterscheidung zwischen all diesen Phänomenen, seien sie glücklich, seien sie schrecklich, und DEM, was wirklich ist, real ist, DEM, was unberührt von jeder Erfahrung ist und doch alles enthaltend, DEM, was immer dasselbe und doch die Quelle von allem ist, leer und doch überfließend, wurde immer klarer. Was für ein Mysterium. Wie gut ist es zu erkennen, dass es wirklich nichts gibt, das getrennt ist von DEM oder außerhalb ist von DEM. Wie gut zu erkennen, dass es in DEM noch nicht einmal die Möglichkeit eines Widerspruchs oder irgendeines Ausschlusses gibt.

Wenn ich um mich blicke, sehe ich Bewusstsein, sehe ich Buddhas, sehe ich DAS überall und in jedem. Ich sehe DAS, wenn ich Vögel an der Futterstelle beobachte, wenn ich einkaufe, wenn ich arbeite, wenn ich in den Himmel blicke – immer DAS, sich in so wunderbarer Vielfalt ausdrückend, frisch und neugeboren in jedem Moment. Mein ganzes Leben hatte ich Fragen gestellt, jetzt gab es keine mehr. Nicht, dass die Fragen beantwortet worden wären, es waren keine Antworten mehr nötig. Es war erstaunlich, mein ganzes Leben hatte ich nach Wahrheit gefragt und sie in keinem Buch und keinem Wort gefunden, war zumindest nie zufrieden gewesen mit dem, was ich dort fand, denn selbst wenn es wahr klang und wahr war, wurde es doch nicht erfahren. Jetzt sehe ich Wahrheit von innen und finde sie überall – es ist so kristallklar. Ich finde sie nicht, sie ist einfach. Ich hatte mich immer nach Liebe und Gott und Frieden gesehnt und konnte sie nicht finden – jetzt sehe ich Frieden, Gott, Liebe wohin ich auch immer blicke – überall nichts als DAS. Es gibt nichts zu finden, denn es gibt nichts außer DEM.

Tun erfolgt aus sich selbst heraus. Die alte zielorientierte Motivation, die Orientierung an Resultaten sind verschwunden. Was getan wird, wird getan, einfach weil es getan wird, nicht um irgendwo hinzukommen, irgendetwas zu ändern, irgendetwas zu bekommen oder zu vermeiden. Es ist ein Schwimmen ohne Kampf und Widerstand, so wie der Fluss des Lebens es bestimmt. Und es geschieht mit solcher Freude. Darin liegt Freiheit. Kein Wunsch, kein Zweck – tun was getan werden will – es ist eine Freude, ein Tanz, der im Moment geschieht, ohne Vergangenheit und ohne Zukunft. Erstaunlicherweise scheint es, dass damit ein Zweck erfüllt wird, ein Zweck weit über oder jenseits jedes Zweckes, den ich mir als Singularität vorstellen oder ausdenken könnte. Es ist eine Selbstverständlichkeit und Aufmerksamkeit auch im Tun. Tun geschieht im Moment, sehr frei, sehr authentisch und wird so gut wie irgend möglich getan. Es ist keine Lässigkeit. Was aber dabei letztlich herauskommt, weiß ich nicht und muss ich auch gar nicht wissen. Das liegt nicht in meiner Hand oder in der Reichweite meines Verstandes. Um Missverständnissen vorzubeugen: Natürlich gehe ich, wenn ich Hunger habe, zum Kühlschrank, um etwas zu Essen zu holen. Ich hole mir etwas zu essen, um den Hunger zu stillen, ganz einfach. Ich stelle Diagnosen, um Klarheit in ein Geschehen zu bringen. Ich verordne ein Medikament, um Beschwerden zu lindern. Ich setze Nadeln, um Schmerzen zu lindern. Ich gehe sogar vor Gericht, um eine Angelegenheit zu vertreten und durchzusetzen und so weiter. Aber das wird einfach getan, weil es in dem Moment ansteht und getan werden soll. Es geschieht nicht, um beispielsweise Anerkennung oder Liebe oder Ansehen zu bekommen. Es geschieht nicht, um Glück zu erreichen, denn glücklich bin ich so oder so, unabhängig von den Umständen. Es geschieht ohne Erwartung. Es geschieht nicht, um Erfahrungen von Zurückweisung oder Schmerz zu vermeiden oder um Anerkennung und Liebe zu erhalten. Denn obwohl sich das eine angenehmer anfühlt als das andere, ist mir doch beides recht. Deshalb geschieht alles in Freiheit. Ich brauche nichts und ich bin bereit zu erfahren und zu fühlen, was auch immer kommen mag, sei es Schmerz oder Freude. Deshalb ist da Freiheit, Unabhängigkeit. Ich bin übervoll. DAS fließt über.

Es ist wirklich erstaunlich zu sehen und zu erkennen, dass Hingabe nicht nur Hass, Beurteilung und Ablehnung zum Schmelzen bringt, sondern auch Wünsche und Anhaftungen. Und Stille bleibt. Damit verschwindet auch jede Vorstellung von Haben und Mein. Dinge sind einfach da und werden genossen, wenn sie da sind. Sie werden sogar mehr genossen, weil es keine Furcht vor Verlust mehr gibt und noch mehr, weil die Vorstellung von Bekommen und Brauchen verschwunden ist. Und erstaunlicherweise scheint sich dadurch die Vorstellung eines getrennten Ich, selbst wenn dieser Gedanke auftaucht, nicht mehr halten zu können, keinen Halt mehr zu finden. Es ist, als ob der Ich-Gedanke nur in Verbindung mit Wunsch und Ablehnung, nur mit der Idee von Mein und Haben existieren kann. Und mit dem Verschwinden des Ich verschwindet die ganze Illusion. Die Vorstellung und Illusion einer getrennten Person, eines Ich, ist von Begierde, Ablehnung und Nicht-Erkennen abhängig. Das ist genau, was Buddha sagte. Nur hatte ich auch das vorher nie verstanden. Immer hatte ich gedacht, ich müsse Wünsche abschaffen und dann... Folglich hatte ich einen neuen Wunsch gehabt, nämlich den, dass da keine Wünsche mehr wären! Auch dies war eine der vielen Endlosschleifen des Missverständnisses über Jahre hinaus. Auf die simple Idee, anzunehmen, was jetzt gerade ist, war ich nicht gekommen.

Und weil kein Wunsch mehr vorhanden ist, dass irgendetwas Bestimmtes geschehen oder nicht geschehen soll, gibt es weder Bestimmung noch Abhängigkeit in Aktion oder Nicht-Aktion. Was getan, gefühlt oder gedacht wird, kann im Augenblick vollkommen frei getan, gefühlt und gedacht werden, denn es besteht keine Notwendigkeit, etwas zu tun oder nicht zu tun, um bestimmte Resultate zu erzielen, eine bestimmte Reaktion von

Menschen zu erreichen, irgend etwas zu bekommen oder irgend etwas abzuhalten. Weil dieses „um zu", das früher die Motivation war, nicht mehr da ist, herrscht Freiheit. Trotzdem findet Handeln statt, Handeln ohne Handelnden. Das ist erstaunlich zu beobachten. Ich hatte immer gedacht, dass dies Wunsch-, Motivations- und Ziellose bestimmt zu einem lauwarmen, gleichgültigen, faulen, bewegungslosen, langweiligen Leben führen würde. Jetzt sehe ich, dass das unwahr ist. Es gibt Hitze und Kälte, Berührtheit und tiefe Anteilnahme, aber keine Beteiligung, keine Verwicklung. Dinge werden getan, Arbeit wird verrichtet, und alles mit so viel Freude. Das Leben war noch nie so lebendig, noch nie so aufregend. Es ist noch nicht einmal so, dass da keine bestimmten Vorlieben bestünden, keine Träume geträumt werden könnten, nur: Glück, Zufriedenheit und Frieden sind von der Erfüllung solcher Vorlieben oder Träume nicht abhängig. Es ist weder Abgehobensein noch Anhaftung, weder Gleichgültigkeit noch Drama, es ist weder Unberührtheit noch Hineingezogenwerden.

Einiges hatte sich geändert: Ich konnte wieder Wein trinken und tue das immer noch gerne. Dabei machte ich eine erstaunliche Beobachtung: Selbst nach zwei Gläsern Wein, bei einem Zustand von leichtem Angeheitertsein, ändert das nichts an Stille, an Frieden, an DEM. Der Verstand wird zwar verwirrt, aber ich bin die Klarheit selbst, bin Stille und Frieden, unberührt und unverändert trotz des Alkohols. Natürlich fahre ich dann nicht mehr mit dem Auto, denn dazu braucht man ja den Verstand....

Auch Lesen konnte ich jetzt wieder. Und in der folgenden Zeit las ich unglaublich viel, las Ramesh und Nisargadatta, Gangaji und Papaji und immer wieder Osho und Rumi und Kabir und, und, und... Welch eine Freude, derselben Wahrheit in all dem zu begegnen. Welche Freude im sofortigen Verstehen! So ein Vergnügen, all dies zu lesen oder Videos zu sehen und wirklich zu verstehen, nicht intellektuell, sondern von innen, aus Erfahrung zu verstehen! Welch ein Vergnügen, all das zu lesen, ohne etwas zu suchen, ohne etwas zu wollen oder zu brauchen! Es ist purer Luxus.

Gelegentlich besuchte ich jetzt auch Satsangs anderer Meister. Bisher hatte ich das nicht getan, weil ich das Gefühl hatte, dass in dem Prozess wichtig für mich war, mit *einem* Meister zu sein und diesem einen Meister zu vertrauen. Und warum hätte ich auch woanders hin gehen sollen? Dieser Prozess der Realisation, des Erwachens, der Erlösung ging sowieso dermaßen schnell, so schnell, dass es mir oft den Atem genommen hatte, so schnell, dass ich einmal im Frühsommer zu Samarpan gesagt hatte, dass dies ja wohl kein Fluss mehr, sondern eher ein Wasserfall sei. Erst kurz zuvor, im Frühsommer letzten Jahres, war wundersamerweise Tyohar, ein anderer Satsang-Lehrer, in unserem Leben aufgetaucht. Er war zu einem Abendessen in unserem Haus zu Gast und wir hatten dann einen seiner Satsangs besucht. Er wunderte sich, dass wir nicht öfter kamen und erkundigte sich nach uns bei unserer Freundin, bei der er wohnte. Deshalb hatte ich ihm damals geschrieben:

„Die Existenz brachte dich vor einigen Tagen wie ein Geschenk in unser Haus und uns am Montag in deinen Satsang. Wie du weißt, ist Samarpan mein Meister und mein Freund. Er leitet mich und hilft mir in genau dem Prozess der Disidentifikation, den du am Montag beschrieben hast. Er hilft mir zu ent-tun und mehr und mehr verwurzelt zu werden in der Weite, Leere, Stille. Er führte mich dazu, all meine Aufmerksamkeit DEM zu geben, anzuhalten und mich immer wieder DEM zuzuwenden, wenn ich in den Verstand zurückgehe. Er ermutigt mich, vollkommen zu akzeptieren was ist, einfach ja zu sagen und still zu bleiben. Und so fallen Strukturen und Identifikationen mehr und mehr auseinander und Stille beginnt dieses Leben zu durchdringen. Daher habe ich nie daran gedacht, den Satsang anderer Meister zu besuchen – ich fühlte einfach keinen Drang danach und sah keine Notwendigkeit es zu tun. Aber was kannst du tun, wenn ein Meister in dein Haus kommt und dich einlädt...?
Nach deinem Besuch zum Abendessen ging ungefähr einen halben Tag lang ein großer Tumult in mir vor. Ich könnte gar nicht beschreiben, welcher Art die Gefühle waren, und es

spielt auch keine Rolle. Als ich es akzeptierte wie es war, setzte es sich, beruhigte sich am Nachmittag und machte einer großen Klarheit Platz, die mich folgendes erkennen ließ:

1. Was für eine Gnade, dieselbe Stille, Leere und Schönheit in ihrer Entfaltung und ihrem Ausdruck in verschiedenen Personen erleben und sehen zu dürfen!
2. Wem meine Liebe, meine Hingabe und Loyalität wirklich gilt, ist diese Stille und Leere, die durch diese Personen kommt und scheint. Sie gilt nicht so sehr diesen Personen als solchen.
3. Aber dennoch ist Samarpan derjenige, mit dem ich als meinem Meister, Freund und Gärtner sein will. Und wie du gesagt hast: Es bringt nicht viel, zur gleichen Zeit an verschiedenen Plätzen Löcher zu graben, das fühle ich auch für mich selbst. Deshalb habe ich deine Satsangs an den folgenden Abenden nicht besucht, obwohl ich es am Montag sehr gewürdigt habe und die Stille dort genoss. Wenn ich wiedergekommen wäre, wäre das aus einer gewissen Neugier heraus geschehen, vielleicht aus Gier, nichts zu verpassen – und das wäre nicht die richtige Einstellung.

Diese drei Punkte waren mir zuvor nicht klar – also brauchte ich dich, um das zu sehen – vielen Dank! In Liebe und Dankbarkeit.   Pyar"

Jetzt aber war es einfach eine Freude und ein Vergnügen Satsangs zu besuchen.

20. Grundlos glücklich

„Oh Sariputra, Form ist Leerheit;
Leerheit ist Form;
Form ist nicht von Leerheit verschieden
noch ist Leerheit verschieden von Form."

BUDDHA, das Herzsutra

Das Leben fließt weiter wie es fließen will, wie es fließen muss und soll, genauso wie es richtig ist. Es entwickelt sich gemäß seinen eigenen Gesetzmäßigkeiten. Daran hat sich nichts geändert. Die Umstände sind dieselben. Und dennoch hat sich alles geändert:

● Das Leben fließt weiter. Der Film, das, was die Hindus Leela, das göttliche Spiel nennen, geht weiter. Aber die Tatsache, dass es nicht wirklich wichtig, nicht wirklich real ist, macht es viel vergnüglicher! Selbst schwierige Szenerien oder Situationen werden vergnüglich. Sie sind spannend und aufregend. Man sieht und erlebt sie von der Quelle, von DEM aus und nicht aus dem Blickwinkel einer Person. Es ist wie eine Verschiebung der Perspektive: Zuerst wurde die Welt vom Standpunkt der Welle aus wahrgenommen, vom Standpunkt der Trennung aus, vom Standpunkt einer ganz bestimmten Welle, einer ganz bestimmten Person. Und diese Welle, diese Person war immer in Gefahr, war Veränderungen unterworfen, wurde von den Winden geformt und gepeitscht, entstand und verging und war dennoch überzeugt, dass es wichtig sei, ihre eigene Existenz zu beweisen und sich abzusichern, sich mit anderen Wellen zu vergleichen und besser zu sein. Und nun erfolgt das Wahrnehmen vom Standpunkt des Ozeans aus. Da gibt es keine Identifikation mit einer Person. Und immer noch blasen die Winde. Windstille und Orkane, Wellen kommen und gehen, aber der Ozean bleibt der Ozean, egal ob mit kleinen oder großen Wellen, egal ob Windstille herrscht oder ein Orkan. Wellen kommen und gehen, sie sind Veränderungen, Geburt und Tod unterworfen, werden von den Winden geformt und gepeitscht – und du bist einfach da, still und unendlich, ewig, bewusst, NICHTS und dennoch von allem ungetrennt. Da ist nichts, was verteidigt oder abgesichert werden müsste, nichts, was bewiesen werden müsste, da ist nur SEIN. Und nichts muss geändert werden. Grundlos glücklich.

● Anfangs war es bemerkenswert, dass die Rollen in diesem Spiel nach wie vor höchst verantwortlich gespielt werden. Eigentlich werden sie sogar verantwortlicher gespielt als jemals zuvor, mit mehr Präsenz und Wachheit. Die Rollen werden besser gespielt, weil die Angst oder der Gedanke: „Was wird passieren, wenn ich dies sage oder jenes tue", verflogen sind. Keiner der Gedanken mehr: „Ich will so oder so wirken, dies oder das für mich erreichen." Jetzt ist es einfach eine direkte und spontane Antwort auf eine gegebene Situation, ohne Identifikation mit der Rolle, dem Theater, dem Film, dem Spiel oder einer Person – ohne einen Handelnden.

● In diesem Nicht-Tun während des Tuns ist immense Klarheit vorhanden, eine Sicherheit, was getan werden soll – selbst Entscheidungen fallen viel leichter und schneller. Klarheit entsteht im vorurteilslosen und vorstellungslosen Treffen des Momentes. Dinge werden getan und dann schnell vergessen. Während ich früher vor einem Ereignis alle Möglichkeiten viele Male für mich durchspielte und dabei natürlich aufgeregt und ängstlich war, werden jetzt die notwendigen Vorbereitungen getroffen und dann ist Ruhe. Nach einem Ereignis hatte ich oft noch stundenlang wieder und wieder mögliche Dialoge, die hätten ablaufen können, aber in Wirklichkeit nicht abgelaufen waren, in meinem Kopf wiederholt. Der Verstand hatte früher Szenen wieder und wieder abgespielt, hatte alles wiedergekäut. Nun werden Dinge erledigt und dann schnell vergessen. Während der Aktion herrscht Ruhe, jedoch keine Gleichgültigkeit.

- Das Leben ist weitaus intensiver als jemals zuvor. Es war, als hätte ich erst jetzt wirklich begonnen zu leben, obwohl ich schon immer recht intensiv gelebt hatte. Die Erfahrungen intensivieren sich, weil keine Erwartung besteht. Es ist, als hätte jemand die Filter vor der Kameralinse entfernt. Jetzt ist sie klar und geputzt und alles ist viel deutlicher, genauer und farbiger zu sehen. Ja, die Filter des Verstandes, welche die Intensität abhielten, sind entfernt. Alles ist interessant. Das ist sehr lebendig, weil kein Bedürfnis nach Sicherheit und kein Festhalten an einer Erfahrung mehr existiert, kein „Oh, Augenblick, verweile doch, du bist so schön...". Alle Erfahrungen, die so genannten schönen wie die so genannten hässlichen werden voll erfahren, denn da ist kein Urteil, keine Einteilung in gut und schlecht, keine Einteilung in ‚Das will ich' und ‚Das will ich nicht'. Das ist pure Freude. Es ist pure Freude, *alles* zu trinken.

- In all dem liegt unendliche Freiheit und Mühelosigkeit. Und es ist nicht meine Freiheit, sondern es ist Freiheit von mir. Jetzt ist es wirklich so, dass Meditation vierundzwanzig Stunden täglich geschieht, denn es ist keine Anstrengung. Sie ist einfach das, was ist. Ruhen in DEM.

- Der Verstand arbeitet sehr genau und konzentriert. Er ist präsent und klar, nicht von vielen Vorstellungen und Möglichkeiten von „wenn dann", „wenn doch" und „was wäre wenn" und „ja aber" verwirrt. Er ist viel unbelasteter. Der Arbeitsspeicher steht voll zur Verfügung.

- Es ist ein Leben in Ja-Sagen. Ein bedingungsloses Ja. Es ist ein Leben in Hingabe, ein Leben im Dienst der Wahrheit, im Dienst des Göttlichen, im Dienst DESSEN. Und es kümmert mich nicht, welche Form es wählt. Es kümmert mich nicht, ob es beim Abspülen oder beim Schreiben eines Buches, im still Sitzen oder im Sein mit Patienten geschieht, wenn ich Satsang gebe oder den Garten umgrabe. Das ist nicht meine Angelegenheit, sondern es ist ein Leben im Dienst des Göttlichen, wie auch immer das Göttliche es will, in jeder Aktion und jeder Nicht-Aktion. Ein Leben in ständigem Staunen, in Wunder und Ehrfurcht. Immense Dankbarkeit steigt auf. Wie ein Gebet ist das, wie ein wortloses Gebet.

- Respekt und Dankbarkeit gegenüber meinem Meister nehmen zu. Da ist so viel Respekt und Liebe für diesen Mann, genannt Samarpan, aber in Wirklichkeit sind es Respekt, Liebe und Verehrung für DAS, was er in Wahrheit ist und was sich in seiner Form manifestiert. Es ist Liebe und Respekt für DAS, und Dankbarkeit für die Bereitschaft meines Meisters, im Dienste des Göttlichen zu stehen.

- Dennoch habe ich nach wie vor keine Ahnung, was DAS ist, was Erleuchtung ist oder was vor sich geht. Der Verstand weiß es nicht. Er will es auch gar nicht mehr wissen. Der Verstand hat begriffen, dass er DAS nicht verstehen, nicht einordnen, nicht einsortieren, nicht einteilen, nicht benützen kann. Er staunt einfach, tut seinen Job und ist damit zufrieden. Ja, auch der Verstand ist irgendwie glücklich.

- Und immer ist es jetzt und jetzt und jetzt und hier und hier und hier. Dieser unendlich kleine Punkt von Hier und Jetzt ist genau die Tür zur Ewigkeit, zur Unendlichkeit, zu einer anderen Dimension jenseits der Dualität, jenseits aller Kapazität des Verstandes. Unbelastet von Vergangenheit, immer jetzt, immer frisch. Kein ‚Warum ist es jetzt so wie es ist‘, keine Frage, wohin etwas führen könnte. Es ist einfach. Ohne Ich, ohne Vergangenheit, ohne Zukunft. Hier und Jetzt, kein Wollen, kein Ablehnen – Friede – Sein – unendlicher Raum. Ein Leben im Nicht-Wissen. Ich habe keine Ahnung, was in diesem Lebensstrom geschieht oder geschehen wird. Es ist ein Leben in der Gegenwart, im Jetzt. Diese Gegenwart, diese Präsenz ist immer wieder ehrfurchtgebietend. In dieser Gegenwart existiert kein Ich. Und ich staune immer wieder, dass das nicht zu einem Zustand der Absorbiertheit, der Abwesenheit in irgendeinem himmlischen Zustand führt, sondern im Gegenteil zu mehr Aufmerksamkeit, mehr Wachheit, mehr Präsenz. Das ist Hier und Jetzt. Sein.

- Aber es gibt keine Sicherheit. Jesus fiel noch am Kreuz für ganz kurze Zeit in eine Identifikation mit dem Verstand, geriet in Zweifel und rief: „Warum hast du mich verlassen?" Wie könnte also ich davon ausgehen, sicher zu sein, angekommen zu sein oder irgend so etwas. Nein, es gibt keine Sicherheit. Solange wir in einem Körper leben, bleibt es eine Gratwanderung auf des Messers Schneide und erfordert Wachsamkeit.

- Noch ein Paradoxon: Ich als Person bin verschwunden, bin niemand, und ohne die Vorstellung einer getrennten Person, ohne Ego entfaltet sich diese Individualität genau so wie sie ist – völlig individuell und einmalig. Und alles ist ganz normal, ganz natürlich! Es ist überhaupt nichts Besonderes daran! Das Leben geht weiter – arbeiten, den Garten umgraben, essen, schlafen... Nichts Besonderes.

- Nach wie vor trinke ich gerne Wein und liebe gutes Essen und Capuccino. Ich habe Stofftiere im Bett wie seit meiner Kindheit und rede gelegentlich mit ihnen. Ich habe Sex mit meinem Mann, und das macht Spaß. Eigenartig, auch im Sex ist keine Person, kein Ich vorhanden, und dennoch hat der Körper seinen Spaß, sogar mehr als zuvor. Morgens komme ich nur schwer aus dem Bett, Nirdoshi muss mich mit viel Geduld wecken, denn Wecker höre ich nicht. Meine Putzfrau und Nirdoshi schimpfen gelegentlich, wenn ich nicht ordentlich gekleidet aus dem Haus gehe. Na ja, manchmal habe ich halt verschiedene Socken an. Auch das war schon immer so. Ich freue mich kindisch, dass mein Auto mich mit

Blinksignalen begrüßt, wenn ich diesen Fernbedienungs-schlüssel benutze. Wo man Wasser und Öl nachfüllt, weiß ich jedoch nicht, und ich putze es nur selten. Ich sehe gerne gute Filme, aber auch ‚Emergency-Room‘, und oft benehme ich mich geradezu kindisch. Manchmal springe ich ohne Grund herum und quietsche vor Vergnügen. Und ich singe viel, aber schrecklich falsch. Ich lese gerne und arbeite mit Freude im Garten. Und ich liebe es, einfach nur dazusitzen und nichts zu tun – nur sitzen, nichts tun, nichts denken, nur Stille, nur Genuss. Du siehst, alles ist ganz normal!!

Einige Szenen aus dem Film des letzten Jahres, dem Thea-terstück, das auf dem Spielplan dieses Lebens stand, möchte ich dir noch erzählen:

Vor Gericht

So etwas kommt immer noch vor – ein Rechtsstreit. In mei-ner Eigenschaft als Vorstand musste ich im September letzten Jahres vor Gericht, um einen Rechtsstreit, der bereits seit ge-raumer Zeit anhängig war und in den letzten Monaten viel Är-ger und Arbeit verursacht hatte, auszutragen. Eigentlich sollte es ein nur kurzer erster Termin zur Klärung der Sachlage sein, er weitete sich dann aber zu einer einstündigen Diskussion mit dem Kontrahenten aus. Am Ende schlug der Richter unerwarteterweise einen Vergleich vor. Darauf war ich gänzlich unvorbereitet, denn unser Anwalt hatte das für unmöglich ge-halten. Ich war gezwungen, innerhalb einer Minute zu entschei-den, ob ich diesen Vergleich annahm oder nicht. Darüber hin-aus hatte ich diese Entscheidung stellvertretend für unseren ganzen Verband zu treffen. Es gab keine Möglichkeit, die ande-ren Vorstandsmitglieder zu befragen. Für mich war sofort klar, diesen Vergleich anzunehmen, obwohl unser Anwalt, der mit mir im Gerichtssaal weilte, sich dagegen aussprach. Ich nahm also an und das stellte sich später als richtig heraus.

Diese ganze Geschichte war bemerkenswert, denn vor dem Termin war ich nicht aufgeregt wie bei früheren ähnlichen Gelegenheiten. Ich schlief gut und tief und musste mich morgens erinnern, die Dokumente mitzunehmen und für den Anlass passende Kleidung anzuziehen. Während der Verhandlung versuchte die gegnerische Seite natürlich, mich in Emotionen zu verstricken und mich zu provozieren, aber das war einfach nicht möglich. Ich wurde weder verwickelt noch in eine Geschichte hineingezogen. Ruhe und Gelassenheit blieben präsent. Der Verstand arbeitete höchst präzise und sehr schnell. Das machte Spaß. Es war, als hätte ich für meinem Biocomputer einen neuen, schnelleren Prozessor bekommen. Gekämpft habe ich wohl, habe das Anliegen, um das es da ging, mit Kraft vertreten. Das verlangte ja schließlich auch die Rolle, die hier zu spielen war, aber es lief sehr konzentriert, emotionslos und kühl ab. Es war verblüffend zu beobachten, dass es der gegnerischen Seite einfach nicht gelang, bei mir ein Gefühl von Beleidigt- oder Verletztsein hervorzurufen, denn das wäre früher ein Leichtes gewesen. Der ganze Vorgang lief von Moment zu Moment ab. Da war kein Schielen nach dem Ergebnis, keine Verknüpfung mit früheren Begebenheiten und da war keine Person, die beleidigt oder verletzt werden konnte. Die Reaktionen waren immer genau auf den Augenblick gerichtet. Nach der Verhandlung ging ich zurück in die Praxis, berichtete meinem Kollegen dort kurz und vergaß dann die ganze Angelegenheit vollkommen. Es war einfach erledigt. Leider vergaß ich dabei auch meine Vorstandskollegen zu informieren. Ich wurde erst abends zu Hause vom Anrufbeantworter wieder daran erinnert...

Es war eine interessante und irgendwie vergnügliche Erfahrung. Mir war klar, ich musste diese Rolle spielen. Ich hatte auch gar nichts dagegen, sie zu spielen, und spielte sie gut. Gleichzeitig aber blieb das Bewusstsein gegenwärtig, dass ich nicht handelte, dass ich noch nicht einmal da war. Und so genoss ich eine eigentlich gar nicht so angenehme Situation. Da war einerseits die volle Intensität der Erfahrung und gleichzeitig Gelassenheit, Stille und Frieden. Da bestand kein Desinteresse, keine laue Gleichgültigkeit, aber auch keine Identifikation, da war vollkommene Präsenz, aber keine Person, kein Ich. Und das macht wirklich Spaß!

Pragmatismus, Bodenständigkeit und Gründlichkeit waren immer schon Eigenschaften dieser Person, und daran hat sich nichts geändert. Es hat sich auch nichts daran geändert, dass es innerhalb des Filmes, innerhalb des Spieles möglich ist zu kämpfen, sich für etwas einzusetzen. Das ist einfach die Erfahrung von Kämpfen, die Erfahrung einer Gerichtsverhandlung, weiter nichts. Auch das stört die Stille nicht und steht auch nicht im Widerspruch zur Hingabe, sondern ist ein sich Hingeben in genau diese Situation, die da nun mal auf dem Spielplan steht.

Mein Vater stirbt

Kurz darauf starb mein Vater. Meine Stiefmutter rief mich vormittags in der Praxis an, um mir diese Nachricht zu übermitteln. Sofort entstand großer Schmerz und viel Traurigkeit. Ich stand am Telefon, mitten in der Praxis, rundherum Patienten, und Tränen liefen über mein Gesicht. Aber zur gleichen Zeit blieben Stille, Weite, Leere, Frieden unverändert. Stille blieb einfach, unberührt, makellos, ohne jede Bewegung. Die immense Traurigkeit störte den Frieden nicht. Gefühle stiegen auf in DEM, und DAS blieb unberührt. Das ist die beste Beschreibung, die ich davon geben kann, aber sie ist immer noch nicht nah genug... Was für ein Segen zu erkennen, dass wirklich keinerlei Widerspruch zwischen Frieden, Stille, Weite, NICHTS und einem Gefühl besteht – kein Entweder-Oder, nichts was von DEM ausgeschlossen wäre, nichts was man ausschließen könnte. Was für eine Freiheit!

Trauer stieg auf, war willkommen, wurde in ihrer vollen Intensität unmittelbar erlebt und gefühlt und verschwand dann erstaunlich schnell wieder. Zufällig war Samarpan in dieser Woche in der Stadt, und abends vor dem Satsang saß ich schon eine Weile im Raum und hatte das starke Empfinden, dass mein Vater anwesend sei, wie wenn er auf meinem Schoß säße. Das war nicht aufregend, nur einfach ein Erkennen, wie wenn ich sagen würde: „Oh, du bist hierher gekommen", und er: „Ja, es ist gut, hierher zu kommen." Sehr friedlich war das. Und nachdem ich im Satsang von diesem Tag erzählt hatte, ging er wieder, still und friedlich. Da ich keine Onkel, Tanten, Geschwister oder Kinder habe, war mein Vater mein letzter Blutsverwandter. Und auch das fühlt sich gut an, fühlt sich frei an.

Frieden mit meiner Stiefmutter

Das war ein ganz eigenes Abenteuer. Zunächst hatte ich nicht an die Umstände gedacht, die nach dem Tod meines Vaters auf mich zukommen würden. Erst als meine Stiefmutter sagte, dass da einiges zu regeln wäre, drang es in mein Bewusstsein. In jenen Zeiten des ‚kalten Krieges' mit meinem Vater war ich immer stillschweigend davon ausgegangen, dass er mich enterbt hätte. Dieser Gedanke hatte immer Groll erzeugt und damals hatte ich mir immer vorgenommen, um mein Erbe zu kämpfen. Ein Gespräch mit meiner Stiefmutter sollte erst in einigen Wochen stattfinden. Wieder einmal suchte ich einen Anwalt auf und informierte mich erst einmal über meine Rechte. Das war jetzt schon der dritte Anwalt in diesem Jahr...

All die alten Gefühle aus meiner Teenagerzeit regten sich jetzt noch einmal mit aller Gewalt: Das Gefühl des Betrogenwerdens, das Gefühl des Verstoßenwerdens, das Gefühl des Nichtangenommenseins, das Gefühl, es sowieso nicht richtig machen zu können, Wut und Groll. Eine ganze Kette von Programmen und Konditionierungen offenbarte sich da. Und an jedem Programm, jeder Konditionierung hing wie ein Anhängsel das entsprechende Gefühl. Und unter diesen waren ältere Erfahrungen und Gefühle verborgen, Gefühle der Einsamkeit, des Verstoßen-, Verdammt- und Verurteilt-Seins, Ur-Ur-Alt-Programme. Ein ganzer Reigen, ein großer Tanz. Ich ließ alles geschehen, fühlte es. Es war okay, verdammt, verurteilt und betrogen zu sein. Ich wusste, dass jetzt einige alte Geschichten zu einem Ende kommen wollten, wie wenn morsche Halteseile durchschnitten werden. Nicht, dass ich sie gekappt hätte, es geschah ganz von selbst, ich ließ es nur zu. Zwar zeigte sich Verwirrung und diese Programme und Gefühle versuchten mich quasi einzufangen, aber dennoch blieben auch hier die Freiheit, die Stille unangetastet, war keine Person mehr vorhanden. Es war, als ob diese Halteseile bereits mürbe seien, nicht mehr wirklich halten, binden und verwickeln könnten. Aber der Verstand versuchte, aus dem Ganzen ein Problem zu machen – wäre doch zu schön für ihn gewesen, wenn da endlich mal wieder ein richtiges Problem entstanden wäre...

Im Oktober verreisten wir – wir machten richtigen Urlaub. Den Weg nach Italien unterbrachen wir für einige Tage in der Schweiz – natürlich um wieder an einem Retreat teilzunehmen. Auch Nirdoshi besuchte jetzt bereits seit einigen Monaten Samarpans Satsangs! Ich hatte also die Gelegenheit, auch über diese Geschichte mit Samarpan zu sprechen. Einige Auszüge aus diesen Gesprächen:

Samarpan: ... „So, hier ist deine Gelegenheit, mit deiner Stiefmutter Frieden zu schließen. Es verlangt nichts von ihr. Ob sie Frieden mit dir schließt, ist eine andere Geschichte. Aber du schließt in deinem Herzen Frieden mit ihr. Vergib ihr, dass sie so ist wie sie ist, und vergib dir, dass du so bist wie du bist. Sei im Frieden! Das bedeutet nicht, dass du nicht für deine Rechte kämpfen kannst, aber wie du gesagt hast, es ist sehr kühl. Und es macht überhaupt keinen Unterschied, was passiert. Wichtig ist, dass du dich für das einsetzt, wovon du fühlst, dass du es tun solltest. Was auch immer dann dabei herauskommt, ist gut. Aber die Hauptsache ist, Frieden zu schließen. Ja, diese alten Wunden, die da hochkommen... dafür sind diese Situationen wirklich gut. Du musst in deine Kindheit zurückgehen und Erleuchtung überall sehen. Die Heilung ist, wenn du dich selbst und jeden anderen in deinem ganzen Leben lieben kannst. Dann bist du frei von diesem ganzen Zeug. Und es ist sehr einfach, das weißt du."

Ja, ich sah, dass sich jetzt die Gelegenheit bot, diese Geschichte zu beenden. Und ich erkannte, dass diese uralten Programme, die alten Geschichten und Verletzungen zwar hochkamen und gefühlt wurden, aber sie konnten mich nicht mehr bestimmen, fesseln oder verwickeln. Gleichzeitig bestand die Möglichkeit mich in Ruhe und Gelassenheit für mein Recht einzusetzen ohne dabei auf Resultate zu schielen, denn was auch immer sich daraus ergeben mag, wird das sein, was richtig ist. Wow, was für eine Freiheit!

Am nächsten Tag erzählte ich:

Pyar: „Du hast Recht, es ist sehr einfach. Ich erkenne, dass eine große Freude darin liegt, all diese Dinge und Gefühle zu erfahren, die gerade vor sich gehen. Es ist, als ob dabei die Freiheit größer oder die Stille und Weite tiefer würden. Es ist aber nicht so, dass sich die Stille oder die Weite ändert, nur das Erkennen wird weiter. Ich erkenne auch, dass diese Gefühle die Stille nicht stören, sondern sie sogar intensivieren. Sie sind auch ein Teil von DEM. Und das gilt in der Gegenwart und auch in der Vergangenheit."

Samarpan: „Schau mal nach und prüfe, ob es wirklich eine Vergangenheit gibt!"

Pyar: „Ich habe sehr oft das Gefühl oder den Eindruck, dass alles gleichzeitig geschieht."

Samarpan: „Verlange nicht vom Verstand, das zu verstehen!"

Pyar: „Nein. Ich sehe auch, dass ich nicht nur bereit bin zu erfahren, was ist, ich will es. Ich will mir nicht die Augen verbinden oder die Ohren verstopfen, denn das würde zu einer Art toter Stille führen."

Samarpan: „Das ist richtig, das wäre eine eingebildete Stille."

Pyar: „Irgendwie ist es so, dass nicht nur ich zu Hause bin, sondern dass auch all diese Gefühle, die aus der Vergangenheit zu kommen scheinen, nach Hause kommen. Und sie kommen nach Hause, indem sie gefühlt werden."

Samarpan: „Das ist richtig. Wenn du zur Wahrheit erwachst, erwachst du nicht nur zu einem bestimmten Zeitpunkt zur Wahrheit. Du erwachst in deinem ganzen Leben, in all deinen Leben zur Wahrheit. Toll, hm?"

Pyar: „Wirklich gut. Doch ich weiß immer noch nicht, was vor sich geht."

Samarpan: „Ja, sicher. Der Verstand kann und wird das nie verstehen. Es ist einfach nicht möglich."

Pyar: „Irgendwie will ich es auch gar nicht verstehen."

Samarpan: „Es dient zu nichts."

Pyar: „In diesem Sinne sehe ich Erleuchtung überall, obwohl ich nicht weiß, was es ist."

Samarpan: „Das ist richtig. Schau, das ist die Demut, die notwendig ist, um ein erleuchtetes Leben zu führen, ja? Die Hingabe dieses Verstandes, der es wissen will. Und dann ist der Verstand einfach wie ein kleines Kind, das nachts in den Himmel blickt und all die Sterne, einfach ohh…"

Pyar: „Und das macht Spaß!"

Als ich zwei Wochen später meine Stiefmutter traf, war alles für uns beide einfach. Sie hatte zunächst gewisse Befürchtungen, was mich betraf. Schließlich kannte sie mich als Kämpferin, als schreckliche junge Frau, und war sehr überrascht von meiner Reaktion beziehungsweise von meinem Nicht-Reagieren, als sie mir eröffnete, daß mein Vater mich tatsächlich enterbt hatte und ich nur einen Pflichtteil erhalte. Sie präsentierte alle Papiere sehr offen und ohne jeden Vorbehalt. Die alten Geschichten waren nicht mehr präsent, die alten Gefühle waren fort. Die Erinnerungen waren vorhanden, aber sie beeinflussten die Gegenwart nicht. So konnten wir auf die gegenwärtige Situation reagieren, ohne an alte Erfahrungen gebunden zu sein. Wir waren frei. Deshalb ging alles sehr einfach. Da war wirklich Frieden. Es gab nichts mehr, weswegen ich ihr hätte gram sein können, eigentlich gab es gar nichts zu vergeben. Jetzt herrschte Frieden für uns beide. Es war mir auch gar nicht mehr wichtig, ob und mit wie viel ich bedacht war. Wie es war, war es einfach in Ordnung. Ich war zufrieden. Was für ein schönes Abenteuer! Es ist, als ob vergangene Erfahrungen, als ob Karma keine Macht mehr hätten! Was für eine Freiheit!

Nur Buddhas – Unberührt berührt – Mitgefühl

Wenn Menschen von ihrem Leiden erzählen, dann sehe ich den Buddha, kann aber auch die Schmerzhaftigkeit einer Erfahrung, die da geschieht, nicht verleugnen. Ich sehe die vermeintlichen Hindernisse, die Illusion des Ego und der Trennung, aber in erster Linie sehe ich dasselbe Selbst, welches ich bin, sehe das was immer in Ordnung war und spreche zu Dem. Das Selbst spricht zum Selbst. Ich bin nicht bereit, mich in Urteile oder Geschichten hineinziehen zu lassen. Ich kann niemandem sagen, ,du hast diesen oder jenen Fehler, mit dir stimmt etwas nicht', ,dies oder das musst du ändern', ,daran musst du arbeiten', ,du bist krank, weil du diese oder jene Macke hast','du kannst nur glücklich sein wenn du dich änderst', ,du bist falsch, so wie du bist, daran müssen wir jetzt arbeiten, das müssen wir ändern'. Ich kann alles das nicht sagen. Es wäre eine Lüge, weil ich das sehe, was unbefleckt, unberührt ist und immer war. Darauf kann ich hinweisen. Und oft endet alles in Lachen. Viel wird im Zusammensein mit Patienten, im Sein mit all diesen Buddhas gelacht. Ich empfinde soviel Freude und Dankbarkeit, all diesen Buddhas begegnen zu dürfen. Und überhaupt macht die Arbeit so viel Spaß.

Eines Tages beklagte sich ein Freund, dass ich auf eine tragische Geschichte, die er erzählt hatte, so kühl reagierte. Und so erforschte ich die Phänomene tiefer, die auftreten, wenn ich mit Patienten und ihrem Schmerz zusammen bin. Auf der einen Seite wird die normale ärztliche Arbeit in all ihren Aspekten vom Untersuchen bis zum Therapieren in aller nötigen Präzision und mit viel Freude verrichtet, aber ich bin nicht der Handelnde, da ist kein Arzt, kein Therapeut, keine Pyar. Gleichzeitig gibt es nach wie vor keine Grenze, keine Haut, keinen Schutz, keine Möglichkeit sich zu verstecken, auch keinen Wunsch oder ein Bedürfnis sich zu verbergen und vor allem ist da niemand, der zu schützen wäre. So kommen Angst und Schmerz und Höllen einfach herüber und werden gefühlt. Es ist, als befände man sich in der Mitte des Schmerzes, aber gleichzeitig, wirklich zur gleichen Zeit, ist Friede, Stille, NICHTS, ist das Unberührte gegenwärtig und es ist untrennbar. Stille ist immer, ist real, während der ganze Rest, die Höllen und Himmel und Welten es nicht sind. Es ist also ein Berührt-Sein, ein sehr tiefes Berührt-Sein, tiefer als jemals zuvor, aber zu gleicher Zeit unberührt, still, in Frieden, und niemand ist da. Berührtheit und Unberührtheit, Mitgefühl und Friede, Fühlen und Stille bestehen gleichzeitig.

Es scheint mir sogar, dass nur aus dieser Unberührtheit, Unbewegtheit, Nicht-Person die Möglichkeit entsteht, sich vollkommen zu treffen, vollkommen zu fühlen, dass nur aus der Unberührtheit, aus der Stille, aus dem Frieden Mitgefühl aufsteigen kann. Selbst von Treffen zu sprechen ist nicht ganz richtig, denn es ist einfach dasselbe Selbst in einer anderen Form und deshalb keine Frage des Treffens. Und das erscheint tatsächlich manchmal kühl. Es ist kühl im Sinne des Fehlens einer emotionalen Reaktion oder einer emotionalen Bewegung wie Bedauern. Ich kann einfach nicht sagen: „Du bist arm dran, du armer Kerl" oder etwas Ähnliches. Das wäre nicht wahr, denn ich sehe das Göttliche in all seinem Glanz. Das ist kein dummer oder ignoranter Romantizismus, kein billiges Bild von „alles ist okay". Ich sehe und fühle all den Mist und bin auch nicht bereit, *das* zu übertünchen, einen billigen Trost zu spenden oder irgendeine Erklärung, irgendein New-Age-Opium abzugeben. Mist ist einfach Mist, Schmerz ist einfach Schmerz. Und Schmerz ist und bleibt schmerzvoll. Aber zugleich liegt der Fokus auf der Stille, auf dem Buddha, auf dem Göttlichen, das ich sehe. Ich finde einfach nichts, was von DEM getrennt ist. Viel Wachsamkeit ist bei diesen Treffen vorhanden, denn immer ist es ein Balancieren auf des Messers Schneide.

Und es scheint, dass das irgendwie weitergegeben und übertragen wird. Es ist eine Freude! Wildheit ist in dieser Liebe. Mitgefühl und Liebe sind von Wahrheit, von Stille, Frieden, Leere, Göttlichkeit, Unendlichkeit, von DEM nicht trennbar. Es ist keine Liebe zu und keine Liebe von. Es ist keine romantische Liebe. Liebe und Mitgefühl sind niemandes Besitz. Niemand gibt sie, niemand nimmt sie.

Glückseligkeit

Bis zum Winter kam gelegentlich ein Bedürfnis nach Bestätigung auf: „Ist das wirklich Erwachen?" Und mein Verstand fragte auch immer noch nach Glückseligkeit... Es war nicht mehr so wie in den Zeiten des Zweifelns im Frühsommer, es war nicht bedrohlich, es störte die Stille nicht. Was ist ist, und ist einfach offensichtlich. Daran änderte sich nichts. Diese Fragen schwammen einfach gelegentlich herum wie Schnittlauch in der Suppe. Ich berichtete Samarpan davon und er sagte:

Samarpan: „Wenn du nach Bestätigung suchst, findest du sie überall. Wenn aber das Suchen nach Bestätigung nur eine weitere Gewohnheit des Verstandes ist, dann ist es nie befriedigend. Du hast etwas über Glückseligkeit gesagt. Ich habe ein Buch gelesen. Ich glaube, es war ein Buch mit Briefen an Ramesh. Einer seiner Schüler führte aus, dass Glückseligkeit, egal wie stark sie ist, zum Normalzustand wird. Er sagte es so: Egal wie hoch du fliegst, nach einer Weile ist es normal. Wir kennen diese Momente von Glückseligkeit, und im Vergleich zu unserem Elend sind diese Momente sehr stark. Aber wenn du einfach die ganze Zeit glückselig bist, ist es einfach normal, es fühlt sich nicht einmal glückselig an. Es ist normal. Ist das genug Bestätigung?"

Pyar: „Für den Moment, ja."

Samarpan: „Großartig."

Und es ist tatsächlich so: Diese stille Freude ist immer da. Sie ist unveränderlich, wie die Stille selbst. Sie ist wie ein Attribut oder ein Eigentum der Stille, wie Liebe und Frieden. Sie ist keine Erfahrung, kein Gefühl, schon gar nicht dieses ekstatische, ausgeflippte Juhu-Gefühl. Solche Gefühle entstehen gelegentlich und verschwinden dann wieder wie andere Gefühle auch. Glückseligkeit ist sogar unabhängig von Gefühlen und Erfahrungen. Sie ist ein Nebenprodukt der Stille, wie Gangaji es formulierte. Und diese stille Freude ist die ganze Zeit da, und es ist ganz normal, so normal, dass ich es gar nicht bemerkt hatte.

Eine rebellische Schulter

Von Oktober bis Dezember rebellierte meine rechte Schulter. Es war ziemlich schmerzhaft und fühlte sich an, als ob ein großer Adler auf meiner Schulter säße und seine Krallen in mich schlüge. An manchen Tagen konnte ich gar nicht mehr richtig schreiben, weil ich den Arm nicht bis auf Tischhöhe bringen konnte. Auf Massagen reagierte die Schulter zunächst nicht. Und das Schöne war, es berührte mich nicht. Da war Schmerz, und unberührt davon waren Stille, Glückseligkeit und Friede.

Der Ozean verschwindet

Nach Weihnachten im nächsten Retreat tobte eines Abends ein eigenartiger Tumult in meinem Geist, über den ich am nächsten Tag im Satsang berichtete:

Pyar: „Da herrschte ein großer Tumult. Es zeigten sich Gefühle von Schmerz und so weiter, und dennoch blieb immer das Beobachten, der Zeuge."

Samarpan: „Das stimmt."

Pyar: „Und auch der Sat-Guru war in all seinen Formen zugegen. Papaji sagte: „Bewege dich nicht", Gangaji sagte: „Wachsamkeit", du sagtest: „Nimm an", Osho sagte: „Erinnere dich, du bist ein Buddha" und Jesus erzählte seine Geschichte von der Versuchung. Und eine schwarze Krähe hockte da, die einfach ihr Lied an die Sonne sang. Sie war mein Kraft- und Führer-Tier in schamanischer Arbeit. Ich hatte sie eine ganze Weile nicht gesehen. Dann kam schreckliche Angst auf, und dann verschwand alles. Alles verschwand in mich hinein. Alle, du, Gangaji, Osho, Jesus, Papaji, die schwarze Krähe, alle und alles verschwand in mich hinein. Es war, als ob der Ozean verschwände."

Samarpan: „Der Ozean verschwindet im Tautropfen."

Pyar: „Und immer noch bin ich."

Samarpan: „Das ist alles, worüber wir sicher sein können."

Pyar: „Und dieses ‚Ich bin' ging die ganze Nacht weiter wie ein Halleluja."

Samarpan: „Schau, Ich bin. Weißt du, wenn ich sage ‚ich bin erleuchtet', das ist es nicht. Wenn ich sage, ‚ich bin ein Meister', das ist es nicht. Wenn ich sage, ‚ich bin Samarpan', das ist es nicht. ‚Ich bin' ist vollständig. Es braucht nichts anderes. Dieses ‚Ich bin' ist vollständig, es bedarf keiner Bestätigung."

Pyar: „Ja, keine Bestätigung nötig."
Samarpan: „Das stimmt."

Seither bin nicht nur ich verschwunden. Nicht nur der Fluss ist verschwunden, auch der Ozean ist verschwunden. Der Schüler ist verschwunden und der Meister ebenso. Es gibt kein Innen und kein Außen mehr. Es gibt gar keine Möglichkeit für Außen. Da ist nur das Selbst, nur das Göttliche, nur DAS, keine Möglichkeit der Trennung. Von hier, von der Stille aus betrachtet, gibt es keine Möglichkeit des Widerspruchs. Selbst die Welt der Dualität, die Welt der Illusion steht nicht in Widerspruch zu DEM. Sie ist einfach was sie ist. In DEM gibt es kein Ziel, keinen Weg, kein Hier und kein Dort, kein Ich und kein Du, keine Grenze, kein Ende und keine Mitte, kein Außen und kein Innen, es gibt nichts zu erreichen, nichts zu verändern, zu gewinnen oder zu verlieren. Still, in Lebendigkeit vibrierend, leer und doch in Fülle, in Liebe überfließend, endlos, frei, unbewegt und still ist Leere, Stille, DAS. Und dennoch bewegt DAS alles, jedes Phänomen, es erschafft alles, es zerstört alles. Jede Form in all ihrer Einzigartigkeit ist ein Ausdruck der Göttlichkeit, die wir sind. Es gibt keine Möglichkeit, irgend etwas auszuschließen. Jedes Geschehen und jede Form, jedes Phänomen geschieht von und durch und in DEM, ohne jedoch DAS zu berühren, ohne DAS zu verändern, ohne DAS zu bewegen und ohne einen persönlichen Handelnden. Es ist schwer auszudrücken. Es ist, als ob unvoreingenommenes, urteilsloses Erfahren der Dualität in sich selbst Nicht-Dualität ist. Da besteht kein Problem, kein Konflikt. Alles ist nur ein großer wunderschöner, aufregender Tanz in DEM. Leere, die präsent, die voll ist. Nichts ist da auszuschließen, kein Ja und kein Nein. Auch das ist wieder nur ein unbeholfener Versuch auszudrücken, was eigentlich nicht ausdrückbar ist. Beim Schreiben fällt mir ein Satz aus einer alten hinduistischen Schrift ein: „Die Welt ist Illusion. Nur Brahman ist wirklich. Die Welt ist Brahman."

Keine Bestätigung wird mehr benötigt. Was ist, ist. Und die Stille ist unbewegt. Und oft ist da gar kein Gedanke, gar kein Gefühl. Windstille, nur Bewusstsein. Unendlich weit.

Eine Reise in die USA

In diesem Winter unternahmen wir eine Reise in die USA. Wir fuhren durch Arizona und Kalifornien und erlebten wunderbare Tage, wunderbare Landschaften, wunderbare Begegnungen. Ich beobachtete erstaunt, dass all dieses Wunderbare, all diese Schönheit der Freude, der Glückseligkeit, der Stille, dem Frieden, die immer gegenwärtig sind, nichts hinzufügten. Genau wie ich in der Zeit zuvor erkennen durfte, dass unangenehme Erfahrungen, seien sie durch Umstände oder Emotionen bedingt, nichts von DEM wegnehmen. Nichts kann DEM hinzugefügt, nichts kann von DEM genommen werden. Zufriedenheit und Freude sind einfach da, unabhängig von was auch immer! Welche Erleichterung, was für eine Freiheit! Es ist Sein und Sein und Sein, jetzt und jetzt. Und wieder war ich erstaunt, dass trotzdem die Begegnung, das Treffen, das Erfahren der Schönheit genauso wie schmerzhafte Erfahrungen sogar stärker sind als früher. Da gibt es nichts Lauwarmes, nichts Taubes, nichts Totes. Es ist, als ob nun alles direkt, sofort und sehr intim getroffen und fast verschmolzen wird, und das mit so viel Würdigung, Respekt und Dankbarkeit.

Das Gras wächst von allein

In einem Gespräch fragte mich ein Patient: „Wenn es so ist wie Sie sagen, wenn alles in Ordnung ist wie es ist, wenn da tatsächlich nichts ist, was man ändern müsste, warum kommen Sie dann mitten in der Nacht auf einen Hausbesuch?" Das war eine gute Frage. Meine Antwort war: „Wissen Sie, offensichtlich ist es in Ihrem und in meinem Lebensstrom so vorgesehen. Ich bin Teil Ihrer Geschichte und Sie sind Teil meiner. Sie sind krank und rufen mich in der Nacht, und ich komme. Hier ist ein Patient mit Schmerzen und da eine Ärztin, die sie lindert. Das ist alles, und genauso ist es in Ordnung." Auf dem Heimweg reflektierte ich über den Satz: „Still sitzen, der Frühling kommt und das Gras wächst von allein." Das ist ein Satz, den Osho oft zitiert hatte und der in „Sannyas-Kreisen" weit verbrei-

208

tet ist. Mich hatte dieser Ausspruch immer geärgert. Auf der einen Seite wusste ich, dass Gras nicht von allein wächst. Es braucht Licht und Regen und Dünger und sicher noch manches andere, um zu wachsen. Auf der anderen Seite beobachtete ich all die Jahre, dass dieser Satz zum Vorwand für Faulheit benutzt wurde, zum Vorwand, nichts zu tun und andere arbeiten zu lassen, nicht für sich selbst zu sorgen und andere das für sich tun zu lassen. Ich erlebte sogar, wie dieser Satz als Rechtfertigung für Stehlen missbraucht wurde. Deshalb hatte er mich immer so geärgert. Jetzt auf der Heimfahrt von diesem Hausbesuch wurde mir die Bedeutung klar. Natürlich braucht das Gras Regen und Sonne und Dünger. Aber selbst wenn ich das Gras dünge, bin ich nicht der, der das bewirkt. Natürlich ruft ein Kranker den Arzt in der Nacht, und ich komme und es wird getan was zu tun ist, aber ich bin nicht der Handelnde. Da findet ein nächtlicher Hausbesuch statt, doch ich bin in Stille, in Frieden und unbewegt, nicht handelnd. All dies geschieht genauso wie es geschehen soll. Sätze wie „Das Gras wächst von allein" oder „Alles ist vorbestimmt" oder „Das Leben kümmert sich um alles" sind keine Ausreden für Faulheit oder für Verantwortungslosigkeit, sind keine Ausrede, um sich bequem aus der Affäre zu ziehen. Ja, das Leben kümmert sich um alles und benützt dazu genau uns. Das Leben kümmert sich um Kinder und benützt dazu meistens Mütter und Väter. Das Leben kümmert sich um deinen Unterhalt und benützt dazu deine Arbeitsstelle. Alles ist genauso richtig! Das Leben kümmerte sich um diesen Patienten und benutzte dazu mich, und dennoch ist es das Leben, das sich da kümmert! Ich habe nichts getan.

Eine rote Rose

Was ist Realität? Was ist real? Was ist vor allem wirklich real? Wirklich real ist nur, was in keiner Weise von irgendetwas anderem abhängt. Wirklich real ist nur, was keinen Grund, keine Ursache braucht, um zu sein. Damit erübrigt sich auch die Frage nach der Henne und dem Ei. Beide sind nicht real! Das Ei braucht die Henne und die wiederum hat ihren Grund, ihren

Ursprung im Ei... Was keine Ursache hat, was von nichts abhängt, hat auch keinen Anfang und kein Ende. Alles was einen Anfang hat, hat einen Grund, einen Ursprung, ist von Umständen abhängig und wird deshalb auch ein Ende haben. Was wirklich real ist, ist immer und überall real.

Jetzt blühen im Garten wieder die Rosen. Ich saß dort kürzlich, betrachtete eine dieser Rosen und spielte dabei mit Gedanken. Was ist eine blühende rote Rose? Was ist ihre Realität? Wie real ist eine blühende rote Rose? Vielleicht denkst du jetzt an eine Rose, die du einmal geschenkt bekommen hast – da steigt die Erinnerung an eine Liebe auf.... und schon siehst du die Rose nicht mehr. Du siehst nicht die Rose, sondern das was sie für dich bedeutet, du siehst was deine Vorstellung und deine Erinnerung mit einer roten Rose verknüpft – das ist nicht real! Oder: Eine Rose ist schön, sie ist rot, sie duftet, das ist angenehm, ich mag das... Hast du schon einmal daran gedacht, dass Hunde eine ganz andere Farbwahrnehmung haben? Sie sehen die Rose nicht rot wie du, und ihren Duft finden sie vielleicht gar nicht so schön. Da gibt es ganz andere Düfte, die einen Hund reizen! Rose ist Sommer, Wärme, Baden gehen... schon wieder weg von der Rose! Also – auch das ist nicht die Realität, das So-Sein der Rose. Für eine Biene ist sie einfach ein Futternapf. Für eine Ameise ist sie schlicht ein Hindernis. Es ist sehr lästig, plötzlich so einen Riesenstamm vor sich zu haben, der zehnmal dicker ist als man selbst groß ist, wenn man eine riesige Last transportieren will. Für eine Schnecke ist sie unnütz – diese blöden Stacheln – da kann man nicht hinaufkriechen – das kann man nicht fressen... Und die Sonne, der Regen – sie machen sowieso keinen Unterschied, worauf sie scheinen und worauf sie regnen. So unterschiedlich ist die Wahrnehmung derselben Rose für verschiedene Wesen, und jede dieser Wahrnehmungen, dieser Erfahrungen führt zu einer anderen Definition und einer anderen Vorstellung des Phänomens Rose. Und diese Definition, diese Vorstellung wird dann Rose genannt. Doch was ist sie nun wirklich? Was ist ihr innerstes Wesen? Ist sie schön und rot, ist sie grau, ist sie duftend oder nicht, ist sie nützlich oder lästig? Wenn du jetzt alle diese Vorstellungen, Ideen, Erinnerungen, Verknüpfungen mit der Erfahrung von Rose weglässt, was bleibt dann übrig? Subtrahiere alles, was du von Rose weißt, was du mit Rose erfahren hast, was du im Zusammenhang mit Rose erinnerst, was du über Rose denkst, selbst was du mit Rose erfährst – was bleibt? Nichts! Was bleibt, ist Leere, das Wesen der Rose ist NICHTS, Leere, Göttlichkeit, ist DAS – genau wie dein Wesen! Das Göttliche, sich in einer Form, in einer ganz bestimmten individuellen Form ausdrückend – hier genau in der Form einer Rose, vollkommen unabhängig davon, was irgendjemand unter Rose versteht. Das Göttliche in dieser Form tanzend, die dann von sich Selbst wahrgenommen wird, sich selbst durch eine andere Form wahrnimmt – menschliche oder schneckige Form, ameisige Form – tausend Möglichkeiten, diesen Ausdruck des Selbst, des Göttlichen, des NICHTS wahrzunehmen.

„Form ist Leerheit; Leerheit ist Form; Form ist nicht von Leerheit verschieden noch ist Leerheit verschieden von Form."

Programme

Diese Person, dieses Individuum ist noch genauso vergesslich wie immer. Mindestens zweimal pro Woche finde ich Brille und Schlüssel nicht wieder, und Nirdoshi macht sich auf die Suche.

Immer noch, wenn ich aus dem Haus gehe, fällt mir oft unterwegs ein, was ich vergessen habe. Oft kehre ich um, selbst wenn ich schon halbwegs in der Praxis bin. Und natürlich komme ich dann zu spät. Nur, ich ärgere mich nicht darüber – es ist einfach so.

Viele solche Programme laufen weiter – das muss sich auch gar nicht ändern. Aber diese Programme dirigieren mich nicht – ich bin frei. Es werden nicht auf einmal alle Programme in unserem Biocomputer gelöscht, wenn Erwachen geschieht. Eigentlich wäre das auch sehr unpraktisch, denn einige dieser Programme sind im täglichen Leben sehr hilfreich. Kürzlich haben wir zum Beispiel in der Küche der Praxis ein Möbelstück umgestellt, und seither greifen wir alle immer noch in die falsche Schublade, wenn wir einen Löffel brauchen. Das Programm ist noch nicht umgestellt. Aber stell dir vor, du müsstest jedes

Mal, wenn du einen Löffel, einen Kugelschreiber oder irgend etwas brauchst, erst bewusst nachdenken, wo das ist. Das wäre ganz schön lästig. Auch an roten Ampeln bremse ich immer noch vollautomatisch. So gibt es viele praktische Programme und Automatismen in diesem Kopf und ebenso einige unpraktische, verquere. Aber das stört nicht weiter.

Einige Programme ändern sich auch ohne Anstrengung. Sie fallen einfach weg. Seit vielen Jahren hatte ich z.B. Angst, im Winter auf glatten Straßen zu fahren, da ich einmal eine schwere Massenkarambolage auf der winterlichen Autobahn erlebt hatte. Letzten Winter nun fuhr ich eines Tages ganz unbeschwert bei schneeglatter Straße einen Hügel hinunter und wunderte mich erst hinterher: "Hey, wo ist die Angst geblieben? Es ist doch glatt?" Sie war einfach weg, ohne dass ich sie vertrieben hatte. Bisher ist sie nicht wieder aufgetaucht, falls sie aber wiederkäme, wäre das auch kein Problem. Dann ist da halt diese Angst, und entweder fahre ich trotzdem oder ich nehme die U-Bahn....

Die Muster aus früheren Erfahrungen, die Muster, die aus Vorurteilen, aus Beurteilungen aufgebaut waren, fallen mehr und mehr auseinander, und jeder Moment wird neu getroffen. Das ist so lebendig. Jeder Tag, jeder Moment ist vollkommen neu, trotz eines Terminkalenders oder so genannter Pflichten, die zu erfüllen sind. Es bedeutet nicht, dass ich unzuverlässig geworden wäre. Jeder Moment ist frisch in der Art, wie er ist, wird ohne Brille gesehen und erlebt. Keine zwei Momente sind gleich.

Da hält sich auch immer noch das Programm, etwas nicht richtig gemacht oder gesagt zu haben. Gut, das ist so, und vielleicht ist es ja auch gut so. Und vor allem stört es nicht, was zu tun oder zu sagen ist, und ich weiß, ich tue es nicht und sage es nicht, habe nie etwas getan. Es stört die Stille und den Frieden nicht.

Ja, solche Programme und Konditionierungen existieren, und ich spiele mit ihnen. Sie hindern nicht, denn erstens besteht keine Identifikation mit diesen Programmen, und zweitens ist einfach die Bereitschaft da, jegliches Gefühl, das damit verbunden sein mag, zu spüren.

Ein letzter Wunsch

Ein Wunsch ist noch da. Es ist dein Wunsch, unser Wunsch. Es ist der Wunsch, dass Freiheit, Stille, Friede, das Selbst, Leere, Göttlichkeit, DAS was die Essenz und das Herz jedes Wesens und aller Dinge ist, von allen Wesen des Universums erkannt werden möge. Denn ich bin dasselbe Selbst, welches du bist, dasselbe Selbst, welches alles ist.

Wenn ich Menschen ansehe, in ihre Augen blicke, dann sehe ich nur Gott und all den Glanz, all die Schönheit, aber dennoch fühle ich oft auch den Schmerz, das Elend, das unnötige Leiden, sehe die Verwirrung, den Nebel, den Schleier der Illusion. Obwohl da keiner ist, fallen dann Worte aus meinem Mund. Manchmal erhebt sich ein Ruf wie „Geliebter, schau! Öffne deine Augen, wache auf und sieh! Sieh den Buddha, der du bist, die Schönheit, die Stille, die Unendlichkeit, die du bist!" Ich wünsche dir, dass du grundlos glücklich bist!

21. Dialog mit dem Selbst

Dies sind Fragen, die Freunde gestellt haben.
Vielleicht sind es auch deine Fragen.

Was ist Authentizität?

Authentisch zu sein heißt zu sein, wer du bist. Und wer du bist, ist Stille. Du bist Stille, du bist Freiheit, du bist Bewusstsein. Wenn du bist, was du bist und weißt, was du bist, dann entfaltet sich das Leben, dann entfalten sich ganz natürlich, ganz einmalig, individuell und authentisch Bewusstsein und Göttlichkeit durch deinen Körper, deinen Verstand, deine Emotionen. Das hat nichts mit der Durchsetzung deiner Wünsche zu tun, ganz im Gegenteil. Denn was sich da entfaltet und ausdrückt, ist Göttlichkeit und nicht deine Person, nicht dein Ego. Wenn die Realisation, die Erkenntnis, das Bewusstwerden dessen, wer du bist und schon immer warst, geschieht, dann ist die Person, die etwas wünschen könnte und das dann durchsetzen müsste, nicht mehr da. Ich selbst zu sein heißt nicht, dass sich die Dinge nach meinen Wünschen und Vorstellungen entwickeln.

Der Verstand lehnt etwas ab und es wird unterdrückt. Später platzt es heraus, und das nennt der Verstand dann authentisch. In Wirklichkeit sind beides nur die zwei Seiten einer Medaille. Das Unterdrücken dessen was ist und das emotionelle Herausplatzen sind beides Ausdruck der Ablehnung des Verstandes, Ausdruck der Nicht-Akzeptanz dessen, was ist.

Es ist nicht möglich, authentisch zu sein und gleichzeitig jemanden zu übervorteilen. Wie könntest du dein eigenes Selbst übervorteilen, ausnützen oder quälen? Es ist unmöglich, authentisch zu hassen. Zum Hassen muss es eine getrennte Person geben, die eine andere Person hasst. Und wenn diese getrennten Personen agieren, dann sind sie sich nicht bewusst, was sie in Wirklichkeit sind, sind sich nicht bewusst, dass sie Stille, Göttlichkeit sind, und sie sind daher nicht authentisch.

Wie ist es dann mit Ärger, mit Wut?

Ärger und Wut sind einfach nur Energie, die sich auf eine bestimmte Art ausdrückt, sind ein Ausdruck des Lebenstanzes und manchmal sogar nützlich. Wenn Ärger und Wut *jetzt* als Antwort auf eine Situation auftreten, nicht im Nachdenken oder Reflektieren, sondern genau jetzt, in dem Moment, wo sich die Energie in dieser speziellen Form erhebt, dann hat auch dieser Ausdruck seine eigene Schönheit und Berechtigung. Aber wir müssen ihn nicht unbedingt ausdrücken. Wenn wir den Ärger vollkommen fühlen, dann geschieht vielleicht eine Handlung oder auch nicht. Vielleicht wird etwas gesagt oder auch nicht. Wenn wir den Ärger fühlen, ohne über ihn nachzudenken, ohne zu schauen woher er kommt, ohne zu versuchen ihn loszuwerden, ohne ihn auf jemanden oder etwas zu projizieren, ohne einen Schuldigen zu suchen, dann wird der Ärger selbst akzeptiert und muss nicht mehr ärgerlich sein. Und dann ist Stille. Wenn Ärger und Wut nicht sofort in dem Moment, wo sie entstehen, gefühlt werden, dann verschimmelt diese Energie, fängt an zu stinken und wird zu Hader und Groll.

Wenn Erwachen aus Gnade geschieht, was sollen dann all die Übungen und Meditationen?

Es passiert von selbst, aus Gnade, das ist wahr. Und es geschieht genau zur richtigen Zeit. Dennoch braucht es Vorbereitung, um aufzuräumen und Platz zu schaffen. Auch das geschieht einfach. Du begibst dich auf die Suche, damit du am Ende erkennen kannst, dass du immer schon da warst wo du hinwolltest, dass du immer schon das warst, was du suchtest. Also warum die Suche nicht genau *jetzt* beenden? Integration und Annahme der Teile deiner Persönlichkeit geschehen, damit du am Ende erkennen kannst, dass du keine Person bist. Also warum nicht *jetzt* dein wahres Selbst erkennen? Warum nicht *jetzt* niemand sein? Vorbereitung geschieht, um dich bereit und willens zu machen, *alles* loszulassen. Also warum nicht diese Illusion der

Trennung, diese falsche Identifikation mit einer getrennten Person *jetzt* loslassen? Warum nicht diesen Jemand, der du zu sein glaubst, *jetzt* aufgeben? Wie dieses Vorbereiten für dich geschieht, weißt du nicht und weiß ich nicht. Alles was in meinem Leben geschah, war Vorbereitung und führte zu DEM. Wirklich alles. Es kann mit Hilfe von Übungen, aber auch ganz anders geschehen. Wie das Aufräumen, das Platzschaffen abläuft, bestimmt der innere Meister, der Sat-Guru. Und manchmal erwacht ein Mensch ganz plötzlich scheinbar ohne jede Vorbereitung zur Wahrheit. Suzanne Segal ist aufgewacht, als sie auf einen Bus wartete, Robert Adams während einer Mathematikschulaufgabe. Beide hatten das nicht vor. Ich weiß es nicht. Und in Wirklichkeit bedarf es keiner Vorbereitung. Du bist bereits das, wonach du suchst! Und ganz sicher gibt es nichts, was du ändern müsstest, nichts, was du verbessern müsstest, nichts, was du üben müsstest – du bist bereits das Göttliche! Es gibt nichts anderes! Es gibt nichts zu bekommen, nichts zu werden, nichts zu verbessern. Du musst kein besserer Jemand werden! Es geht darum, niemand zu sein, und du bist sowieso niemand. Es geht darum, als Person zu sterben, zu sterben als Ich, das ist alles. Du bist sowieso NICHTS, unendliche überfließende Leere, denn es gibt nichts anderes! Es geht nur darum zu sehen, zu erkennen, vielleicht zu erinnern, was bereits der Fall ist. Also wie könntest du dich darauf vorbereiten, einfach zu sein? *Sei* einfach! Sei einfach, ohne jede Bedingung. Sei einfach glücklich ohne Grund, bedingungslos. Und erinnere dich, niemand kann es dir geben! Es ist sowieso dein. Niemand kann es dir nehmen. Du bist DAS. Du bist keine Person. Du bist niemand. Du kannst nichts haben. Du kannst nichts werden. Du bist alles, was ist. Das ist die Wahrheit, ob du es siehst oder nicht. Und was daran hindert, die Wahrheit zu erkennen, aufzuwachen, ist nur die Vorstellung, das Missverständnis, jemand zu sein, ein Ich, eine Person zu sein. Aus dieser Missidentifikation entsteht die Vorstellung, dass bestimmte Umstände notwendig wären, um glücklich zu sein. Und daraus wiederum entstehen Begierden und Ablehnungen. Das Gegengift ist bedingungslose Annahme, Hingabe, ist das Loslassen dieser Vorstellungen. Also versuche und sieh selbst! „Sei dir selbst ein Licht", sagte Buddha.

Bitte entwickle aber daraus keine neue Idee, keine neue Vorstellung, kein Konzept, kein Mantra. Sich vorzusagen oder zu denken „ich bin DAS", „ich bin keine Person" etc. hilft nicht. Das wäre nur eine weitere Vorstellung, eine weitere Identifikation, ein weiterer Gedanke. Es wäre eine Person, ein Ego, das sich einbildet, keine Person, kein Ego zu sein. Flach wäre das und unreal. Es handelt sich um keine Philosophie, um nichts was man lernen oder nachsprechen, was man intellektuell begreifen könnte. Es ist existentiell. Du musst wirklich sterben.

Was bedeutet Akzeptanz?

Wenn ein Gefühl auftaucht, sei es das Gefühl von Schuld, von Schmerz, Ärger, Freude, Traurigkeit oder irgend ein anderes Gefühl, nimm es an so wie es ist! Das heißt: Nicht hoffen, dass es weggehen oder sich ändern möge. Das ist keine Technik, um ein Gefühl loszuwerden oder es zu verändern, sondern einfach das Akzeptieren dessen, was gerade jetzt ist. Es ist Hingabe. Es ist sogar wie ein Sterben in das, was ist. Kein Weglaufen, kein Spekulieren, was war oder was dabei herauskommen wird. Es geht um bedingungslose Akzeptanz: Keine Tricks, keine Strategie, kein Kämpfen, kein Analysieren, kein Reflektieren, kein Projizieren, kein Dramatisieren, kein Ausdrücken, kein Unterdrücken. Es geht darum, dieses Gefühl einfach vollkommen anzunehmen, es willkommen zu heißen, ohne Bedingung zu umarmen und still, unbewegt zu bleiben – egal ob es schön ist oder nicht so schön und in die Mitte des Gefühls zu gehen. Dort, im Herzen, in der Essenz von allem und jedes Wesens und sogar jedes Dämons habe ich Liebe gefunden, Frieden, Stille, Unendlichkeit, überfließende Leere, NICHTS. Überall finde ich dasselbe Selbst, das ich bin. Und da es so ist, wurden die verschiedenen Qualitäten der Gefühle völlig unwichtig. Nicht, dass ich nicht in der Lage wäre, eines vom anderen zu unterscheiden. Nicht, dass ich nicht das Empfinden von Freude dem von Schmerz vorziehen würde, aber in beiden Fällen ist es einfach okay, in beiden Fällen bin ich glücklich, bin ich in Frieden, bin ich zufrieden. Und Liebe, Stille, DAS, NICHTS, das was wir sind und was die Essenz von allem ist, ist vollkommen unabhängig von Gefühlen, Umständen oder irgendeiner Erfahrung. Aber entschuldige, das zu sagen hilft nicht wirklich. Du musst für dich selbst sehen.

Wie kann man noch in der Welt unter den gegebenen Situationen kämpfen, wenn kein Ich mehr da ist?

Kämpfen? Was gibt es zu bekämpfen? Und wer könnte kämpfen? Nichts, niemand. Du weißt einfach, dass das Leben sich kümmert. Nicht so wie du meinst, sondern genau so wie es richtig ist. Und du wirst absolut verantwortlich auf jede Situation reagieren, so wie sie ist, weil du nicht mit der Last der Vergangenheit beladen bist, aber Wissen und Erfahrung einsetzen kannst, und weil du nicht nach zukünftigen Resultaten deiner jetzigen Aktion schielst, sondern einfach genau jetzt handelst. Das heißt, es gibt keine Probleme mehr, nur Situationen. Und diese können natürlich manchmal angenehm und manchmal unangenehm sein, daran wird sich nichts ändern. Schließlich wurde Al Mansoor geviertelt und Jesus gekreuzigt. Wie könntest du erwarten, dass dir nur noch Angenehmes widerfährt? Aber es bedeutet auch nicht, alles blind zu akzeptieren, es heißt nicht, nicht mehr für dein Recht zu stehen, Jaja zu sagen und klein beizugeben. Im Gegenteil, du stehst da wie ein Fels. Du hast keine Erwartung mehr, wie jemand auf dich reagieren sollte, wie du auf andere wirken möchtest, keine Erwartung wie du sein möchtest, keine Ablehnung irgendeines Gefühles, das kommen könnte, wenn du so oder so handeln würdest, keine Vorstellung, die zu erfüllen wäre von ,ich bin doch so und so, bin der oder jener'. Es gibt keine dir beigebrachte Regel, wie man sich adäquat zu verhalten hat. Und so kommt es zu einer spontanen Reaktion auf die gegebene Situation, vielleicht wird sogar gekämpft, aber du bist still. Du bist wie ein Fels. Was in dieser spontanen Reaktion geschieht, ist genau das und genau so, wie das Leben

es will, wie es sich in genau diesem Moment entfalten will. Und
es geschieht ohne das Vorhandensein deiner Person – das ist der
springende Punkt. Was dann daraus wird, was das Ergebnis dieser Aktion ist, die da geschieht, das weißt du nicht und wirst es
auch nie wissen, denn es ist das Leben, das Göttliche, das sich
da ausdrückt, nicht deine Person! Das Ergebnis liegt weder in
unserer Hand noch in der Reichweite unseres Verstandes.

**Was geschieht, wenn der Verstand die Wahrheit miss-
braucht, wenn er Worte, die er im Satsang gehört hat, zu
einer Strategie macht oder sie nachspricht und behaup-
tet: „Jetzt hab ich's"? Und wie kann ich erkennen, dass
dies passiert?**

Wenn du irgendwann in deinem Leben einen Geschmack
von Wahrheit, von Freiheit und von Stille erfahren hast – diese
unendliche überfließende Leere, keine Grenzen, keine Trennung, DAS – und ich bin sicher, die meisten von Euch hatten
diese Erfahrung, sei es bei einem atemberaubenden Sonnenuntergang oder während eines Orgasmus gewesen, sei es beim
Anblick einer Rose oder im Schock nach einem schrecklichen
Ereignis, egal wann und wo – wenn du dies einmal geschmeckt
hast, wirst du den Unterschied kennen. Jetzt musst du dich nur
entscheiden, wem deine Treue gilt: dem Echten, dem Wahren,
dem Lebendigen und Multidimensionalen, dem Ursprünglichen,
der Stille, DEM – oder dem eindimensionalen Abklatsch, den
der Verstand produziert, wenn er die Unverfrorenheit besitzt, zu
sagen: „Ich habe es." Wenn der Verstand versucht, von DEM
Besitz zu ergreifen, so wird Lüge die Folge sein. Genau das geschah als Luzifer fiel, dieser ursprünglich wunderschöne Engel
und Träger des Lichtes. Und du wirst, wenn du wach, aufmerksam und ehrlich zu dir selber bist, den Geruch der Lüge riechen.

Atisha sagt: „Gib alle Methoden auf, lasse auch die Medizin selbst verschwinden." Warum? Und wenn es tatsächlich so wichtig sein sollte, warum fällt es spirituellen Suchern so schwer?

Ja, es fällt uns schwer, liebgewordene Gewohnheiten loszulassen. Es fällt uns schwer, ein Werkzeug, das doch so lange dienlich war, loszulassen, wenn es nicht mehr nütze ist. Es fällt uns schwer, das loszulassen, was uns den Anschein von Sicherheit und Struktur gibt – das gilt auch für spirituelle Methoden. Es fällt uns schwer, unsere Vorstellungen und Illusionen aufzugeben und zu erkennen, dass auch das spirituelle Ego ein Ego ist – das Ego, das auf seine Fortschritte so stolz ist. Eine Frau erzählte einmal Gangaji von einer befreundeten Nonne. Diese Nonne ging eines Tages zu ihrer Oberin und gestand, dass sie hochmütig und stolz sei, worauf die Oberin ihr Bußübungen auferlegte. Nach einigen Wochen erschien die Nonne wieder bei der Oberin und sagte: „Ich habe die Übungen gemacht und bin stolz darauf". So ist das mit Methoden und Übungen. Sie sind gut und nützlich, aber es kommt ein Punkt, an dem wir uns von *allem* entblößen müssen, selbst von spirituellen Erfolgen, von spirituellen Methoden und Werkzeugen, ein Punkt, an dem wir *alles* loslassen müssen, selbst unsere schönsten spirituellen Erfahrungen, an dem wir *alles*, selbst unseren Wunsch nach Erleuchtung, nach Wahrheit, nach Freiheit aufgeben müssen. All dies sind nur Vehikel, Fahrzeuge, um uns an genau diesen Punkt zu bringen, und dafür sind sie sehr nützlich. Aber man kann nicht mit dem Auto in das Restaurant hineinfahren (außer in Amerika natürlich, dem Land der unbegrenzten Möglichkeiten – na ja, jeder Vergleich hinkt, aber zumindest kann sich auch dort kein Auto an einen gedeckten Tisch setzen...). Man kann schließlich, wenn man nach langer Reise nach Hause kommt, auch nicht mit dem Auto bis ins Wohnzimmer fahren. Vor der Haustür wirst du das Auto stehen lassen.

Was ist Erleuchtung?

Erleuchtung ist nur ein Begriff. Ein Begriff sagt eigentlich nicht viel. Und weil diese Begriffe wie Erleuchtung, Gott, Erwachen nicht viel besagen und wir damit nichts verbinden können, machen wir uns unsere eigene Vorstellung davon, und genau dann fängt das Missverständnis an. Was es wirklich ist, kann mein Verstand genauso wenig begreifen wie deiner. Ich weiß es genauso wenig wie du, und eigentlich mag ich dieses Wort überhaupt nicht.

Erleuchtung ist keine Erfahrung, sie hat keine Form, keinen Geschmack, keinen Ton, kein Gefühl, keine Emotion, es ist noch nicht mal ein Zustand. Erleuchtung ist einfach und ganz natürlich. Sie ist unsere eigentliche Natur. Es ist, was du bist und schon immer warst. Es ist was du bist, wenn alles was du nicht bist, wegfällt. Es ist nichts, was hinzugefügt würde zu einer Person. Es ist, was nach Abzug von allem *inklusive* der Person übrig bleibt. Es ist nicht das Vorhandensein von etwas, sondern die Abwesenheit der Illusion, des Traumes, die Abwesenheit des separaten Ich. Es gibt da nichts zu gewinnen! Und was bleibt, wenn du alle Definitionen deiner selbst, alle Masken und Rollen, alle Namen und Formen, alle Körper und Seelen weglässt? Es ist kein irgendwo Angekommensein, kein irgend etwas Erreicht haben. Es ist kein Erreichen, kein Bekommen, sondern ein Verlieren von allem, inklusive deiner selbst. Es ist ein Verlieren von allem was nicht real ist, aber immer so real schien. Und es gibt kein Ankommen. Es ist ein ständiges Geschehen, jetzt und jetzt, tiefer und tiefer, jeden Moment.

Es gibt keine Erfahrung von Erleuchtung. Erleuchtung ist da, wo jede Erfahrung, jeder Gedanke, jedes Gefühl endet. Erleuchtung ist da, wo der Erfahrende, der Denkende, der Fühlende verschwindet. Erleuchtung ist da, wo individuelles Bewusstsein und DAS zusammenfallen, da, wo Bewusstsein und Leere in *eines* zusammenfallen. Da gibt es kein Wissen, kein Erfahren, keine Möglichkeit es zu erinnern – es ist Sein, existentiell, Nichts, Raum, Unendlichkeit. Es ist noch nicht mal Einheit. Um Einheit zu denken oder zu erfahren, muss die Möglichkeit der

Zweiheit bestehen! Aber *da* gibt es diese Möglichkeit gar nicht. DAS ist immer da, in leuchtender Klarheit – jenseits jeder Form, jedes Phänomens, jedes Gefühls, jedes Gedankens, jeder Erfahrung. Es gibt nichts anderes. Aus der Dualität betrachtet ist das unmöglich. Von der Wahrheit, von der Quelle aus betrachtet besteht selbst in der Dualität der Erscheinungen, in Phänomenen, Gedanken, Gefühlen keine Trennung – sie sind einfach was sie sind: Phänomene, die aus Nichts auftauchen, die Nichts sind und im selben Moment zu Nichts zurückkehren. Und die Reise geht weiter und weiter – kein Ziel, kein Ankommen. Es ist nicht sprechbar, nicht schreibbar, nicht ausdrückbar. Bitte bleib nicht an diesen Worten hängen! Sie sind so armselig und niemals wirklich wahr.

Welche Rolle spielt Erkennen und Verstehen?
Ist Intelligenz notwendig?

Buddha sagt, alles Leiden entsteht aus Begierde, aus Ablehnung und aus Nicht-Verstehen. Genau dies ist auch meine Erfahrung. Nur diese drei Punkte halten uns in der Illusion der Trennung. Verstehen ist hier nicht im intellektuellen Sinn zu begreifen! Verstehen ist einfach erkennen. Und das ist notwendig. Suzanne Segal lebte 12 Jahre in einem Zustand der Ichlosigkeit und konnte nicht erkennen, was da vor sich ging. Sie hielt sich für psychisch krank, bis die Gnade ihr erlaubte, zu erkennen. Ich erlebte solche Zustände viele Jahre immer wieder und erkannte sie nicht. Chögyam Trungpa sagt, wenn keine Möglichkeit besteht, diesen Zustand mit dem erleuchteten Bewusstseinszustand zu verbinden, entsteht Verwirrung. So ist also Erkennen unabdingbar.

In der tibetischen Ikonografie wird ein Buddha oder ein Bodhisattva oft mit einem Schwert, das Unwissenheit und Nicht-Verstehen durchschneidet, dargestellt. Es geht um Verstehen und um das Unterscheiden dessen was real ist von dem was nicht real ist, was Illusion, Traum, Projektion unseres Geistes ist. Es ist ein Verstehen, das nicht aus dem Verstand kommt, sondern aus dem Sein, ein Verstehen durchdringend bis zur Essenz, zur Wahrheit, durchdringend wie ein Schwert. Und ein Schwert tötet. Es kann auch schmerzhaft sein.

Es ist Intelligenz, aber nicht die des Verstandes. Dieses Erkennen, dieses Verstehen ist völlig verschieden vom intellektuellen Verstehen! Es geschieht auf einer vollkommen anderen Ebene, in einer anderen Dimension. Und es geschieht aus Gnade und genau dann, wenn die Zeit reif ist. Jahrelang hatte ich gelesen, hatte gehört, war bei Osho gewesen. Tausendmal hatte ich die Wahrheit gelesen und gehört und durchaus auch intellektuell verstanden, was ich da las und hörte, und dennoch gab es kein Verstehen, kein Erkennen. Denn Erkennen findet statt, wenn keine Gedanken da sind und der Verstand aufgibt, es herauskriegen zu wollen. Erkennen geschieht in der Stille, aus dem NICHTS. Wenn die Fragen verschwinden, wenn das Ich verschwindet, ist Wahrheit gegenwärtig.

Wie fühlt sich ein Ich-loser Zustand an?

Er fühlt sich gar nicht an, denn es ist kein Gefühl. Es ist auch kein Zustand, es ist einfach die Wahrheit. Es gibt dieses Ich nicht, gibt diese getrennte Person nicht. Und das ist nicht meine, sondern unsere Wahrheit. Es gilt für dich und für mich. Das Ego gibt es gar nicht und hat es nie gegeben. Es ist einfach so.

22. Der Prozess des Schreibens

„Oh wie kann ich diesem geheimen Wort je Ausdruck geben?
Wie kann ich sagen, ER ist nicht wie dies, ER ist wie das?
Wenn ich sage, ER ist in mir, ist das All beschämt;
Wenn ich sage, ER ist außerhalb von mir, so ist es Lüge.
ER bewirkt, dass innere und äußere Welten unteilbar eins sind.
Das Bewusste und das Unbewusste sind beides seine Schemel,
ER ist weder offenbar noch ist ER verborgen.
ER ist weder enthüllt noch ist ER verhüllt,
Keine Worte gibt es, um DAS zu sagen was ER ist.“

KABIR

Nachdem ich die Hausaufgabe, ein Buch zu schreiben bekommen hatte, versuchte der Verstand, ein Konzept zu entwickeln und begann gleichzeitig seine Zweifel anzumelden. „Was will ich eigentlich sagen? Soll ich überhaupt schreiben oder lieber nicht? Als Erstes solltest du eine Gliederung anfertigen! Welche Zielgruppe willst du ansprechen? Wie werden die Leute auf was reagieren?" und lauter solche Dinge. Gut gemeinte Konzepte, die sonst bei Schreibarbeiten und Vorträgen von Nutzen, jetzt aber überhaupt nicht hilfreich waren. Gedanken tauchten auf: „Wie kommst du dazu, darüber zu schreiben, was bildest du dir eigentlich ein? Ist es nicht arrogant und überheblich? Und überhaupt, du weißt doch, dass man DAS sowieso nicht in Worten ausdrücken kann! Wie in aller Welt willst du die Wahrheit, willst du das was nicht dual ist in Worten ausdrücken, die immer dual sind, da sie aus einem dual aufgebauten Verstand kommen? Sobald du denkst, ist es nur noch der Abglanz der Wahrheit, und wenn du das dann auch noch in Worte fasst, ist es allenfalls nur noch der Abglanz des Abglanzes! Und außerdem haben es schon so viele ausgedrückt, was musst du jetzt auch noch daherkommen!" und so weiter und so weiter. Ja der Verstand tut das und präsentiert dies, doch ich nehme ihn nicht ernst. Er zieht mich nicht in eine Geschichte hinein, er baut kein Drama auf. Da sind einfach nur diese vorüberziehenden Gedanken. Sie kommen und gehen, und ich bleibe hier, bin still und fühle, was damit an Gefühlen verbunden ist, lache, bin über diese Kapriolen des Verstandes amüsiert. In Wirklichkeit stören sie mich nicht weiter, und ich beachte sie auch nicht sonderlich. Gleichzeitig erstaunt mich immer wieder, dass all dies die Stille, die Weite, das Bewusstsein nicht berühren kann, mich nicht berühren kann. DAS ist immer gegenwärtig. Ich bin Stille und Frieden, und all diese Gedanken tauchen auf, ziehen vorbei und verschwinden wieder, und gleichzeitig ist Stille und Frieden. Gedanken werden wahrgenommen, Gefühle erlebt, und keiner ist da, der sie fühlt. Es ist einfach nur das, was jetzt geschieht und dann – auch der Verstand ruht wieder im Frieden – keine Gefühle – stilles Wasser – kein Wind – keine Wellen.

Die ersten zehn Tage verstrichen, ohne dass ich ein Wort schrieb. Erst als ich eines Nachmittags wieder in dem Buch von Suzanne Segal blätterte, kam es zur Initialzündung. Jetzt war es nicht mehr aufzuhalten. Es war, als sei ich auf einen Zug gesprungen – noch nicht einmal gesprungen, mehr geworfen worden – von dem ich nicht wusste, wohin er fuhr, ob und wann er jemals wieder anhielte – ein Gefühl der Unvermeidbarkeit, Unaufhaltsamkeit stellte sich ein und das Schreiben begann. Und es setzte sich mit steigender Dringlichkeit und weiterer Hingabe an das was geschehen will fort. Immer wieder die Erkenntnis: Ich tue es nicht, noch kann ich verhindern, dass es geschieht. Kein „Ich denke", kein „Ich schreibe" ist da.

Das Schreiben selbst bewirkt tieferes Verstehen, weiteres Lernen. Es weitet die Erkenntnis. Weiteres Öffnen geschieht. Die Reise geht weiter. Die Notwendigkeit zu formulieren ist hilfreich. Konditionierungen und Programmierungen, Muster meines Verstandes, dieser Persönlichkeit tauchen auf und lösen wiederum Gefühle aus. Erfahrungen erscheinen im Raum, im Meer des Bewusstseins. Da ist zum Beispiel die Erfahrung des Zögerns und der Scheu. Und immer wieder geschieht mit jedem Auftauchen von Erfahrungen nichts weiter als ein erneutes Ja-Sagen, ein erneutes und immer wieder tieferes sich Hingeben, ein Akzeptieren der Erfahrung. Zugleich findet eine weitere Verbreiterung und Vertiefung der Erkenntnis statt – nicht, dass die Weite weiter würde oder die Stille stiller, aber das Erkennen dessen erweitert sich. Ein bodenloses Sinken und Fallen ist das. Jede Illusion eines Grundes, eines festen Bodens wird sofort unter den Füßen weggezogen und weiteres Fallen, tiefere Hingabe geschieht. Dieser Prozess des Schreibens und des Ausdrückens ist heftig. Und doch immer bin ich – unbewegt, still und frei und in Glück.

An manchen Tagen sagt die Vernunft: „Jetzt hast du gerade zwei Stunden Zeit, jetzt solltest Du Dich an den Computer setzen und schreiben." Ich setze mich also brav an den Computer – doch es geht nicht. Die Hand geht zur Maus, die Maus klickt auf die Oberfläche des Desktop. Ein buntes Fenster öffnet sich und siehe da, ich spiele und spiele stundenlang ein schrecklich langweiliges Spiel. Oder ich schlafe ein, oder hundert andere Dinge passieren. Das bin ich so nicht gewohnt. Eigentlich ist diese Person willensstark und pflichtbewusst. Normalerweise konnte ich mich auf mich verlassen. Aber jetzt – es geht einfach nicht. Okay, dann eben nicht. Ein andermal fühle ich mich kurz vor Mitternacht an den Computer getrieben und kann jetzt die Flut überhaupt nicht mehr aufhalten. Ich sitze und sitze, die Finger eilen über die Tastatur und die Augen folgen verwundert den Worten, die da ohne Anstrengung auf dem Bildschirm erscheinen. Es ist mehr ein Lesen oder Hören als ein Schreiben. Ich bin bereit, aber ich produziere es nicht. So geht es mit Vehemenz über Stunden. Weit nach Mitternacht sinke ich erschöpft und erleichtert ins Bett. Natürlich verschlafe ich am nächsten Morgen, und der Tanz beginnt von neuem... Es kommt vor, dass ich spätabends auf der Heimfahrt von der Praxis plötzlich einen Parkplatz suchen, mir ein Stück Papier nehmen und schreiben muss, weil ich die Flut nicht stoppen kann. Oder Körper und Geist sind nach einem langen Arbeitstag eigentlich todmüde und ich beschließe, mir einen freien Abend zu nehmen, lege mich auf die Couch, trinke ein Glas Wein und höre Mozart, schließe dann die Augen und will schlafen. Aber dann, plötzlich, bricht die Flut wieder hervor, und ich kann nicht anders als zu Papier und Kugelschreiber zu greifen, denn um zum Computer zu gehen bin ich zu müde, und ich schreibe und schreibe. Als ich einem Freund davon erzählte, schilderte ich es ihm wie einen Durchfall. Ja, so ähnlich fühlt es sich an – du hast keine Wahl. Und dann wieder sind da Tage ohne jedes Schreiben – allerdings nicht viele. Samarpan hatte Recht, als er sagte: „Sei bereit, Schreiben geschehen zu lassen". Ja, genau das ist es, nur Bereitschaft geschehen zu lassen was geschehen will und soll. Auch das ist nur ein Ja-Sagen und ein im Dienst stehen. Ich bin in diesem Prozess vollkommen hilflos. Überhaupt wird mir die Hilflosigkeit dieser Person immer bewusster. Ich bin hilflos und wahllos, doch genau darin, genau dadurch absolut frei – was für ein Paradoxon. So geschieht Schreiben aus tiefer Stille und Frieden und Freude und Überströmen, es geschieht – und keiner ist da, der schreibt.

Es ist, als ob sich ein großer Fluss durch diesen kleinen Körper und Verstand zwängen will. So viel Liebe, so viel Überfluss von Nichts, von niemand. Zeitweise habe ich ein Gefühl wie das einer Kuh, die schreit, weil sie gemolken werden will. Und es macht so viel Freude, Strömen zuzulassen.

Und es geschehen wundersame Dinge, wie wenn die Existenz dieses Geschehen trüge und unterstütze. Als ich über meine Teenagerzeit schrieb, kam mir meine beste Freundin in den Sinn, mit der ich damals soviel Zeit verbracht hatte und die zu dieser Zeit so wichtig für mich war. Mehr als zehn Jahre hatte ich sie nicht gesehen und wusste nicht, wo sie lebte. Nirdoshi schaute für mich im Telefonbuch nach, aber da war sie nicht eingetragen. Also suchte ich nicht weiter. Und siehe da, am nächsten Tag ruft sie mich an – einfach so!

Eine weitere wundersame Begebenheit ergab sich, als ich einen Satz aus einem Gedicht von Rumi, welches ich an den Anfang eines Kapitels stellen wollte, nicht verstehen konnte. Da stand geschrieben: „Wir haben dich geöffnet". Ich ahnte zwar, was er damit sagen wollte, bevor ich ihn jedoch zitierte, wollte ich es genauer wissen – es hätte ja auch sein können, dass einfach die Übersetzung falsch war. In der Nähe meiner Praxis gibt es einen kleinen Laden für islamische und Sufi-Literatur. So ging ich dorthin. Die Besitzerin kannte ich und wusste, dass sie eine Expertin war. Ich befragte sie über dieses Zitat und sie meinte, dies sei eine Koran-Sure, die Rumi zitiert habe, und „wir" stehe für Gott, für Allah. „Offen, geöffnet" seien wichtige Begriffe in der Sufi-Tradition – offen und geöffnet für die Vereinigung mit Gott, mit Allah. Da sie jedoch nicht ganz sicher war, wollte sie die genaue Stelle im Koran auf einer Computer-CD suchen. Dies gestaltete sich nicht einfach, weil das Programm nur Arabisch versteht und sie erst herausfinden musste, welche Tasten welche arabischen Buchstaben auf dem Bildschirm hervorrufen. Während sie noch daran arbeitete, betrat ein Mann von persischem Aussehen das Geschäft. Beide grüßten sich mit Salaam. Die Ladenbesitzerin fragte ihn: „Diese Dame hat Verständnisschwierigkeiten bei einer Zeile in einem Gedicht von Rumi. Kennst du den Satz ‚Wir haben dich geöffnet'? Ist das ein Koran-Zitat?" Er antwortete sofort und äußerst ausführlich: „Ja, das ist eine Sure aus dem Koran. ‚Wir' steht im Koran für Gott, für Allah. ‚Wir haben dich geöffnet'. Oberflächlich betrachtet heißt das: Allah hat deine Sünden vergeben. Tiefer betrachtet heißt es: Gott hat die Mauern des Gefängnisses, das du dir selbst gebaut hast, verschwinden lassen, du bist frei und offen." „Ja", sagte ich, „genau das ist es, so hatte ich den Satz auch verstanden". Darauf er: „Dann weiß ich jetzt, warum ich heute in diesen Laden kam. Ich hatte gar nicht vor, hierher zu kommen, doch auf einmal stand ich hier im Laden".

Selbst die Patienten unterstützen dieses Geschehen. In den letzten zwei Monaten wurden sie nicht so sehr krank, so dass ich für einige Zeit neben den Wochenenden noch einen zusätzlichen freien Tag nehmen konnte. Kaum war jedoch die letzte Seite geschrieben, war der Terminkalender wieder voll... Keine freien Tage mehr...

Eine alte Bekannte tauchte auf, eine wunderschöne Frau, die ich während der Zeit mit Dheeraj in Poona getroffen, und nun seit sieben Jahren nicht gesehen hatte. Sie lebt in Indien und hielt sich jetzt für einige Tage hier auf. Sie kam wegen einer Wunde an ihrem Bein, die nicht heilen wollte, in die Praxis –

kommt herein, setzt sich hin, schaut mich an und sagt: „Mir ist dasselbe geschehen wie dir, ich bin aufgewacht." Wir hatten ein wunderschönes Zusammensein, da wunderbarerweise der nächste Patient nicht erschien. Sie berichtete mir, dass Aufwachen allerorten geschieht. Sie drückte es so aus: „Die Saat, die Osho säte, geht jetzt auf". Sie wies mich auf eine Gefahr des Schreibens hin, dass nämlich Leser nun denken könnten, es müsste so sein wie es mir geschah, und wieder anfingen zu vergleichen. Danke für diesen Hinweis!

Deshalb nochmals: Nein, es ist immer anders! Bei jedem anders. Jede Geschichte, jeder Prozess des Erwachens ist anders! Wirklich, es geschieht auf andere Weise für jeden von uns! Einige Geschichten kenne ich nun schon und freue mich an ihrer Vielfalt – was für ein Wunder. Einige Menschen, die aufgewacht sind, kenne ich und jeder ist anders – wie wunderbar! Gott wiederholt sich nicht!

Und bitte erinnere dich nochmals: Keines der Worte, die du gelesen hast, kann DAS beschreiben. Keines kann wirklich die Wahrheit ausdrücken. Alle können nur auf DAS, auf die Wahrheit, die unendliche überfließende Leere hindeuten. Bleibe nicht an den Worten kleben! Gib dich mit nichts zufrieden, was man beschreiben kann – mit keinem Wort, keiner Schrift, keiner Vision, mit keiner Erfahrung. Alles, was beschreibbar, sagbar ist, ist nicht die absolute Realität, ist nicht die absolute Wahrheit. Alles was sichtbar, fühlbar, hörbar, benennbar, in Worten fassbar ist, gehört zur Welt der Dualität, ist vergänglich, hat Ursache und Bedingung, hat Anfang und Ende, ist letztendlich nicht die Wahrheit. „Keine Worte gibt es, um Das zu sagen, was ER ist."

Dieses Schreiben erfolgt nicht geradlinig von Seite eins bis zum Ende, sondern Fäden zeigen sich, die sich verweben – vorwärts und dann wieder zurück, nach rechts und nach links – ja, es ist wie ein Gewebe, was da entsteht. Und das Schreiben folgt diesen Fäden des Gewebes so wie unser Schicksal den Fäden folgt, die gewebt sind und gewebt werden seit Anbeginn der Zeit und das Gewebe unseres Traumes bilden.

Erstaunlich ist auch die Erfahrung der Erinnerungen, die auftauchen. Normalerweise denke ich fast nie an früher, das habe ich noch nie oft getan. Auch ein Berührtsein ist da, Emotionen – manchmal weine ich während ich schreibe, manchmal ist da ein schales Gefühl, manches Mal Ärger und auch der Eindruck, als ob die Erfahrung der Ödnis erschiene. Bei allem ist es, als schriebe ich über eine andere Person, hörte die Lebensgeschichte eines anderen Menschen wie ich schon so viele gehört habe. In diesem Erinnern und auch Wiedererleben wird der rote Faden dieses Lebensstroms so klar und es wird einmal mehr so deutlich, dass alles, wirklich alles absolut in Ordnung war und ist. Jede Freude und jeder Schmerz, jede Einsicht und jeder Zweifel, alle Wege und alle Umwege, alle Angst und jede Erfahrung war und ist in Ordnung, war und ist genau das was notwendig war. Es ist erstaunlich zurückzublicken, denn unterwegs war das natürlich nicht zu überschauen.

Einige Dinge, die da auf dem Bildschirm sichtbar werden, habe ich kaum je einem Menschen erzählt, erst recht hätte ich sie niemals unbekannten Menschen zugänglich machen wollen. Dies sind insbesondere jene Dinge, die mein spirituelles Leben, meine innere Welt betreffen, meine Gebete als Kind, meine maßlose Sehnsucht und Liebe zur Wahrheit, meine Experimente und Versuche, Visionen und Erlebnisse, mein Ringen mit Gott und meine Liebe zu Ihm, den ich nicht sah und an den ich nicht blind glauben konnte, die Freude des Heimkommens schließlich... Ja, ich bin scheu, scheu wie eine junges Mädchen, das von seinem Geliebten und seiner Liebe erzählen soll. Das ist dermaßen intim für mich, dass ich lange Jahre selbst meinem geliebten Mann das meiste davon nicht erzählte. Und nun soll ich das in einem Buch ausbreiten?? Und außerdem, wie Kabir sagt: „Keine Worte gibt es, um Das zu sagen, was ER ist". So tauchen Gefühle von Peinlichkeit und Entblößung auf, und auch dazu kann ich nur „Ja!" sagen, es fühlen und annehmen. Keiner ist mehr, der kontrollieren könnte und niemand, der davon gestört sein könnte... Es ist Satsang, der hier stattfindet.

Wie begann das Schreiben eigentlich?

Vor zehn Wochen während des letzten Retreats saß ich mit Samarpan auf seinem Balkon. Er hatte ein Tablett mit seinem

Mittagessen auf den Knien. Ich saß ihm gegenüber, mein Körper zitterte, mein Herz raste. Ich saß da, schaute ihn an und war unfähig zu sprechen, unfähig auszudrücken, was gesagt werden wollte. Er sah mich an und fragte: „Siehst Du irgendetwas hier (dabei zeigte er auf sich), was du dort (und zeigte auf mich) nicht siehst?" „Nein", sagte ich, „Nichts". „Was willst du dann?", fragte er. „Nichts", sagte ich, „Ich hatte nur das Gefühl, hierher kommen zu sollen". Und wieder versuchte ich, ungelenk und stotternd zu sprechen. Schließlich meinte er: „Ich gebe Dir eine Hausaufgabe. Schreibe – das ist eine Übung für deinen Geist zu lernen, immer besser auszudrücken was nicht in Worte zu fassen ist! Schreibe ein Buch, das wird dein Satsang sein. Sei einfach bereit und willens, Schreiben geschehen zu lassen!" Die sofort hochkommenden Einwände: „Wie soll man aussprechen, was man nicht denken kann, wie soll man niederschreiben, was man nicht sprechen kann!", äußerte ich gar nicht erst – ich wusste, was er antworten würde. Er würde Papaji zitieren und sagen: „Ich weiß, dass man DAS nicht sprechen kann, aber das ist keine Entschuldigung, sprich das Unaussprechbare!" Ja, und ich fühlte, dass ES gesprochen, ausgedrückt sein wollte, ich kann es ja sowieso nicht mehr zurückhalten, DAS bricht mir aus allen Poren und macht mich beben. Also sagte ich „Ja" – immer noch zitternd. Dem nicht genug wollte Samarpan jetzt, dass ich sofort begänne, er wollte, dass ich etwas schriebe, was er noch am selben Abend im Satsang vorlesen könne. Jetzt kam ich aber mit Einwänden: „Ich habe hier ja gar keinen Computer, nicht mal Papier..." Das wischte er weg, indem er vorschlug, ich könne seinen Computer benutzen. Okay – ohne eine Chance ausweichen zu können gab ich auf und schrieb am Nachmittag – allerdings nicht auf seinem Computer, denn schließlich ist es ja doch nicht sooo schwer, Papier zu besorgen – Folgendes:

„Geliebter Samarpan, geliebtes Selbst, Geliebter, ja, da ist ein Drängen, eine Dringlichkeit zu teilen, von dieser Reise zu berichten, dieser Reise, die niemals endet und doch nur von Hier nach Hier führt. Dieses Hier, das so weit ist, dieses Hier, welches dasselbe ist wie Überall, wie Allgegenwärtigkeit. Diese

Reise, die immer Jetzt und Jetzt in diesem ewigen Moment geschieht, dieses Jetzt, das Unendlichkeit ist, vor aller Zeit und nach aller Zeit. Diese Reise ohne einen Reisenden, ohne Ziel, zu dem man reist, ohne Bedürfnis, ohne Wunsch oder Verlangen. Ja, da ist Bereitschaft, Schreiben geschehen zu lassen, obwohl ich keine Worte habe, die ich schreiben könnte. Obwohl kein Wissen vorhanden ist über das, was hier geschieht und niemand da ist, der dies schreibt.

Geliebter, diese Reise ist ein Ausdehnen, ein Vertiefen, ein weiteres Enthüllen in dieser überströmenden Weite. Und dennoch wird dem, was bereits vollständig war, dem was friedlich und still ist, dabei nichts hinzugefügt. Und dabei ist es immer wieder zerschmetternd, ehrfurchtgebietend und lässt den Körper zittern, und das Herz schlägt schnell und laut.

Es ist wahrlich eine Herausforderung, das zu schreiben, was nicht gewusst werden und nicht in Worte gefasst werden kann.

Geliebter, während ich hier sitze, diesen Hügel dort mit Bäumen und gelben Blumen betrachte, den so blauen Himmel mit einigen weißen Wolken darin, wenn ich diesen Körper wahrnehme, der auf dem Balkon sitzt, wenn ich die Vögel singen, die Bienen summen und einen Traktor tuckern höre, genau jetzt – was da erkannt wird und gesehen wird, ist wie eine Explosion, die aus dem unbewegten, unberührten Sein, der Stille, dem Bewusstsein hervorbricht. So explodieren Phänomene in die Existenz hinein, und gleichzeitig erfolgt eine Implosion, welche dieselben Phänomene in den Ozean der Stille, des Bewusstseins zurück auflöst. All dies geschieht gleichzeitig und es geschieht in mir, alles, alles geschieht in mir, nicht irgendwo dort draußen, denn es gibt kein Draußen. Und es geschieht immer jetzt und jetzt und hier und hier. Das ganze Universum wird in DEM erschaffen und löst sich gleichzeitig auf in DEM, frisch und neu in jedem Moment. Was gesehen wird ist der Glanz Gottes, Gott sich widerspiegelnd in all dem. Was für ein göttlicher Tanz, was für ein göttliches Lachen, was für göttliche Tränen! Ein Tanz ohne Tänzer. Ja, Gott hügelt, Gott schmerzt, Gott baumt, Gott himmelt und spiegelt sich so in immer einzigartiger Weise – ein immer einzigartiger Ausdruck der Göttlichkeit. Und still, still inmitten alldessen, selbst in der Mitte der Hölle bin ich. Stille, Gott, ist vor diesem Tanz, in diesem Tanz, über dem Tanz, und wenn der Tanz vorüber ist, ist unberührt und unbewegt von dem Tanz, ist die Essenz, das Herz von alledem und ist, was es wirklich ist und was ich bin. In DEM gibt es kein Innen und kein Außen, kein Wissen und keine Unwissenheit, kein Ich und kein Du, keine Freiheit und kein Gebundensein, weder nichts noch etwas, es ist einfach jenseits aller Worte – Sein.

Geliebter, diese Reise ist eine solche Freude. Es ist eine solche Freude, dem Selbst in jedem Wesen überall in allen Sphären zu begegnen. Da ist soviel Liebe zu DEM, zu Gott, zu der brüllenden Stille. Solch ein Überfließen aus Nichts, so viel Dankbarkeit für Nichts...

Und immer noch nicht die richtigen Worte – kein Wissen....."

Ja, so begann also dieses Buch, so entstand es und so endet es – immer noch nicht die richtigen Worte – kein Wissen....

Glossar

Ashram
Indischer Name für einen Platz, an dem Menschen auf der Suche nach Wahrheit, nach Gott, nach Selbstverwirklichung zusammenleben. Ein Platz der Meditation und Stille, der sich meist um einen Meister entwickelt.

Bardo
Bardo ist ein Begriff aus dem tibetischen Buddhismus. Bardo ist ein Zwischenzustand. „Bar" heißt dazwischen und „do" heißt Insel. Bardo ist also eine Insel dazwischen, eine Insel im Niemandsland. In erster Linie wird als Bardo die Erfahrung des Geistes nach dem Tod des Körpers und die Zeit zwischen Tod und Wiedergeburt bezeichnet. Man spricht aber auch vom Bardo des Lebens als Zwischenzustand zwischen Geburt und Tod und vom Bardo der Meditation.

Bodhisattva
Der Begriff Bodhisattva wird in der buddhistischen Terminologie auf zweierlei Weise gebraucht:
1. Verkörperung der Qualitäten des Buddha-Prinzips. Verkörperung von Weisheit, Mitgefühl etc.
2. Ein Wesen, das Erleuchtung erlangt hat, und aus Mitgefühl auf das Eingehen ins Nirvana verzichtet, um zum Wohle aller Wesen wirken zu können, bis alle Wesen Erleuchtung, Selbstverwirklichung erlangt haben.

Brahman
Im Hinduismus die letztendliche Realität – das Unaussprechliche. Das Unpersönliche, Absolute, Ewige, Unzerstörbare, Nicht-Duale.

Dharmata
„Dharma" die Wahrheit. „Tatha" die So-heit. Dharmata bezeichnet im tibetischen Buddhismus die Essenz der Dinge, wie sie sind, ihr wahres Wesen, ihre So-heit.

Dualität
Zweiheit. Die Welt der Illusion mit all ihren scheinbaren Gegensätzen. Die Trennung der Welt in Gegensätze wie richtig und falsch, gut und schlecht, Nacht und Tag, Wollen und Ablehnen, schön und hässlich, ich und du. Die Wurzel der Dualität und der Illusion ist der Glaube an ein und die Wahrnehmung eines getrennten Ich, eines persönlichen Ich. Dies ist die Art, wie wir normalerweise die Welt wahrnehmen, da unser Verstand – wie

jeder Computer – in dualer Weise aufgebaut ist. Jeder Denkvorgang besteht letztendlich aus vielen Ja-Nein-Entscheidungen.

Ego

Das kleine Ich, getrennte Ich, persönliche Ich. Hier ich, da die Welt. Das Ich, das will, hofft, sich sehnt, ablehnt.

Ganesha

Hinduistischer Gott der Weisheit, des Wissens, des Glückes und Reichtums. Er wird dargestellt mit einem Elefantenkopf auf einem menschlichen Körper.

Ganges

Heiliger Fluss, der im Himalaya im Grenzland zu Tibet entspringt und im Golf von Bengalen in den Indischen Ozean mündet. Der Mythologie zufolge kam Ganga durch die langen wallenden Haare Shivas vom Himmel auf die Erde. Ein Bad im Ganges soll die Menschen von Karma, von den Auswirkungen vergangener Taten befreien.

Kailash

Heiliger Berg in Tibet. In der hinduistischen Mythologie der Sitz Shivas. Für die Tibeter der Weltenberg, der Mittelpunkt der Welt und ein Symbol für den Buddhageist, Sinnbild der unzerstörbaren, unveränderlichen eigentlichen Natur der Wirklichkeit. Eine Pilgerreise zum und die Umrundung des Kailash wird als ein Weg durch den Bardo gesehen, die zu einer Wiedergeburt im Geiste führt.

Kali

Hinduistische Göttin. Die Dunkle, die Schwarze. Das weibliche Prinzip in seinem schrecklichen, zerstörerischen Aspekt. Göttin der Zeit und Zerstörerin der Unwissenheit, der Täuschung, und daher trotz aller Schrecklichkeit Befreiung bringend.

Karma

Sanskritwort mit der Bedeutung Tat, Handlung, Aktivität. Wird auch verwendet für die Konsequenz und Auswirkung einer Handlung, für das Prinzip von Ursache und Wirkung.

Limbo

Zwischenzustand. Nicht dies, nicht das, nicht hier, nicht dort. In der christlichen Terminologie: weder Himmel noch Hölle.

Namaste

Grußform, bei der die Handflächen vor der Brust zusammengelegt werden. „Ich verneige mich vor dir, ich grüße und ehre den Buddha in dir, den Buddha, der du bist, dasselbe Selbst, das ich bin".

Puja

Religiöse Zeremonie.

Retreat

Sich Zurückziehen. Eine Zeit des Rückzugs von der Welt. Eine Zeit der Stille und Ausrichtung auf das Göttliche, die Wahrheit, das Selbst.

Sadhus

Heilige Männer in Indien, die sich der spirituellen Praxis hingeben und widmen. Oft auch Wandermönche.

Sat-Guru

Der wahre Guru, wahre Meister, der innere Meister.

Satsang

Sanskrit-Wort. Sat bedeutet Wahrheit, Selbst. Sangha bedeutet die Gemeinschaft. Das Sein in der Wahrheit, im Selbst ist überall und jederzeit. Satsang oder formeller Satsang heißt aber auch in Gegenwart eines zur Wahrheit, zum Selbst erwachten Menschen zu sein, der in der Stille, in der Wahrheit ruht und aus der Stille, aus der Wahrheit spricht. So kann eine Transmission von Stille, von Wahrheit, von DEM geschehen.

Shiva

Hinduistischer Gott der Auflösung, Umwandlung und Zerstörung. Der gnädige, segensreiche Zerstörer der Unwissenheit, der Illusion und des Ego.

Tathagata

„Tatha" die Soheit. „Gata" der Gegangene, Hinübergegangene. Tathagata ist ein Wesen, das hinübergegangen ist, eingegangen ist in die Soheit, die Wahrheit, die Essenz des Seins, ein selbstverwirklichtes Wesen, ein Buddha.

Vishnu

Hinduistischer Gott der Schöpfung und der Aufrechterhaltung der göttlichen Ordnung.*

---

* Auf dem Titelbild ist eine Darstellung von Vishnu Narayana zu sehen. Vishnu unbewegt ruhend in unerschütterlicher Bewusstheit und Frieden, ständig das Universum erschaffend, mit Intelligenz durchdringend und wieder in sich aufnehmend.

Bibliographie

Adams, Robert: *Silence of the Heart*. 1997, Sedona, USA.
(Übersetzung des Zitats ins Deutsche stammt von der Autorin)

Bhagwan Shree Rajneesh: *Ekstase Die vergessene Sprache*. 1980, Herzschlag Verlag, Berlin

Boyd, Doug: *Rolling Thunder*. 1981, 3. Auflage, Trikont-dianus Buchverlag, München.

Camus, Albert: *Die Pest*. 1950, Rowohlt Taschenbuchverlag, Hamburg

Hahnemann, Samuel: *Organon der Heilkunst*. 1985, O.-Verlag, Berg am Starnberger See

Kabir: *Songs of Kabir*. Translated to English by Rabindranath Tagore, 1998 Samuel Weiser Inc., York Beach, USA.

The Kabir Book. Versions by Robert Bly, 1997, Beacon Press, Boston, USA. (Übersetzung der Zitate ins Deutsche stammen von der Autorin).

Nadeen, Satyam: *Von der Zwiebel zur Perle*.1998, Kamphausen Verlag, Bielefeld

Rumi, Jelaluddin: *The Essential Rumi*. Translations to English by Coleman Barks with John Moyne. 1996, Harper Collins, San Francisco, USA (Übersetzung des Zitates ins Deutsche stammt von der Autorin).

Samarpan Golden. Zitate aus Gesprächen in Satsang mit Samarpan. Abdruck mit freundlicher Genehmigung von Samarpan.

Segal, Suzanne: *Kollision mit der Unendlichkeit*. 1997, Kamphausen Verlag, Bielefeld.

Das Totenbuch der Tibeter, herausgegeben von Francesca Freemantle und Chögyam Trungpa, 17. Auflage, 1995, Diederichs, München,

Trungpa, Chögyam: *Spirituellen Materialismus durchschneiden*. 1996, Theseus Verlag, Berlin.

Vithoulkas, Georgios: *Medizin der Zukunft*. 1993, Georg Wenderoth Verlag, Kassel

Allen, die beim Werden dieses Buches
so liebevoll mitgeholfen haben und seine
Entstehung mit grenzenloser Geduld
in jeder erdenklichen Art unterstützten,
danke ich von Herzen:
**Nirdoshi und Meena, Stefan und Uta,
Ateet und Joachim Kamphausen**

Satsang mit Pyar

CD's:

Pyar spricht am Anfang ihrer Satsangs oft über ein bestimmtes Thema. Diese "Intros" werden für CD's zusammengefasst. Die Serie erweitert sich kontinuierlich.
"Pyar pur ohne Dialoge!"

Videos (PAL-System):

"Pyar - Eine Welle erinnert sich, der Ozean zu sein..."
Dokumentation mit Ausschnitten aus Satsangs und aus Pyar's täglichem Leben.
ca. 90 Minuten

"In der Mitte von Allem...Stille"
Satsang mit Pyar
97 Minuten

Weitere Videos in Vorbereitung

Bestellung bei
silenceMedia@gmx.de   oder
silenceMedia, Postfach 710811, D-81458 München

Kontakt / Information

Ihr könnt an Pyar schreiben und/oder Information über Satsangs erhalten:

Website:
http://www.pyar.de

oder

e-mail:
pyar@gmx.de

oder

Pyar Troll
Postfach 71 08 10
81458 München